솔뫼 경제논문모음

경제민주화와 위기의 대응철학

전철환 씀

지식산업사

경제민주화와 위기의 대응철학

초판 1쇄 발행   2002. 11. 15
초판 2쇄 인쇄   2002. 12. 20

지은이   전철환
펴낸이   김경희
펴낸곳   ㈜지식산업사
　　　　서울시 종로구 통의동 35-18
　　　　전화 (02)734-1978(대) 팩스 (02)720-7900
　　　　홈페이지 www.jisik.co.kr
　　　　e-mail   jsp@jisik.co.kr
　　　　　　　　　jisikco@chollian.net
　　　　등록번호 1-363
　　　　등록날짜 1969. 5. 8

책 값   13,000원

ⓒ 전철환, 2002
ISBN 89-423-3052-5   93320

이 책을 읽고 지은이에게 문의하고자 하는 이는
지식산업사 e-mail로 연락 바랍니다.

머리말

　이 책은 민주화의 여명기인 1980년대 후반기부터 경제의 개방화와 자율화가 본격화된 1990년대 중반기까지의 기간 동안 필자가 학회지, 대학논집 및 잡지 등에 발표했던 논문과 글 가운데 경제민주화와 남북경협, 경제철학과 발전이론에 관련된 것들을 모아서 한 묶음으로 만든 것이다. 내용 편성은 테마와 논제에 따라 3부로 하였고, 발표시기 및 내용에 따라 구성되었다.

　제1, 2장은 경제민주화와 남북경제협력 문제를 다루었다. 필자는 해방 후 40여년 동안 비틀거리기만 하던 민주화과정에서 민중과 함께 시련과 희생을 치렀으며, 경제민주화와 민족통일에 대한 뜨거운 열정을 피력하였다. 1980년대 후반기의 한국 민주화과정은 "정통성을 잃은 정부는 반드시 민주적 절차에 의해서 정통성을 회복해야 하고, 국민의 기본권 보장과 함께 이를 뒷받침하는 권력구조의 개편이 이루어져야 한다"는 정치적 민주화의 요구에서 시발되었지만, 사회체계 전체가 발전적이기 위해서는 정치적 민주화를 밑받침하는 경제적 민주화가 필수적임을 필자는 강조하고 있다. 따라서 1980년대 후반의 경제정책기조는 경제적 민주화를 지향해야 하며, 민간기업에 대한 정부의 직접적 통제 축소, 금융의 자율화, 준조세의 폐지, 노동 3권 보장, 산업부문별 혹은 지역간 격차해소, 사회적 기회균등화 등의 구체적 전략을 제시하고 있다.

　또한 경제적 민주화를 위해서는 반사회적이고 경제적 비효율을 유발하는 정경유착이 근절되어야 한다고 보고, 정경유착의 개념과 역사적 이해,

후진국의 정경유착의 특수성, 정경유착과 민주화의 과제 등을 다루었다. 자본주의는 인류가 발견한 시스템 가운데에서 경쟁을 통해 효율성을 극대화하나 불평등을 심화시켜 사회를 필연적으로 갈등 속으로 몰아넣어 그것 때문에 체제기반을 약화시키는 모순을 안고 있다. 한국자본주의는 일제에 의해서 강제되었고 해방 후에 미국자본주의에 의존하면서도 현실에서는 아직 민족모순을 내재하고 있다. 나아가 개발기조의 선택이 성장초기와 산업화단계에서 조화를 이루지 못함으로써 선진자본주의와 한국자본주의간의 갈등, 대내적 격차갈등도 심화시켰다. 산업고도화에 따른 경제적 갈등을 완화시키려는 방향으로 미국자본주의와의 갈등완화, 계층간·지역간·산업부문간 격차의 완화, 노동운동의 체제내 수용, '엘리트' 순환의 촉진, 자산소유의 정당성과 불균형 완화, 자기 극복을 통한 갈등완화 등을 제시하였다.

필자는 1980년대 후반에 들어서 미국을 중심으로 한 자본주의 세계는 물론 소련을 중심으로 하는 사회주의 세계도 이념지배를 상실하고 발전 생동력이 약화되고 있음을 직시하고, 재편되는 세계경제의 장래에 대비하여 인식되는 현실적 모순을 극복하는 지혜와 변신하는 적응력의 발현이 중요하다고 보았다. 제2차세계대전 이후 체제경쟁으로 인한 각 체제의 비효율성 누적과 경제의 정치화현상 시정, 세계경제의 구조재편에 따른 정치가들의 능동적 역할을 강조하고 있다.

아울러 세계경제의 구조재편과 사회주의 개혁이라는 세계사의 흐름에 부응하여 남북통일과 경제협력에 대한 선결과제와 전망을 제시하였다. 가장 이상적인 통일방향은 남북이 정치경제체제와 수준을 동질화한 후 정치적 통일을 달성하는 것이다. 그러나 정치권력의 속성과 북한의 피(被)흡수 우려 때문에 단기간에 그 결실을 기대하기 어렵고, 경제협력체제를 구축하여 점진적인 동질화와 통일을 추진해야 한다고 보고 있다. 재편되고 있는 세계경제질서 속에서 남북이 선택할 수 있는 이상형으로서의 경제협력 구조는 미국·유럽·일본으로 이어지는 선진국경제-한국과 대만 등 중진국경제-사회주의권·후진경제로 구성되는 새로운 국제분업체제의 구성이다. 이 분업체제에 남북한이 편입되고 남북한이 경제체제 및 구조접근의 현실적 한계를 극복하고 제도개선과 여건조성으로 이에 적극 참여할 수 있어야 한다. 특히 한민족통일의 선결과제는 냉전적 사고방식에서 벗어난 의식의 대전환을 바탕으로 민족 자결력을 확보해야 하며, 남북 모두 국내 민주화를 빠르고 효율적으로 성숙시켜 나가야 한다.

제3장은 경제위기의 대응철학으로서 자본주의 경제윤리와 진보적 경제사상의 정립, 위기와 진화의 철학 등을 다루고 있다. 자본주의 경제윤리는 서구사회가 자본주의사회로의 이행기에 일어난 종교개혁과 함께 정착되었으며, 칼뱅(J. Calvin)의 구제예정설(救濟豫定說)에 기초하고 있다. 신앙의 자기신념을 체득하기 위해서는 금욕을 통해서 직업노동과 절약축적을 끊임없이 실천해야 한다. 그러나 한국자본주의는 외국의 강제와 정부주도에 의해 이루어졌고, 경제량의 크기와 사람들의 생각이 조응하지 못하는 현상이 발생하고 있다. 한국에서도 부의 축적이 선(善)이라는 생각은 확고하게 유입되었으나 축적과정의 정당성이 무시되고 청빈사상과 절약정신이 간과되고 있다. 유교전통에 따라 생산적 노동을 서구보다 경시하는 경향이 있으며, 부의 사용에 상응하는 윤리관이 부족하다.

경제정의는 축적의 정당성을 요구하고 있으며, 인간이 잘 살고자 하는 노력은 합리적이어야 한다. 자본주의는 네 그룹의 진보집단, 즉 악착같이 일하는 사람, 번 돈을 악착같이 저축하는 사람, 저축된 돈을 자본재 투자로 연결하는 사람, 그리고 자본재의 새로운 개발과 사용방법을 창안하는 사람 등에 의해서 생동적인 발전을 한다. 따라서 이들의 노력에 상응한 분배가 이루어질 수 있도록 해야 하며, 시대사를 올바르게 인식하는 진보적 사상이 필요한 것이다. 특히 정경유착과 부패한 정치경제는 사회경제의 정의와 경쟁력을 약화시키기 때문에, 뇌물수수가 발생하는 근본원인을 제거하고, 정부기능의 대폭적인 축소와 규제완화, 부정부패와 정경유착에 대한 철저한 응징과 도덕적 윤리의식 제고를 위한 교육강화가 중요하다.

제4장에서는 경제학의 장래와 발전이론을 다루고 있다. 필자는 학문적 업적이 평가받기 위해서는 네 가지 조건을 갖추어야 한다고 보았다. 즉 개인의 학문적 업적이 새로운 이론틀의 준거기준(paradigm)을 설정했거나, 그 이론을 통하여 현상의 설명이 가능하고 장래에 대한 예측력을 높이는 한편 현상이나 예측된 미래상황이 바람직하지 않을 때 이를 개선시킬 수 있는 대응력 등 현실적합성(relevance)을 제시해야 한다.

현대 경제학의 주류를 이루고 있는 '신고전학파 종합' 이론은 현실적 합성의 결여와 학자들 사이의 의견불일치로 지속적인 발전과 진로에 대한 의문이 제기되고 있다. 현대경제학의 기본골격을 이루고 있는 경제주체의 합리성(rationality)에 대한 의문이 증대하고 있으며, 인간행동의 본질에 대한 연구와 경제학에 사회학·인류학·심리학의 이론을 접목시켜 근사-합리성(near-rationality)이라는 새로운 개념으로 확장되고 있다. 경제학에 문화적·역사적·제도적 요소 등을 접목시키는 노력과 과학기술의 혁신에 따른 새로운 분석기법의 도입으로 현실적합성이 제고되고 분석한계도 해결될 수 있을 것이다. 지금까지는 가치판단과 과학은 서로 반(反)명제적이라는 관점에서 사상이나 가치판단을 경제학의 범주에서 배제시켰으나 앞으로는 이 요소들도 포함한 이론개발을 기대해 본다. 현대경제학이 당면하고 있는 과제를 새로운 이론 발전의 계기로 삼아, 끊임없이 설명력과 예측력 및 현실적합성을 갖춘 이론을 발전시키는 것이 학자들의 책무인 것이다.

특히 20세기 후진국의 발전과정은 주류경제이론으로 설명하기 어려우며 정치경제학의 논리 틀인 자본운동을 활용해야 한다. 대부분의 개발도상국들은 식민지배를 통하여 식민모국의 자본운동과정에 편입되고 식민모국의 발전에 기여하였다. 따라서 후진국의 자본운동은 그것이 비록 확대재생산과정을 걷더라도 후진국 자체를 위한 것일 수가 없다. 후진국 자본의 지배적 구성분이 식민지 모국의 것이고 자체적인 자본운동 모체는 지극히 열악한 형편이다. 후진국의 사회구성체도 식민지배를 받으면서 자본주의 순환과정에 편입된 연유로 주변부적이고 접합적이다.

후진국이 자본주의적 발전을 위해서는 자율적 자본운동 모체를 스스로 형성하거나, 접합성과 주변부성을 극복해야 하는 것이다. 그러나 자유방임적 자본운동과 발전방식을 따르게 되면 선진자본주의의 발전역사로 보나 이론적으로 보나 자본축적(발전)은 지극히 완만하거나 정체될 수밖에 없다. 따라서 20세기 개발도상국은 자본순환과정 밖에서 자본운동 모체인 자본을 생성시키고 지원하는 형태의 발전과정을 걷게 되며, 선진국의 발전단계와 다르지만 개발도상국의 생산양식도 국가 독점성을 갖게 된다. 그러나 사회구성체는 접합성과 주변부성을 동시에 가지고 있기 때문에 자립적 자본운동을 지향하는 데는 성공하지 못하고 있다. 개발도상국의 발전연구가 실천방안을 모색하기 위해서는 두 유형의 모순을 이해하고, 자본운동 면에서의 기본모순이 생산양식에 있음을 인식하여 이를 극복하는 데 우선해야 할 것이다.

끝으로 필자가 1980년대 중반부터 지금까지 써놓은 글들을 모으고 편집, 정리해준 한밭대 유덕위 교수, 조복현 교수, 목원대 박 경 교수, 고(故) 정학영 군, 전자통신연구원 어윤봉 군, 충남대 조교였던 최철훈 군, 그리고 총 3권에 이르는 이들 저서의 편집, 교정에 대한 총지휘를 맡아 논문의 내용, 출전, 구두점 등 맞춤법 하나 빼놓지 않고 4개월 동안 애써준 한국은행 문학모 전 금융통화위원, 국제협력실 김학렬 실장, 전산정보국 신구식 부국장, 조사국 한상섭, 신원섭 팀장, 김대수 과장, 지금은 유학 중인 오금화 군, 그리고 비록 공동 토론 및 수정을 거치기는 하였으나 그들의 연구논문을 여기에 싣도록 허락해준 한국은행 금융경제연구원 이종규 팀장, 정책기획국 허재성 팀장과 유혜미 조사역에게 깊이 감사한다. 그리고 방대한 양의 3권의 책을 짧은 시간 안에 출간하도록 도와준 지식산업사 김경희 사장, 장인숙 편집부장 외 편집자에게도 감사한다. 그러나 이 책의 구성이나 논문내용 등에 관한 모든 책임은 물론 필자에게 있다. 다시 한번 이 책을 내도록 도와준 여러 분에게 감사한다.

2002. 11. 1.

전철환

차 례

제**1**장

경제민주화

민주화와 경제정책기조의 전환방향

1. 정치적 민주화의 필요조건

우리나라의 민주화는 해방 후 40여년 동안 비틀거리기만 했다. 숱한 희생을 치르고도 금년에야 겨우 기사회생의 여명기를 맞이했을 뿐이다. 그러나 한국의 민주화가 서구보다 오랜 시간이 걸리지 않았는지 모르나, 숱한 시련과 희생이 있었던 서구의 민주화과정을 반복하고 있다는 것을 잊어서는 안될 것 같다. 아직은 여명기에 머물러 있는 우리나라 민주화도 구체적으로 실현될 때까지는 상당한 시간과 희생을 더 치러야 할지도 모르기 때문이다. 남아 있는 민주화 실천의 과제가 최소한의 희생과 손실로 이루어지기를 기대한다. 우리 국민의 정치사회의식이 이제는 상당히 높아졌기 때문이다.

온갖 시련과 기대 속에서 추진되고 있지만 현재 우리의 민주화는 정치적 민주화에 한정되고 있음을 느낀다. 우리의 민주화과정은 "민주적 절차에 의해서 정통성을 갖춘 정부를 수립하고 국민의 기본권 보장과 함께 이를 뒷받침하는 권력구조의 개편이 이루어져야 한다"는 정치적 민주화 요구에서 시발되었다. 그리고 정부·여당의 6·29선언 이후 정치적 민주화과정에 대한 국민들의 저항이 크게 감소해 다른 부문의 민주화는 다소 지체될 수밖에 없지 않은가 하는 생각도 든다. 또한 정치와 여타 부문 사이의 발전의 선후인과(先後因果) 측면에서 정치부문의 선행성을 고려할 때 당연한 과정으로 생각되기도 한다.

그러나 사회체계 전체가 발전하기 위해서는 동시적일 필요는 없을지라도 정치적 민주화와 함께 다른 부문의 민주화도 어느 정도 함께 이루어져야 한다는 것이 역사의 교훈이었다. 특히 근대사에서 정치적 민주주의가 경제적으로는 자본주의체제의 발전에 뿌리를 두고 있다는 면에서 경제적 민주화는 더욱 절실히 요구된다.

그럼에도 불구하고 금년 들어 빛을 보이기 시작한 한국의 민주화과정에서 상당히 열띤 논쟁을 불러일으킨 경제적 민주화 논의는 핵심을 잃거나 정치적 민주화에 함몰되어 버리는 것 같다. 그동안 군사정부가 집권의 정당성을 주장하기 위해 경제성장에 힘을 기울여 비록 해외 의존적일지라도 상당한 성공을 거두어 국민들이 경제적 민주화에 대한 필요성을 상대적으로 적게 느끼고 있기 때문인 것 같다. 또한 경제적 민주화에 대해서는 구체적 실현내용이 무엇이어야 하는지에 대해 학문적으로나 현실적으로 합의에 도달하지 못한 데에도 기인한다.

그렇지만 우리 국민이 현재의 경제질서와 운용이 민주적이라는 데 동의하고 있지는 않다. 최근에 날카롭게 표출되고 있는 각종 격차 심화에 대한 각계 각층의 이의와 노사관계의 대립상이 이를 반증한다. 사회경제적 개혁을 요구하는 진보사상이 크게 부상하고 있는 것도, 경제질서의 민주성이 취약한 데 근거하고 있지 않나 생각된다.

논의야 어떻든 정치적 민주화가 선행된 이후에 사회경제적 민주화가 실현되지 않으면, 경제적 민주화를 요구하는 과정에서 사회갈등이 초래될 수 있고 또다시 정치적 민주화가 뿌리까지 흔들릴 수가 있는 것이다. 따라서 경제적 민주화의 내용을 확실히 정립하고 정치적 민주화 이후의 추진일정을 세우는 것이 시급하다.

따라서 여기에서는 경제적 민주화 개념을 정립하기 위하여 사적 고찰과 더불어 잠정적으로나마 개념과 내용을 정립하고자 한다. 나아가 정치적 민주화와 더불어 추진되어야 할 1980년대 후반의 경제정책 기조는 바로 경제적 민주화의 실현에 있다는 것을 상기시키고자 한다.

2. 자본주의발전과 경제질서의 변화

　너무도 평범한 사실이지만 자유민주주의는 자본주의 경제질서에 뿌리를 두고 있다. 자본주의는 생산수단의 사적소유 속에서 가격(시장)기구를 매개로 상품생산과 생산물을 분배하는 경제체제이다. 자본주의 경제체제는 개인과 기업이 가격(시장)을 매개로 이기심을 추구하는 과정에서 자원을 합리적으로 배분하고 생산을 극대화하는 한편, 물질적 부와 축적력(蓄積力)을 최대화함으로써 국민복지를 극대화하는 것을 이상으로 한다. 이러한 경제제도를 구축하고 질서를 보장하는 것이 경제적 민주화이다. 이상적 자본주의 경제질서에서는 각 주체가 가격(시장)을 매개로 행동하므로 정부나 개인 또는 기업에 의해서 가격구조가 왜곡되면 자본주의 이상은 실현될 수가 없다.

　그러므로 자본주의 경제체제에서는 정부는 개인과 기업의 시장경제활동에 최소한의 간섭만을 해야 한다. 그리고 개인과 기업의 자유로운 경제활동은 경제외적 활동과 분리될 수 없으므로 정치적 자유 즉 민주화를 필요로 한다. 그 결과 자본주의의 생성·발전과 함께 정치적으로도 자유민주주의가 정착되었던 것이다.

　하지만 자본주의경제 발전에 따라 산업자본주의단계를 거쳐 독점자본주의로 이행하면서 독점기업이 가격결정을 전횡(專橫)하여 시장경제질서를 왜곡하고 자원의 합리적 배분과 발전을 저지한다. 그 결과 공황이 유발되는 등 자본주의 이상의 실현을 제약하였다. 나아가 자본가(경영자)와 노동자간의 재산과 소득배분 격차가 심화되면서 노동자의 결속력이 강화되고 계급간의 대립상도 날카로워진다. 산업간, 대·중소기업간, 지역별 산업입지 등의 격차에 따라서 산업, 대·중소기업 그리고 지역 사이에 경제성장과 소득격차도 심화된다. 따라서 정부가 시장경제질서의 왜곡현상과 격차현상을 바로잡고 가격구조의 한계점을 보완하는 한편, 노사간의 대립을 조정하기 위해 자유시장질서에 개입하게 된다. 이때부터 경제에 대한 정부의 최소간섭원리는 붕괴되고 경제적 민주주의도 차츰 내용을 달리하게 된다.

　만일 가격기능 실패를 보완하기 위한 정부의 정책이 기업활동을 제약하면 기업의 자유로운 활동 즉 기업에 대한 경제적 민주성이 저해된다. 반면 노사간의 대립을 조정하는 정책으로 노동자계급을 억압하게 되면 노동자계급에 대한 경제적 민주성은 물론 정치적 민주성도 제약하게 된다. 독점자본주의단계에서는 경제적 민주화의 내용이 고전적 내용과 달라져 정부의 경제질서에 대한 간섭이 국민에 의해서 수용되는 한 경제적 민주성을 저해하는 것으로 간주되지 않는다. 그러나 간섭이 심해서 수용범위를 벗어나면 경제적 민주성을 저해하여 경제주체의 성취 동기를 저하시키고 경제사회의 불안을 초래하여 경제활동이 위축된다. 따라서 정부의 시장경제질서에 대한 간섭은 간접적 방법에 국한하거나 직접적인 경우 최소한에 그치는 등 경제적 민주주의의 기본 골격을 유지해야 한다.

한편 후진국의 경우 자본주의체제에 이르지 못한 단계에서 선진국의 독점자본과 경쟁하는 자국의 자본을 육성해야 하는 과제를 안고 있다. 그래서 후진국은 전근대사회에서 자본주의사회로 이행하는 초기단계부터 축적기반을 조성하고 개별자본(기업)을 창설하고 보호하기 위해서 정부가 경제활동에 개입을 강화하여 경제적 민주화를 제약한다. 나아가 축적을 가속화하기 위해 저임금을 유지하고 노동자계급의 권익을 제한한다. 특히 외자를 도입해서 기업을 창설하고 육성하는 한편 해외시장을 겨냥해서 상품생산을 하는 수출주도형 경제발전의 경우에는 자본과 기술력이 큰 선진국 독점기업과 경쟁해야 하기 때문에 가격경쟁력이 중요하게 된다.

그래서 가격경쟁력을 확보하기 위해 ①정부는 생산수단을 직접 소유하는 비중을 높이고 ②자원배분에 개입하는 한편 ③노동자의 단체행동을 제약하며 ④기업의 시장구조·시장행동 및 시장성과에 직접적으로 개입하는 등 경제적 민주성을 억압하게 된다. 그리하여 후진국의 경제적 민주주의는 선진국에 비하여 크게 제약될 수밖에 없고, 경제성장을 위해서 정치적 민주주의를 제약하지 않을 수 없다는 주장이 제기되기도 한다.

따라서 후진국에서는 정치적 민주주의가 경제적 민주주의와 혼합·희석되어 민주화 전체가 진전되지 못한 것을 우리는 종종 발견할 수 있다. 그러므로 후진국에서는 정치적 민주주의가 반드시 경제적 민주주의를 동반할 때에만 완성될 수 있는 것이다. 금년 들어 기사회생의 여명기를 맞은 우리나라의 정치적 민주화도 비록 선후는 있을지언정 반드시 경제적 민주화가 수반되지 않으면 성공할 수 없는 것이다.

3. 한국경제질서 형성의 사적 배경과 그 성격

일제 식민지배에 의하여 세계자본주의권에 예속적으로 편입되었던 우리나라는 해방 이후에야 정치 경제적 자유와 민주주의를 회복할 수 있는 기회를 가졌다. 그러나 식민지유산을 물려받은 대부분의 20세기 후진국들처럼 민주화를 지향하는 데 막대한 장애가 뒤따랐다. 첫째, 식민피지배의 경제외적 유산이 해방 후 정부로 하여금 민간경제활동에 대한 간여를 유발하는 직접적 계기가 되었다. 둘째, 자주적 자본주의 발전과정을 걸어갈 경제적 기반을 갖추지 못했다. 경제적 자주성을 갖지 못한 사회경제에서는 의욕적 경제발전을 지향하는 과정에서 정치적 민주화도 제약되기 쉽다. 정부와 외자 주도의 외향적 경제발전을 추진하는 나라에서는 독점자본주의단계에 이르지 못한 경우에도 정부의 경제질서에 대한 간섭이 강화되기 때문이다. 그 결과로 경제는 성장해도 경제질서는 반민주성을 갖게 된다.

사실 무자원 소국인 후진국이 경제발전을 추진하는 데 정부와 외자 주도의 외향적 경제발전 기조를 선택한 것은 최선이라고 할 수는 없을지라도 상당히 논리적·현실적 근거가 있다. 그러나 정부가 외자 주도에 의한 경제발전을 추진하면 경제운용에 있어서 국가 독점성을 띠지 않을 수 없기 때문에 민간경제활동에 대한 정부의 간섭이 증대하고 동시에 고전적 의미의 경제적 민주성이 제약된다. 따라서 개발 초기에는 정당성이 인정되더라도 장기적으로는 자본주의 발전을 제약하기 때문에 간섭은 최소한으로 그리고 간접적으로 이루어져야 하며 시장기능을 회복시켜야 한다. 이러한 관점에서 한국의 경제적 민주화의 구체적 형성과정을 살펴보자.

해방 후 한국의 경제적 민주화를 제약한 식민피지배 유산에는 크게 세 가지를 들 수 있다. 하나는 미군정과 자유당 집권 아래에서 일제가 남긴 적산(敵産)을 불하하면서 정부가 시장경제원리에 따르기보다는 특혜에 의함으로써 정부가 수혜받은 개인과 기업에 간섭하는 근거를 갖게 되었다. 둘째 한국경제는 일제 예속에서 대미의존경제로 전환하면서 막대하게 도입된 미국 원조물자도 특혜에 의해서 분배함에 따라 적산 불하시와 같은 질서가 고착되었다. 셋째 재정·금융자금 역시 특혜적 배분에 의해서 이루어져 정부의 민간경제질서에 대한 간섭을 가속화했다.

이와 같은 경제적 반민주질서(反民主秩序)는 1961년 이후 군사정부가 경제적 정당성을 확보하는 구실이 되었으며 이후부터 정부의 간섭이 증대되는 빌미가 되었다. 1960년 4·19혁명 이후 부정축재자 처리가 거론된 후 1961년 5·16 군사쿠데타 이후에 대표적 부정축재자 30대 기업으로부터 762억환(경상가격)의 재산환수가 통고되고 연말에 42억환을 실제로 환수하였다. 군사정부는 기업활동에 대한 고삐를 휘어잡고 1961년 제1차경제발전 5개년계획을 수립·시행하면서 혼합경제라는 정부 주도의 경제질서가 수립되었다. 구체적인 정책기조는 재벌 창설적 공업화였고 그 결과 민간경제에 대한 정부우위 질서가 정착되었다. ①외자도입 촉진 ②사업의 인허가 ③ 재정·금융자금 분배 ④노동자에 대한 권익제약 등의 제도적 장치가 마련되었다.

독과점 특혜를 누린 기업은 이러한 반민주적 경제질서 속에서 막대한 부(富)를 축적해왔다. 그 과정에서 우리 경제는 눈부신 성장성과를 달성한 반면 경제력 집중과 독과점적 지위를 확보한 재벌군이 탄생되었다. 이들 독과점재벌이 지위를 남용하는 사례가 늘어나고 시장경제는 왜곡되기 시작했다. 축적된 부는 분산되지 않고 몇몇 재벌에게 집중되었으며 이에 대한 국민의 반감이 격증하였다. 이에 따라 군사쿠데타 이후 정부는 장기집권의 부당성을 호도하는 한편, 국민의 재벌 비대에 대한 반감을 희석시키기 위해 기업공개를 명령하고 재벌 소유의 부동산을 처분하도록 조치하는 등 이중적으로 경제적 자유를 제약했다.

1980년대에 들어서 농업과 중소기업의 상대적 낙후가 지속되는 가운데 경제력 집중과 독과점 지위의 남용사례가 빈발하는 등 가격(시장)기능이 왜곡되고 자원배분이 비효율화됨에 따라 경제적 부정의(不正義) 감각이 급격히 커졌다. 그래서 정부는 1981년 4월 공정거래법을 제정하여 기업의 공정경쟁을 유도·추진함으로써 선진국과 같은 경제적 민주화를 추진하기 시작하였다.

1961년 군사쿠데타 이후 정부가 직접적으로 강력하게 억압한 부문은 두

말할 것 없이 노동자의 권익이었다. 원래 자본주의 발전단계에 따라 노사관계도 조응하여 변화한다. 산업자본주의단계에서 노사관계는 온정주의를 띠고, 독점자본주의단계에서는 투쟁성을 띠고, 혼합자본주의체제에 있어서는 민주적 대등관계로 전환된다.

그러나 우리나라의 노사관계는 선진국의 발전유형과는 달랐다. 경제발전 초기인 1960년대에는 노사관계의 투쟁성도 없었고 이를 극복하기 위한 국가권력의 개입 필요성도 없었다. 그럼에도 국가는 저임금을 바탕으로 축적기반을 조성하기 위해 노동자계층을 억압하였다. 이는 자본(기업)운동에서는 아직 독점성을 가지지 않았어도, 정부 주도의 경제개발에 따라 국가독점적 권력기반이 확보되었기 때문이다.

20세기 개발도상국은 대부분 경제발전 초기부터 명령적 자원배분과 함께 시장에 대한 진입장벽을 쌓아 자본(기업)을 보호하고 육성한다. 특히 외자와 수출 주도의 개발기조가 선택되면 외자기업의 이윤을 보장하고 수출경쟁력을 확보하기 위해서 독점적 시장구조정책과 함께 저임금을 유지하기 위해 노동자계급을 억압한다. 구체적인 형태는 노동3권(勞動三權)인 노동자의 단결권, 단체교섭권 그리고 단체행동권을 제약하는 것이다. 헌법상으로는 노동3권이 보장되지만, 법령에 의하여 노동3권이 유보되어 실질적으로 노동3권을 행사할 수 없게 한다.

우리의 경우 노동3권의 제약을 밑받침한 논거에는 선성장후분배(先成長後分配)라는 경제적 논리 이외에 노동3권 행사 없이도 정부와 자본(기업)가가 공정분배를 보장한다(?)는 절대권력자의 온정주의가 근저에 깔려있었던 것 같다. 또한 여기에는 안보논리가 곁들여졌다. 그러나 노동3권을 제약한 이유에는 정통성을 인정받지 못한 군사정부가 노동자계층의 반정부활동을 억압하려는 의도도 있었다.

정부가 노동3권을 제약함에 따라서 자본(경영)가와 노동자간에도 대등한 관계보다는 사용자의 권위주의 내지 온정주의에 머물러 노사간의 민주성이 약화될 수밖에 없었다. 선진자본주의국가의 노사관계 발전과정에서 얻은 교훈에 따라 노동자의 지위를 약화시키지 않고도 경제성장 기반을 조성할 수 있었음에도 불구하고 이를 훈련할 겨를이 없었다. 결국 1980년대 후반에 와서야 노동자계층의 피압박의식(被壓迫意識)이 분출되기 시작하였다.

따라서 여명기에 이른 우리의 정치적 민주화와 병행해서 추진하여야 할 경제적 민주화의 국면을 다음과 같이 요약할 수 있다. 첫째 정부 대 민간기업 관계에서 민간기업의 자율화 진전, 둘째 정부 대 노동자 관계에서 노동3권의 보장, 셋째 자본(기업)가와 노동자 관계에서는 대등 관계를 수립, 넷째는 낙후된 농수산업, 중소기업, 지역 그리고 계층에 대한 성장기회 확보 등을 들 수 있다.

4. 1980년대 경제정책기조의 민주화 방향

경제적 민주화는 정치적 민주화를 밑받침하는 기초이다. 비록 오랜 시련과 희생 속에서 금년에야 여명기에 접어든 정치적 민주화의 완결이 절박하다 하더라도, 경제적 민주화가 지체되면 정치적 민주화도 기반을 잃기 쉽다. 따라서 민주화와 함께 1980년대 후반의 경제정책기조는 경제적 민주화를 지향하지 않으면 안 된다.

아직은 경제적 민주화의 개념과 내용에 대한 국민적 합의가 없는 것 같다. 경제적 민주화는 우선 자본주의 경제질서를 보장하는 것이다. 따라서 그동안 정부·외자·수출 주도의 경제개발과정에서 왜곡된 질서를 개선해야 할 것이다.

경제적 민주화의 첫째 과제는 민간기업 활동에 가해진 정부의 간섭을 줄이는 것이다. 이제 우리 민간기업은 보호받아야 할 단계를 벗어났으므로 민간기업을 보호한다는 명목 아래 정부의 간섭은 정당성을 지니지 못한다. 먼저 미국, 일본 등 선진국에 비해서 과도한 자원배분에 대한 정부의 직간접 통제를 줄여야 한다. 예를 들어 민간기업이 투자사업을 벌일 경우 아직도 48개 과정의 인허가과정(신고 포함)을 거쳐야 한다. 아직도 엄존하고 있는 민간기업의 투자결정에 대한 직간접 허가제도를 축소해야 한다.

그리고 금융의 자율화폭을 넓혀야 한다. 금융자율화는 금융기관 인사의 자율화와 함께 정책의 자율화를 밑받침할 중앙은행의 독립성 보장이다. 정부가 금리를 통제하면 민간기업의 자원배분 효율성도 제약될 수밖에 없다. 물론 금리를 완전히 자율화하기는 어려울 것이다. 하지만 국제수지가 흑자기조로 전환되어 저축이 투자보다 커지고 자본국제화가 추진되는 단계에 이르러서는 금리를 자유화하는 등 금융자율화를 추진하는 것은 당연하다.

이밖에 거의 30여종에 달하는 준조세를 폐지해야 한다. 사실 선진국에 비하면 민간기업에 대한 세율은 높은 편이 아니다. 그러나 준조세를 포함하면 민간·기업의 조세부담은 결코 낮지 않다. 더구나 준조세가 거의 강압성을 띠고 있어 민간·기업의 반정부 의식도 높아지기 때문에 정치권력의 유지관리라는 측면에서도 민주정부가 꼭 시행해야 할 과제이다. 이에 더하여 민간·기업에 대한 직간접보조도 줄여야 한다. 민간·기업에 대한 직간접보조는 ①보조금 ②조세감면 ③정책금융 ④토지 수용권 등이다. 앞으로 세밀히 검토하여 최소한으로 축소하지 않으면 그것이 또다시 민간·기업에 대해 정부가 간섭하는 구실이 된다.

그러나 민간·기업의 독과점적 산업조직 내지는 불공정거래에 대한 정부통제는 결코 줄여서는 안 된다. 사실 우리 경제가 독점단계에 접어들고 있으므로 정부통제가 강화되더라도 독점자본을 제어할 수 있을지 실효성이 의심될 정도이다. 기업 결합·합병의 규제, 경제력 집중의 억제, 그리고 기타 불공정거래 방지 등에 힘써야 할 것이다. 자본주의의 성패는 이제 여기에 달려 있다고 보아도 큰 무리가 없을 것이다. 이제 시장(가격)기구를 왜곡하고 경제적 민주화를 제약하는 주체는 민간·기업이기 때문이다.

경제적 민주화의 둘째 과제로는 노동3권을 보장하여 노동운동의 자율성을 확대하고 노사간 대등한 지위를 확보하는 것이다. 노사간 대등관계 정립은 정부가 노동3권을 제도적으로 보장하지 않으면 얻어질 수 없다. 이 경우 권위주의 내지 온정주의를 바탕으로 해서는 안 된다. 또한 노동자의 권익을 보장하는 제도적 장치의 확립과 더불어 이를 현실적으로 이끌어 가는 산업평화의 기틀을 다져야 한다. 산업평화 내지 민주주의를 촉진하기 위해서는 ①노동관계법의 민주적 개정(이는 정치적 민주화의 과제이기도 하며 상당한 개선이 예견된다) ②정부의 중립적 자세 견지 ③노사관계악화시 공권력 개입의 최소화와 타협훈련 지원 ④노조운동의 활성화와 노동자계층을 대변하는 정치세력의 형성 등 재야노동운동의 체제내 수용(진보적 정당의 인정 포함) ⑤자본집중의 억제를 통한 산업조직의 효율화 촉진은 물론 산업민주주의의 기반 조성 ⑥노동자 지주참여 촉진과 기반형성 지원강화

즉 노동자 재산형성의 지원 등이 요청된다. 특히 노동자 지주참여는 노동자에 대해서 경영참가권과 이익균점권(利益均霑權)을 제공하는 기초가 되므로 산업평화를 위한 직접적인 길이기도 하다.

시장경제체제 아래에서 기업의 성장·발전 없이는 노동계층은 물론 노동자 단체도 존립할 수 없다. 노동환경 개선, 분배 증대, 노동의 승화 등은 결국 생산성 제고를 통한 기업의 성장 아래에서만 가능하다. 급격한 산업화 과정을 밑받침하기 위해서 의도적이든 결과적이든 낙후될 수밖에 없었던 농수산업, 중소기업 그리고 비공식부문의 성장을 지원함으로써 격차축소를 위한 정책을 수립해야 한다. 이러한 정책기조로의 전환은 당장은 자유시장경제질서와 상반되는 결과를 야기할지 모른다는 우려가 있을 수 있다. 그러나 이제 상당한 수준의 성장력을 가진 우리 경제의 수준을 감안할 때 민주화 추진은 시대의 요구사항이다.

지금까지 필자는 민주화시대에 상응하는 1980년 후반의 경제정책기조 방향이 어떠해야 하는지를 약술했다. 다시 말하건대 1980년대 후반의 경제정책기조는 정치적 민주화에 알맞은 경제적 민주주의 기반을 조성하는 것이다. 이를 위해서는 정부와 민간기업의 관계 및 노사관계를 민주적으로 정립하는 한편 낙후부문을 끌어올리는 것이다. 경제적 민주화의 실현은 개념과 내용도 중요하지만 정부와 기업 그리고 노동자의 기본자세 전환이 무엇보다 중요하다.

이제 우리 경제의 규모도 대단히 커졌다. 정부·민간·노동자의 사회경제적 인식도도 대단히 높아졌고 발전적으로 변화하고 있다. 한편 경제력의 급성장과 함께 개방에 따른 국제화도 가속되고 있다. 민간기업의 국제경쟁력 강화가 시급한 것이다. 정부, 기업, 노동자의 협조적 자세가 요청된다. 민주화가 지향하는 자본주의 경제질서 회복의 목적 가운데 하나가 우리 자본(기업)의 국제경쟁력을 강화함으로써 국민경제의 성장력을 가속화하는 데 있다. 경제적 민주화의 지향을 통해 민족의 슬기가 다시 한번 발휘되기를 기대한다.

(『민족지성』, 1987. 11)

경제의 민주화와 민주적 자본주의
- 민주주의와 자본주의의 조화 -

1. 민주화와 기대

우리는 지금 우리가 빚어낸 엄청난 변화를 눈앞에 두고서도 그 방향을 알 수 없는 불확실성 시대에 살고 있다. 그러나 우리가 당면한 불확실성은, "게르만인이면서도 서로마제국의 용병대장인 오도아케르가 로마의 전 도시를 점령하고 군사적으로 완전히 제압했을 때, 그것 때문에 로마제국이 멸망하고 새로운 국제질서가 형성되는 엄청난 세계사의 변화가 왔다는 사실을 인식한 사람이 하나도 없었다"[1]던 로마인의 말처럼 전시대의 영광에 도취되어 있거나 그 위력을 믿는 데서 오는 것도 아니고 또 불감증 같은 우둔함 때문에 오는 것은 더욱 아니다. 무수한 시련을 겪으면서 우리 시대의 변화를 이끌어온 민주세력이 시대를 이끌어 갈 만한 지배력을 형성치 못한데 반해, 여기에 얹힌 기성 정치세력의 부상과 기득권익 계층의 반역사적 행동양식을 가능케 하는 조건 때문이다. 그러나 사회경제적 발전요인의 양적 증대와 질적 변화가 누적되고 있는 한, 비록 시대사의 흐름이 불확실하다고 해도 우리의 민주화가 결코 후퇴하지는 않을 것이다.

해방 후 40여년 동안 비틀거리기만 하던 민주주의는 엄청난 희생과 시련을 겪은 후 이제야 막 여명기에 이른 셈이다. 그러나 향방을 점치기에는 너무나 많은 불확실성이 도사리고 있다. 지난날에도 4·19와 1979년말에 대변

---

1) Edward Gibbon, *The Decline and Fall of the Roman Empire*, 村山勇三, 日譯, 제 5권, 春秋社, 昭和 14年, pp.288~290.

혁기를 맞아 민주화의 가능성이 눈앞에 비쳤으나 반시대집단(反時代集團)에 의해서 여지없이 짓밟히고 후퇴의 길을 걸었다. 이제는 후퇴의 길을 또다시 반복하지는 않을 것이다. 첫째 경제성장으로 민주적 질서를 요구하는 자유분방한 계층이 지난 20여년에 비해서는 말할 것도 없고, 지난 7~8년 전에 비해서도 월등히 많아졌다는 점을 지적할 수 있다. 서구사에서도 초기 정치적 민주주의를 갈구한 계급은 이른바 대·소 자본가들이었다. 이들은 당시 제3신분[2]에 불과했고 아무런 특권 없이 봉건적 말기에도 지배복종만 요구되었다. 따라서 봉건제하의 세습적·신분 예속적 지배체제에서 그들의 생산과 축적활동이 제약될 수밖에 없었다. 뿐만 아니라 봉건제하에서는 다수 계층인 농노들이 임금노동자로 획기적으로 전환·확대될 수도 없었다. 그럼에도 불구하고 자본주의의 싹이 커나가고 이들 두 계급은 계속 증가하였다. 결국 정치·경제적 민주화가 진행되고 제3신분계급이 제1신분계급으로 상승하고 노동자계급층은 제4계급에서 대립계급으로 성장하였다. 오늘 우리 시대에도 이들 계급은 대단히 두터워졌다.

사실 지난 40여년간 우리 경제상황은 서구민주화가 성공할 단계의 조건과 같지 않았다. 해방 후 1980년 이전까지는 경제 사회적 성숙 즉, 산업화와 계급분화의 누적 없이 정치적 민주화가 촉구되었었다. 따라서 자본주의 발전단계에서 민주주의를 주도적으로 이끌어 갈 계급이 형성되지 않은 채 민주화가 추진되었기 때문에 수적으로도 반역사 집단의 저항을 극복하지 못했다. 이러한 계급의 미성숙이 1960년대 이후의 독재계층 내지 군부집정을 막아내지 못한 이유이다. 그러나 이제 대·소자본가를 비롯한 중간계급층은 물론 노동자계급층이 수적으로 절대 다수가 되었다. 이들 계급·계층은 정치적으로는 민주화, 경제적으로는 자본주의를 존립의 기반으로 하고 있다. 다만 이들의 의사를 집약해서 이끌고 갈 지배력의 성숙이 저지되었을 뿐이다. 아무튼 1960년대만 해도 중간계급층은 19.6%에 불과하던 것이 1980년에는 38.5%로 증가했다. 1986년에는 45% 수준에 이른 것으로 추정된다. 이와 함께 근로자계층은 1960년에 8.9%, 1980년에는 22.6% 그리고

---

2) Emmanuel J. Sieyés, *Qu'est-ce que le tiers Etat?*(제3신분이란 무엇인가 ; Paris, 1789).

지금은 25%를 넘는 것으로 추정된다. 특히 근로자계층의 수가 900만명을 넘고 있어서 이들의 목소리가 커질 수밖에 없다는 점에 유의해야 할 것이다.([표 1] 참조)

[표 1] 한국사회의 계급구조 변화

(단위 : %)

	1960	1970	1975	1980
중 상 계 급	0.9	1.3	1.2	1.8
신 중 간 계 급	6.6	14.2	15.7	17.7
구 중 간 계 급	13.0	14.8	14.5	20.8
근 로 계 급	8.9	16.9	19.9	22.6
도 시 하 류 계 급	6.6	8.0	7.5	5.9
독 립 자 영 농	40.0	28.0	28.2	23.2
농 촌 하 류 계 급	24.0	16.7	12.9	8.1
합 계	100.0	100.0	100.0	100.0

자료 : 홍두승(1983), 「직업분석을 통한 계층연구」, 『사회과학과 정책연구』 제5권 제3호, p.82.

40여년 동안 표류했던 우리의 민주화가 이제 실현단계에 이르렀다고 주장하는 두 번째 이유는 경제성장에 따라 절대 다수 국민의 정치사회의식이 크게 고조됐다는 점이다. 경제성장이 지속됨에 따라 대·소자본가와 근로자계층이 두터워지는 한편 교육과 소득수준이 높아지고 급속한 도시화가 진행되면서 민주화 요구는 매우 강렬해지고 있다. 이는 "중산층일수록 민주화를 이룩하는 정치변혁을 더 강하게 열망하고 있다"는 것을 뜻한다. 그런데 오늘의 중산층은 민중과 지배자 사이에서 양측을 조정 내지 완충역할을 하는 이른바 구(舊)중산층과 다르다. 구조적 양극화를 절충주의적 또는 이른바 중도 통합적 방식으로 조정 내지 완충의 역할을 담당하려는 중간층이 아닌 것이다. 우리의 중산층은 친노조, 친중소기업, 반(反)대기업독점, 반(反)외채, 반(反)공해의 입장을 압도적으로 지지하고 있다. "오히려 오늘의 중산층은 민중의 뜻을 수용하고 대변하며 나아가 그들과 함께 아파할 수 있는 집단이라는 점이다. 오늘의 중산층의 의식은 1960년대나 1970년대 중산층과 다른 것 같다. 경제생활이 안정될수록 정치적 변혁을 오히려 강렬하게 바라면서 기존 정당과 정치현실을 비판하는 진보적 자세를 갖추고 있다."[3] 우리나라의 다수 계층인 이들 중산층의 구체적인 정치적 요구는 ①

국민의 정부선택권 회복, ②정치지도층의 자성, ③문민정치문화의 확대재생산, ④국민의 기본권보장 특히 언론의 자유, 인권보장 및 자치의 요구 등이다.[4]

우리나라 사회경제의 양적 축적과 질적 변화는 지난날과는 달리 민주화를 실현시킬 뿌리가 되고 있는 것이다. 따라서 비록 현시대의 흐름이 불확실하다고 해도 민주화를 열망하는 국민이 절대 다수이며, 행동할 줄 아는 우리나라 국민의 높은 정치사회의식이 또 한번의 반역사적 흐름을 좌시하지 않을 것이다. 그래서 불확실한 혼돈 속에서나마 우리는 민주화에 기대를 거는 것이다. 우리가 이루어야 할 민주화는 결코 정치적 민주화에 한정되지 않는다. 국민이 기대하고 열망하는 민주화는 사회 경제적인 민주화를 포함하고 있다. 정치의 민주화 자체만도 벅찬 의미를 갖기는 하지만, 경제적인 민주화를 통해서 국민의 복지를 증대시킬 수 있기 때문이다.

나아가서 경제적 민주주의가 실현되지 않고는 "소년기의 여러 순간에는 동지였던 민주주의와 자본주의가, 일단 성년이 되면 공존하기 어렵게 될 수도 있다. ……민주주의는 정부의 한 형태로서 뿐만 아니라 사회의 유형 그리고 그 유형과 조화를 이루는 생활양식(당연히 이렇게 되어야 한다)이 되어야 하는데 그렇게 되지 못하고 정치적인 체제로만 유지되는 한 정치체제로서도 불안정하기"[5] 때문에 체제보전을 위해서도 경제적 민주화가 불가피하다. 이런 면에서 볼 때 민주주의가 자본주의의 태(胎)에서 싹트고 그 속에서 자라는 것은 사실이나, 자본주의가 성숙하여 독점 내지 국가독점자본주의의 단계에 이르면서 민주주의 이념과 자본주의 사회구성체간에 병존하기 힘든 요인이 누적된다. 자본주의가 성숙하여 독점단계에 이르면 ① 개인의 경제적 차이가 사회적 특권을 발생·인정케 하는 요인이 되고 ②그것이 정치경제권력을 형성·강화하기 때문에 민주주의와 자본주의가 병존하기 힘들게 된다.

따라서 우리는 R. H. 토니가 역설하고 있는 것처럼 "만약 이 나라(영국을

---

3) 한완상(1987), 「정치현실 인식」, 『전환기의 한국사회』, 서울대학교 사회과학연구소, 한국일보사 출판사, pp.31~32.

4) 서울대학교 사회과학연구소, 위의 책, pp.14~16.

5) Richard H. Tawney, *Equality*, 『평등』, 김종철 역, 한길사, 1982, 머리말 p.10.

지칭)에서 민주주의가 몰락한다면, 그것은 불리한 여건들이 예기치 않게 결합되는 사태 때문이 아니라 민주주의 수호자라고 공인하고 있는 사람들 가운데 일부의 불성실함과 나머지 다른 사람들의 소심함 때문일 것이다. 민주주의를 공격당할 수 없는 것으로 만들 수 있는 데도, 대중의 정신이 너무 허약하고 각 계급층의 자기중심주의가 너무 강해서 그 기회를 잡지 못하기 때문에 민주주의는 몰락하고 결국 자본주의체제가 붕괴될 수 있다고 보아야 할 것이다. ……(따라서 민주주의와 자본주의를 다같이 정착·유지시키기 위해서는) 오늘의 조건 속에서…… 금권정치를 타파하고 대신에 평등한 사회를 건설해야 한다는 것을 의미한다."[6]

지금까지 살펴본 것처럼 비록 혼돈 속에서 진행되고 있기는 하지만 우리의 민주화 과제는 정치적 민주화는 물론 사회 경제적 민주화를 병행하는 것이다. 경제적 민주화는 ①사회적 복지를 증대시킨다는 의미 이외에도 ②경제적 특권을 배제하고 평등을 구현함으로써 민주주의와 자본주의를 공존시켜 체제 지지기반을 다진다는 의미를 담고 있다. 이것은 곧 자본주의의 정착인 셈이기도 하다.

2. 민주주의와 자본주의의 과제

우리나라뿐만 아니라 선진국에서도 민주주의가 자본주의의 태(胎)에서 싹트고 자랐지만, 성년이 되면 정치행위규범과 이념으로서의 민주주의와 사회구성체로서의 자본주의는 공존하기 어려울 수도 있다. 따라서 사회구성체로 존속하기 위해서는 반드시 자본주의가 민주화되어야 하고, 자본주의 속에서의 민주화가 이루어지기 위해서는 금권정치를 타파하고 형평이 이루어져야 한다.

자본주의사회 구성체에서 민주주의는 결국 정치·사회·경제면의 형평을 보장하는 데 있다. 그러나 형평이 어떤 내용을 갖는가는 시대와 구성원의 가치선택에 따라서 상이하다. 이를테면 국민의 의사에 따라 ①정부를 구성

---

6) R. H. Tawney, 위의 책, 머리말 pp.10~11.

하고 ②정치·경제·사회문화를 수립하며 ③계급·경제적 역량·지적 수준 등에 관계없이 평등하게 기회를 부여하는 것이 민주주의라고 정의한다면, 민주주의는 곧 기회균등의 정치과정을 의미한다. 기회균등을 선택한 사회는 자본주의와 충돌할 이유가 없다. 나아가 자본주의체제 내에서 형식적인 평등(기회균등)이 유지되는 체제를 민주화로 이해할 수 있다. 이런 의미의 민주주의를 지향한 경제학자로 밀(John Stuart Mill), 리카아도(David Ricardo, 1772~1823), 세이(Jean Baptiste Say, 1767~1832) 및 공리주의 사상가들을 들 수 있다. 이들은 합리주의적이고 개인주의적인 인간관에서 경제적 선(善, virtue)은 자유경쟁원리 및 시장경제에 의해 조화될 수 있다고 보았다. 다시 말하면 자유경쟁원리를 본질로 하는 시장경제는 자율조정기능을 통하여 사회적 생산을 극대화하고 항상 균형에 도달하는 것으로 생각하였다.

그래서 개인은 타인을 의식하지 않고 자기이익을 위해서 경제활동을 수행하면 충분한 것으로 믿었다. 여기에서 개인의 범주에 속하는 것은 자본(기업)이었다. 자유경제질서를 신봉하는 형식적 평등주의에서 경제적 정의는 개인의 경제활동에서 기능적 격차(functional discrepancies)를 인정하고, 그의 능력에 따라 분배(순수한 개인의 경우는 임금과 급료, 기업의 경우는 이윤)받는 데 대하여 정부 또는 신으로부터 아무런 제약을 받아서는 안된다는 것이다. 자본주의체제하에서 경제적 정의는 능력에 따른 소유와 분배에 정당성을 부여하는 이외에, 다른 어떤 경제적 정의 개념도 거부하는 것이다.[7] 이러한 자본주의 경제관에서는 자유방임이 최적의 효율성을 가지고 시장경제기구의 원활한 기능을 보장함으로써 경쟁이라는 객관적 선택수단에 의해 분배적 정의가 실현되기 때문에 보정적 정의문제는 고려할 필요가 없다. 정부의 역할은 먼저 합법적 제도인 경제체제를 형성시키고, 자유시장질서의 붕괴뿐만 아니라 이에 대한 비신봉자들의 침해에 대항해서 자유방임 시장경제질서를 보장하고 경쟁을 촉진시키는 것이다.

결국 자본주의는 개인주의, 법률적 평등주의, 자유시장경제 질서의 신봉

---

7) Suranyi-Unger, *Economic Philosophy of the Twentieth Century*, trans., William Wolf and other(Northern Illinois University Press, 1972), pp.117~118, pp.122~124.

및 분배적 정의 즉, 기능적 분배의 정당성을 인정하는 사상의 총체라고 해도 좋을 것이다. 그러나 자유시장 경제질서(가격기구)가 결코 분배의 형평을 보장해 주지는 않는다. 이것은 시장의 실패를 고려하기 이전의 문제이다.[8] 따라서 자유시장경제질서에 의한 분배적 정의가 경제이론에 어떻게 적용되고 있으며, 사회경제적으로 어떤 결과를 야기했느냐를 주목할 필요가 있다. 정치적 민주주의의 이상인 형평이 정치과정상의 기회균등만을 의미하는 것이 아니고 재산의 소유와 분배의 형평을 의미하는 것이라면, 성숙된 자본주의사회 구성체와 양립을 기대하기는 거의 불가능하다. 왜냐하면 자본주의는 ①사적소유의 보장과 ②가격(시장)기구를 매개로 ③자본축적(운동)을 진행하는 사회구성체이기 때문이다. 사적소유의 보장은 자체가 결과적으로 생산과 분배의 불평등을 전제로 하는 것이다. 나아가 가격기구를 매개로 하는 경제활동은 인위적인 지배를 배제한다는 면에서 인간의 행동을 자유롭게 하고 실현 가능한 효율적인 배분을 가능하게 하는 것이기는 하나, 결과의 평등을 보장하는 것은 아니다. 더구나 자본(기업)이 이윤최대화를 지향하도록 보장하는 제도가 자본주의이므로 결국 독과점과 경제력 집중을 유발하여[9] 평등의 원칙에 어긋난다.

　궁극적으로 자본주의제도는 형식적 자유와 형평을 보장해 주기는 하지만 실질적 평등을 보장해 주는 제도는 아니다.[10] 그럼에도 불구하고 자본주의제도가 선택 가능한 사회구성체인 것은 몇 가지 이유가 있다. 자본주의가 최선의 제도라는 사회적 합의를 얻을 수 있는 이유는 먼저 인적지배를 거부하고 비인격적인 지배로 전화해 주는 점이다. 인류역사상 가장 오랫동안 인간을 괴롭힌 것은 인간이 인간을 지배하는 것이었다. 노예제사회가 그렇고 봉건제 사회가 그랬으며 식민지 시대가 그랬다. 그러나 가격(시장)기구에서 상품의 생산과 생산물의 분배는 물론 인간노동도 강제되지 않고,

---

8) 시장실패의 원인과 현상에 대해서는 초보적인 경제학 교과서에 모두 설명되고 있다. 이를 참고하기 바란다.

9) 전철환, 「독과점의 폐해 및 경제력 집중의 현황과 과제」, 『한국경제론』, 창작사 1986, pp.291~298.

10) 자유와 평등의 조화와 대립에 대해서는 전철환, 「자유와 평등의 경제적 구현」, 『한국경제론』, 창작사, 1986, pp.416~421 참조.

상품의 가격 및 임금과 급여라고 하는 비인격적 지표에 의해서 행해진다. 그리고 통치도 인격적 지배를 최소로 한다. 그래서 자본주의 초기에는 민주주의와 공존하는 것이 가능했다.

둘째는 사적소유와 가격기구를 바탕으로 진행되는 자본(기업)축적이 생산의 효율을 보장하고 성장을 이끌기 때문이다. 사회적 복지는 평등에도 의존하지만 소유와 소비의 양에도 의존한다. 소유와 소비의 증대는 생산의 극대화 없이는 불가능하다. 원래 생산활동의 궁극적인 동기는 인간욕구의 충족이다. 따라서 생산욕구를 끊임없이 추동하지 않으면 결국 인간노동이 수반되지 않기 때문에 강제에 의하지 않고는 생산이 증가될 수가 없다. 그런데 자본(기업)의 축적동기는 비인격적인 자본의 속성이기 때문에 포화점이 없다. 결국 자본(기업)의 이윤추구와 그를 위한 생산활동은 끊임없이 계속된다. 이것 때문에 자본축적(운동)이 궁극에는 독과점 및 경제력 집중으로 나타나는 것이다.

반면 인간의 욕구는 충족되는 수준과 속도 그리고 상대성에 따라서 포화점에 이를 수 있다. 기본적인 생활수준과 함께 일정 수준의 문화생활이 보장되고, 성장이 어느 정도 지속되는 선진국의 경우가 그 예이다. 또 비록 절대수준은 낮지만 평등이 보장된 사회주의 사회에서도 인간의 욕구는 상대적으로 정체된다고 한다. 즉 생산과 분배의 동기가 인간의 욕구충족에 있는 사회에서는 성장에 따른 욕구의 감퇴로 결국 성장이 둔화된다는 것이 역사적 경험이다. 그러나 포화점이 없는 자본(기업)의 축적동기가 지배하는 사회에서는 성장이 계속될 수 있는 것이다. 자본의 이러한 속성이 독과점과 경제력 집중에 의해 불평등을 심화시키는 것이다.

민주주의가 기회의 균등만을 지향한다면 고도 단계의 자본주의 사회구성체와도 공존할 수 있고, 자본주의체제하에서의 지속적인 경제성장이 불평등 감각을 완화·희석시킬 수 있다. 그러나 자본주의 사회구성체가 성장만을 지향하여 민주주의 형평성을 현저하게 저하시키면, 민주주의와 자본주의는 양립하기 어렵고 사회가 혼돈에 빠져 체제 자체가 흔들리기 쉽다. 따라서 경제가 성장하여 고도의 산업사회로 이행한 나라일수록 경제적 민주주의 추구가 주요과제로 부상하게 되며 오늘날 선진국이 정치적 민주주의는 물론 경제적 민주주의를 중시하고 보장하는 것도 이러한 이유에서이

다. 경제적 자유와 정치적 자유의 조화 측면에서 각 국의 수준은 [그림 1]
과 [그림 2]에서 보는 바와 같다.

[그림 1] 정치적 자유와 경제적 자유의 상관도

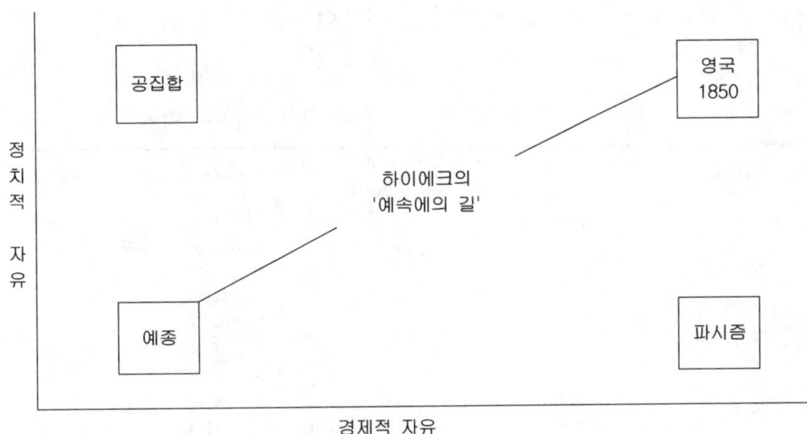

자료 : P. A. Samuelson, "Personal Freedoms & Economic Freedoms in the Mixed
Economy", *The Business Establishment*, ed., Earl F. Cheit, Wiley and Sons, 1964.

[그림 2] 주요국의 자유도 변화추이

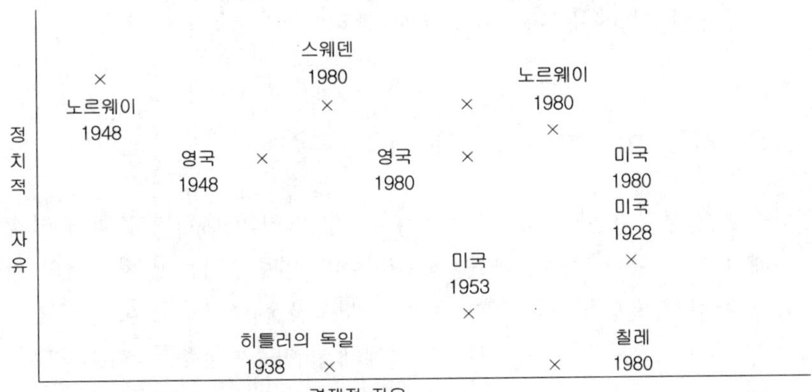

자료 : A. Samuelson, 위의 책.

 이러한 관점에서, 오늘날 우리나라의 민주화가 비록 불확실성과 혼돈 속에서 진행되고는 있으나, 경제적 민주주의를 주요 과제로 하여야 한다는 데에는 의심의 여지가 없다. 왜냐하면 우리나라의 소득분포추이를 보면, 1980년대 들어서 상당히 개선되고 있는 것으로 보고되고 있으나 개선의 추세를 감지할 수 있는 정도는 아니기 때문이다.([표2] 참조)

[표 2] 한국, 자유중국 및 일본의 소득분배상태 비교

국 명	연 도	1인당 GNP (1970년미불)	10분위계수	Gini계수
한 국	1965	132	19.3/41.8	0.34
	1970	312	19.6/41.6	0.33
	1976	518	16.9/45.3	0.38
	1980	1,032	16.0/41.4	0.39
	1985	1,330	17.7/43.7	0.36
대 만	1953	184	11.3/61.4	0.56
	1961	229	14.2/52.0	0.46
	1964	263	20.4/41.1	0.32
	1968	340	20.1/41.4	0.33
	1972	425	21.9/38.6	0.29
	1975	560	22.2/39.1	0.29
일 본	1962	911	15.3/46.1	0.39
	1965	1,161	16.8/43.7	0.38
	1968	1,586	16.0/44.1	0.39
	1971	2,109	14.8/46.3	0.42

 자료 : 한국경제학회(1984) 및 경제기획원, 「한국의 사회지표」, 각 연도. 사실 지표에 나타난 소득분포 개선 추이에도 불구하고 재산소유 격차와 과시적 소비행태 때문에 불평등감각을 더욱 심각하게 된다. 따라서 성장과 평등을 조화하여 국민의 복지를 최대화함으로써 체제안정을 도모하는 것은 우리에게도 매우 시급한 과제이다.

3. 서구 민주자본주의의 경험

 민주주의 성격과 자본주의 성격 그리고 두 가지의 대립과 조화는 사회가 지향해야 할 방향이 무엇인가를 가르쳐 준다. 민주주의는 정치과정의 정당성과 경제적 형평성을, 자본주의는 축적과 성장을 추구하고 이것을 조화시키는 것이다. 이를 지향하는 사회경제체제를 민주자본주의[11]라고 부를 수

---

 11) 개념 등에 대해서는 마이클 노박 외, 김진현 역, 『민주자본주의의 장래』, 한국사회

있을 것이다. 사실 민주자본주의라는 개념 속에는 암묵적으로 자본주의가 불평등을 야기함을 시인하고, 이를 경제민주주의로 보완한다는 뜻을 담고 있다. 경제민주주의를 통해서 국민의 복지를 극대화할 수 있고, 체제의 존속을 보장할 수 있기 때문이다. 결국 사회복지 측면에서 민주자본주의는 민주(평등)에 의해서 주어진 조건하에서 최대 복지를 추구하고, 자본(축적)에 의해서 성장과 이를 통한 욕구충족으로 동태적 복지 극대화를 추구하겠다는 뜻을 담고 있다.

따라서 18세기 중엽 이후 자본주의체제를 구축하고, 자본주의 선두주자로서 오랫동안 세계를 지배했던 영국이 제2차세계대전 이후 이른바 평등이라는 경제적 민주주의를 추구해온 경험은 우리에게 가르쳐주는 바가 매우 크다. 비록 오늘날의 영국이 2등국으로 전락했고, 그것이 경제적 민주주의 추구 때문이었다는 가설[12]이 제기되고 있어 경제적 평등지향의 민주주의에 대한 의문이 없는 것은 아니다. 그럼에도 불구하고 평등지향이 동태적으로 사회복지의 절대감소를 초래한다고 볼 수 없다는 점에서 평등지향의 경제적 민주화 경험은 매우 커다란 의미를 담고 있는 것이라고 평가해야 할 것이다. 사실 영국인은 평등추구의 경험에서 불평등이 매우 값비싼 대가를 치를 수 있다는 것을 알고 있었다. 영국인은 지난날의 프랑스처럼 경제적 평등주의의 신기루에 홀리는 것이 마땅치 않다고 항변하면서도 끊임없이 우회적인 방법을 써서 경제적 평등을 지향했다. 그리고 평등화기술을 개발하고 채택해서, 상당히 불평등을 감소시킬 수 있었다.

영국인이 추구해온 경제적 민주화의 기술은 신비스러운 것이 아니고 아주 평범한 것이다. 첫째로 공익사업(social service)의 확대와 누진세제도의 채택이다. 이 수단은 소수의 부자에 의해서 소비될 부가 공공의 이익을 위해서 사용됨으로써, 기회와 환경의 불균형을 완화시킨다. 정도의 차이는 있으나 오늘날에는 거의 모든 국가가 이 수단을 사용하고 있다. 그러나 개발도상국의 경우 공익사업의 확대는 자원조달의 제약 때문에, 누진세제는 가진 계급층의 저항과 기술적 회피 때문에 실효를 거두지 못하고 명분만

경제연구원, 1983을 참조할 수 있다.

12) 森嶋通夫, 이기준 역, 『무자원국의 경제학』, 일조각, 1984, pp.112~114.

남는 경우가 많다. 둘째의 수단은 노동조합의 활성화와 산업입법이다. 이 것은 한 집단이 경제적인 강제력을 발동하여 다른 집단에게 자기의 의지를 강요하는 힘을 제한함으로써 경제적 교섭력의 불평등을 완화하는 것이다. 오늘날 대부분 국가에서 동 제도가 운영되고 있으나, 후진국의 경우 거의 유명무실하거나 경제성장의 저조 때문에 스스로 약화되고 있다. 셋째의 수 단은 공공기관이나 협동조합이 할 수 있는 사업영역을 넓히는 것이다. 공공기관이나 협동조합은 반드시 수익성을 목적으로 사업을 수행하지 는 않기 때문에, 공공의 이익사업을 수행할 수 있고 이것을 통해서 복지 의 불평등을 완화할 수 있다. 나아가 경제운용을 자본가와 그 대리인의 손에서 사회적 책임을 지는 공공기관과 협동조합에 이관하는 성격을 가 진다. 이것도 거의 모든 국가에서 채택하고 있다. 그러나 후진국의 경우 경제적 민주화를 추구하기 위해서보다는 경제성장을 가속화하기 위한 수단으로서 국가권력이 사용되었기 때문에 일정한 성장단계를 넘어서 면 오히려 비효율과 관료주의를 누적시키게 되었다. 그 결과 경제적 민 주주의 실현과는 반대 방향으로 전환되었다.[13]

이처럼 영국이 써온 경제적 민주화 수단은 매우 평범한 것이었음에도 불 구하고 평등주의는 항상 자본가와 통치계급층으로부터 완강한 저항을 받 았었다. 평등주의에 대한 저항은 먼저 자유와의 충돌 때문이다. 확실히 경 제적 평등을 지향하기 위해서는 막강한 경제력을 쥔 계급의 경제적 자유를 국가권력으로 제약하지 않으면 안 된다. 때로는 자원배분에까지 개입하게 된다. 이 경우 자유의 제약은 물론 효율의 저하를 유발한다. 개별자본(기업) 이 커진 성숙사회에서 정부에 의한 자원배분이 비효율적이라는 점은 수긍 이 간다. 그러나 개별자본(기업)에 대한 자유의 제한이 항상 효율을 저하시 키는 것은 아니다. 이를테면 독과점과 경제력집중을 완화하기 위해서는 일 정수준을 넘으면 기업의 수평적·수직적 결합을 금지해야 한다. 이 경우 개 별자본(기업)의 자유로운 경제활동은 제약될 수밖에 없다. 재벌기업에 대 한 금융의 제약과 같은 간접적인 수단을 동원해도 자유의 제약이라고 항변 하기는 마찬가지다. 그리고 불공정거래 등을 시정해서 시장행동의 불평등

---

13) R. H. Tawney, 앞의 책, p.p.146~194.

을 극복하고자 하거나, 초과이윤 획득을 조세로 흡수해서 시장성과에 의한 불평등을 완화하고자 해도 똑같은 저항을 받는다.

그러나 이들 항변은 성장력 둔화를 문제삼기도 한다. 하지만 우리가 유의해야 할 점은 독과점과 경제력집중을 극복하고자 하는 것은 소유의 집중과 지배구조의 반민주성 및 비효율성을 막아내자는 것이지, 규모와 범위의 경제실현을 위한 개별자본(기업-공장) 규모가 커지는 것을 반대하는 데 있지 않다는 점이다. 근대적 기술을 선택하고 시장규모가 커지며, 국제경쟁이 심화되는 20세기 후반기의 경제적 조건 속에서는 기업(공장) 규모가 작아서는 안 된다. 개별자본(기업-공장) 규모의 축소지향적 경제적 민주화 내지 평등화 추구는 성장력을 둔화시키고 동태적 사회복지를 감소시킨다. 문제는 소유의 집중과 독과점 및 경제력 집중과정의 부정의에 있다. 이것이 개인의 평등은 물론 경제적 민주화와 충돌하는 것이다. 나아가서 소유의 집중과 독과점 및 경제력 집중과정의 부정의를 극복하는 경제적 민주화가 결코 성장력과 경쟁력을 약화시키는 것이 아니라는 점도 인식하여야 한다. 이런 논리는 시장행동과 성과의 제약에 있어서도 모두 같다.

또한 경제적 민주화(평등주의)가 국민경제의 성장 혹은 고용흡수력을 제약한다는 비판이 있다. 이를테면 경제력을 쥔 자본(기업)가와 대등한 교섭력을 갖도록 노동자의 단결권과 단체행동권 등을 보장하면, 개별자본(기업)으로서는 축적동기가 위축되고, 공공부문의 비효율을 야기하여 판매와 생산감소를 유발하고 성장력이 약화된다는 주장이다. 그래서 정부와 노동자는 성장력 약화에 따른 고용의 감소를, 개별자본(기업)은 축적력의 약화를 회피하기 위해 복지주의형 노사관계 대신, 신자유주의적 정책기조로 전환하기도 한다. 오늘날 대처리즘 아래의 영국이 그 가장 대표적인 예이다.

더구나 우리나라와 같은 개발도상국의 경우 실물생산부문의 자본이윤율이 아직은 매우 높은데도 불구하고[14] 선진 개별자본(기업)과의 경쟁 때문에 신자유주의적 정책을 채택해야 한다는 주장도 있다. 세계적 규모의 자본축적을 조속히 달성하기 위한 목적에서 나온 주장이라고 생각되나 반드시 정

---

14) 여기에 대해서는 충분한 실증연구가 있을 뿐만 아니라, 저축이 투자보다 크고 세계에서 가장 높은 실질 시장이자율 수준에도 불구하고 기업의 자금수요가 감소하지 않는다는 사실에서 쉽게 유추할 수 있다.

당한 사유라고 보기는 어렵다. 이 논리를 수용하더라도 개별자본(기업)은 경쟁력 약화를 흡수할 수 있도록 기술개발에 힘쓰는 한편 어느 정도의 이윤율 하락을 감수함으로써 이를 극복해야 한다. 자생력이 있는 개별자본(기업)이라면 이것이 불가능하지 않고, 기술수준이 선진국에 비해 낮기 때문에 가능성은 더욱 높다고 해야 할 것이다.

그리고 경제적 민주(평등)화와 사회복지에 대한 비판으로 자칫 노력 없이 대가만 노리는 부정의가 유발될 수 있다는 주장도 있다. 만일 경제적 평등이 개인의 필요에 따라 자원이 배분되는 것을 의미한다면 이 같은 주장이 잘못된 논리는 아닐 것이다. 생산에 참여하지 않거나 참여했더라도 그들이 생산한 양 이상을 요구할 수도 있기 때문이다. 사실 필요에 따른 평등을 보장한다면 사회가 지닌 생산력 이상의 분배요구로 경제적 불능상태에 도달할 수 있다. 더구나 개인적 필요를 충족하는 경제적 민주화 추구는 도덕적 해이를 유발해서 개인의 경제활동(노동) 욕구를 얼마든지 감소시킬 수 있다. 대표적인 예로는 개인의 필요수준을 충족하지도 못하면서 사적소유를 제한함으로써 동기를 제약했기 때문에 개인의 경제활동(노동과 창의성) 욕구를 저하시키고 결과적으로 성장력을 약화시키고만 사회주의체제를 들 수 있다.

그러나 경제적 민주화가 개인의 필요를 충족하는 것이 아니고 노력의 대가를 삭감하지 않는다는 뜻(응능분배주의 : 應能分配主義)을 담는 것이라면, 생산물 이상의 분배와 경제적 활동욕구의 감소를 초래하지는 않을 것이다. 생산물의 분배는 한계생산성원리보다 자본가와 노동자의 힘에 의해서 결정된다는 후기케인스학파와 신리카아도학파[15] 분배이론[16]의 논리가 현실을 지배하는 한 응능분배주의를 유지하는 경제적 민주주의는 모순 없이 국민의 경제활동 욕구감소를 극복할 수 있다. 다만 높은 소득수준의 국민경제 발전단계에서 모든 개인의 총체적인 경제활동'특히 실물생산 노동욕구의 감소를 극복할 수 있는지는 의문이다. 그 예를 오늘날의 미국이나 노쇠한

---

15) 후기케인스학파로는 J. 로빈슨, J. 이트웰 등을 들 수 있으며, 신리카아도학파로는 P. 스라파를 대표적인 학자로 들 수 있다.

16) Robinson J. and John Eatwell, *An Introduction to Modern Economics*, Revised Ed.(Maidenhead, England : McGraw Hill, 1973), pp. 193~195.

영국 등 선진국에서 찾아볼 수 있기 때문이다. 그러나 우리나라 국민과 같이 매우 강렬한 성취동기가 살아있는 유교문화권에서는 아직 이를 걱정할 필요가 없을 것이다.

4. 민주자본주의화의 방향

비록 불확실성과 확신이 혼재하는 혼돈 속에서나마, 해방 후 40여년 동안이나 비틀거리기만 하던 우리의 민주화도 이제 필연의 과정에 있다는 것을 다시 부연할 필요는 없을 것이다. 민주화의 열망은 다원화된 계급층을 형성하고 있는 우리의 사회 경제적 조건을 반영하여, 다양한 목소리로 확산되고 무정부상태를 방불케 할 만큼 요란했던 것도 사실이다. 지난 7~8월에는 노사관계가 극단적 모습을 보였고, 또한 선거운동과정에서는 각계 각층의 욕구분출이 나타났었다. 하지만 요란하던 각계 각층의 욕구 분출도 과열된 축제풍경 이상으로 발전되지는 않았다. 공권력의 인위적인 제약도 영향을 미쳤지만 우리국민의 슬기와 자제도 한몫을 해낸 성숙된 모습이었다. 정치 경제적 민주화는 앞으로도 다양한 시행착오를 통해 관행이 정착됨에 따라 보다 성숙한 모습으로 진전될 것으로 기대한다.

민주주의가 자본주의의 태(胎) 속에서 싹트고 자란 것은 사실이나 자본주의가 성숙하면 공존하기 힘들다는 점에서 경제적 민주화는 더욱 절실한 과제이다. 왜냐하면 자본주의는 자체의 운동성향 때문에 자유와 형식적 평등보장에도 불구하고 경제적 불평등을 심화시킬 수밖에 없기 때문이다. 자본주의 발전과 성숙이 빚은 불평등의 비효율을 경제적 민주화에 의하여 다양한 목소리를 반영하고 사회적 복지와 효율을 극대화시켜 극복함으로써 동태적 복지를 증대시켜야 한다.

그러나 경제적 민주화가 능력에 부응하는 평등을 지향하더라도 기득권익 계급층으로부터 강렬한 저항을 받아온 것이 선진국의 경험이다. 따라서 우리에게도 그 실현에는 어려운 점이 많을 것이다. 개발도상국 가운데에서는 선두주자로서 곧 선진대열에 설 것으로 기대되지만 개별자본(기업)의 축적기간이 짧고, 이제 겨우 개별자본(기업)가의 1세대가 지나는 과정에서 경제적 평등의 지향은 더욱 큰 저항을 야기할 수밖에 없다. 그래서 경제적 민주(평등)화 지향을 통한 민주자본주의화에는 한계가 크다. 그렇다고 경제적 민주화를 지체할 수는 없다. 경제적 민주화의 지체는 사회경제적 복지의 상대적 축소와 사회분열을 초래하고, 결국 체제 지지기반을 와해시킬 수도 있기 때문이다.

따라서 우리는 정치경제 운용에 있어서는 계급층간의 대립을 현실로 인정하고 조화를 추구하는 방향으로 나아가지 않으면 안 된다. 대립의 조화를 기조로 하는 경제적 민주(평등)화에서는 최소한 기회의 균등이 보장되어야 한다. 기회의 균등은 개인적인 측면과 사회적인 측면이 있다. 개인적인 측면의 기회균등은 먼저 개인역량을 발휘할 수 있는 충분한 교육기회의 부여라고 해야 할 것이다. 현재도 교육기반은 상당한 수준으로 확충되었으나, 아직은 능력 있는 사람이 능력을 발휘할 기회를 충분히 보장받지 못하고 있다. 지방의 중·고교에서는 역량 있는 교사를 확보할 수가 없고, 교사의 욕구계발제도가 미비하여 열의를 유발할 수도 없다. 교육기회의 불평등은 인구가 서울로 집중하는 요인이며, 사회적 반감을 자극하기도 한다. 나아가 실질적인 불평등 수준 이상의 불평등 감정을 키우는 요인이 되기도 한다. 더구나 대학 이상에서는 개인적 역량발휘가 어려운 경우가 많다.

기회균등화 조건으로 개인적 측면에서 경제적 절대빈곤으로부터 해방되는 것도 중요하다. 이를테면 무의탁 폐질·불구·노령·연소자가구를 보조하는 제도적·경제적 장치가 구비되어야 한다. 흔히 절대빈곤의 해소에 있어서는 공적부조에 국한해온 것이 선후진국을 막론한 지난날의 경험이었다. 그러나 개인의 최소능력 계발조차 보장하지 못해 근본적인 기회균등화시책이 못되었다. 폐질·불구·노령 등 일부 극심한 경우를 제외하고는 각자에게 알맞은 일이 있고 또 능력도 있다. 모두 알맞은 일을 개발하고 일을 통해서 즐거움과 참여감을 누릴 수 있도록 방향이 모색되어야 한다.

다음 단계로 기회균등은 개인적 차원을 넘어서 사회적 기회균등을 지향해야 한다. 사회적 기회균등화는 계층간의 역학관계상 약세에 있는 계층의 발언권을 보다 강화하는 것이다. 일차적으로 지역 및 직능집단의 자치를 보장해야 한다. 우리나라는 조선조 5백년 동안은 물론 일제식민통치시기와 해방 후에도 중앙집권적 통치경험만 있을 뿐이다. 따라서 다양한 목소리의 수렴과 현장감각에 알맞은 시책이 수립되기가 어려웠다. 언제나 일방통행식 권위주의형 지휘만 받아서, 집단의 자발적 역량발휘 기회가 제약될 수밖에 없었다.

새로 집권한 정권이 지역자치는 지방자치로, 직능자치는 각급 직능단체(교육기관, 동업자단체 등) 자율화로 정치의 다양화를 추진한다고 하니 기대된다. 그러나 오랜 중앙 집권주의적 타성 때문에 지역자치와 직능자치가 일시적인 비효율을 나타내는 점을 우려하여 추진을 늦추지 않을까 걱정된다. 자치를 늦추는 것은 경제적 민주화뿐만 아니라 정치적 민주화를 저해한다. 경험이 없으므로 당연히 일시적 혼란이 예상되지만, 이제 우리 국민도 자치역량을 충분히 갖추고 있다고 믿어진다.

특히 사회적 기회균등화 가운데 노동자 단체의 지위향상이 중요하다. 지금까지는 자본(기업)가의 취약성 때문에 기업가 활동의 보장과 향상이 강조되어왔다. 초기 발전과정에서 기업가의 중요성을 부인할 수 없다. 그러나 우리나라의 기업도 이제 수가 크게 늘었고 개별자본이 독과점과 재벌화 단계를 넘어서고 있다. 따라서 그들의 경제력은 거의 특권화되었다. 중소기업과의 관계가 그렇고 노동자계급과의 관계도 그렇다. 노동자계급에 있어서 기회균등은 노동자의 단결권, 단체교섭권 및 단체행동권으로 구분되는 노동3권을 실질적으로 보장하는 것이다.

일부 재벌기업은 노동권보장보다는 근로조건과 임금 등의 실질적 우대로 충분하다고 주장하고 있다. 그러나 실질적 우대는 시혜성을 가질 뿐 노동자의 발언권과 무관하며 자기성취욕구를 충족시키지 못한다. 더구나 재벌기업의 자본과 기술축적이 시장에서 절대적 우위를 차지하고 있는 상황에서는 실질적 우대가 가능하겠지만 이것을 지속적으로 보장하지는 못한다. 생산에 참여하는 노동자의 자기성취욕구를 충족하고, 노동조건의 악화를 방지하기 위해서는 집단적 교섭훈련을 통해서 노동자의 자율성을 확보해 주지 않으면 안 된다. 노동3권의 보장은 기회의 균등화 조건일 뿐만 아니라 훗날 집단적 교섭훈련의 경험부족으로 인한 파국적 국면을 미연에 방지하는 길이기도 하다. 이는 금년 7~8월의 우리나라 노사관계에서도 얼마든지 찾아볼 수 있다. 자본(기업)가의 자세변화가 요구되며, 정부는 이를 보장하는 데 인색하지 말아야 한다는 점을 덧붙인다. 노동자단체와 구성원은 노조활동을 한풀이 수준으로 인식·대응하거나, 기업의 존립과 기업가 정신을 위태롭게 해서는 안 된다. 기업의 성장·존립 없이 노동자층도 존립할 수 없기 때문이다.

그리고 사회적 기회균등화를 통한 경제적 민주화의 추진방향으로 빼놓을 수 없는 정책으로 경쟁력이 열위에 있는 비성장산업의 성장력 배양을 들 수 있다. 대기업(재벌)과의 관계에서 열약한 지위 때문에 경제적 교섭력의 약화를 감수할 수밖에 없는 중소기업의 성장력 배양은 물론, 농림수산업처럼 기술적으로나 경제적으로 성장력을 갖추지 못한 연유로 경제적 성장성 확보에 결정적 제약을 받고 있는 산업의 재정립이 필요하다. 사실 중소기업의 육성은 어제와 오늘의 과제가 아니었다. 과거에는 가용자원의 제약이 컸었고 이들 부문이 생산하는 상품의 수요가 한정되어 있어 국민경제 전체의 성장력 향상에 기여하는 바가 적었기 때문에 육성이 절실하지 못했던 것이 사실이다. 그러나 이제 우리 경제도 흑자시대(黑字時代)로 접어들어 자원에 여유가 생겼다. 그리고 이들 가운데에도 기술적·경제적 성장력을 가진 부문이 얼마든지 있다. 이제 이들 부문의 발전방향을 재정립하고, 발전의 기회를 주어야 한다. 이는 결코 국민경제의 성장력 배양과 상치되지 않는다.

사회적 기회균등화를 통한 경제적 불평등의 절대수준을 축소하기 위해서는 학력·직종 특히 생산직과 사무직·산업·지역 등의 차이에 따라, 능력 이상으로 현격하게 벌어져 있는 임금과 급여의 격차를 획기적으로 축소시키려는 노력이 수반되어야 한다. 사실 이들 격차는 성취동기를 자극하고 노동욕구 상승을 촉진시키므로 사회발전에 긍정적인 면도 없지 않다. 그러나 그 격차가 수용범위를 넘는 데다가 경제적 평등을 크게 저해하므로 축소가 시급한 것으로 판단된다. 특히 학력간·직종간 보수 격차가 터무니없이 큰 경우 노동시장을 단층화하여 노동시장의 효율성을 오히려 저해할 우려가 크다. 인력의 질을 높이고 취업정보를 최대로 확충해서 노동시장의 단층을 축소하여야 할 것이다. 한편 산업간·지역간 보수 격차는 산업별·지역별 산업의 생산성과 성장력 격차를 반영하고 있으므로 격차축소를 위해서는 열위산업(劣位産業)에 대한 투자와 기술개발 유인을 증대시켜야 할 것이다. 다만 열위산업이 장기적으로 성장력을 가지지 못할 경우에는 특별한 보호목적이 없는 한, 차라리 도태시키는 것도 필요하다.

끝으로 물가안정과 함께 마찰실업 이외에는 완전고용수준이 유지되어야 장기적으로 소득격차가 줄어들 수 있음을 강조하고 싶다. 이를 위해서는 산업간·지역간 격차를 최소화하고 성장이 지속되어야 한다. 사실 자본주의 의 장점은 바로 여기에 있다. 우리 경제의 성장전망이 낙관적이어서 다행이기는 하나 장기적인 성장잠재력을 확충하려는 노력은 지속되어야 할 것이다. 또한 최근 4~5년 동안 대졸 실업이 누증되고 있는데, 이에 대한 대책도 절실하다.

5. 나머지 과제들

지금까지 민주자본주의의 정책방향으로 기회균등을 강조했고, 이를 위한 몇 가지 구체적인 내용을 제시했다. 민주자본주의는 자본주의의 효율과 경제적 민주주의의 자율과 평등을 조화시키는 것을 이상으로 하고 있다. 그러나 이상의 추구에 대해 기득권익 계급층이 강력히 저항할 경우 그 반발로 정치권력을 포함하는 급진적 운동으로 발전될 가능성이 크다. 급진좌경으로 전환되거나 심하면 사회주의를 요구하는 혁명이 나타날 수도 있다. 그러나 사회주의도 경제적인 면에서 성취동기를 적절히 유인하지 못하기 때문에 반드시 최선의 체제가 될 수는 없다. 서구의 역사적 경험을 살펴보면 경제적 민주(평등)화 추구가 의회주의를 바탕으로 점진적으로 추진되었고, 만족할 수준은 아니라 할지라도 상당히 성공적이었다.

우리는 민주자본주의를 지향함에 있어서 서구의 한계를 극복하기 위해 기회균등이라는 소극적인 측면뿐만 아니라 일정 수준의 부의 평등화도 지향해야 할 것이다. 구체적인 방안의 하나가 누진적 상속·증여세 제도를 통해 후손에게 부를 직접적으로 전달하는 것을 방지하는 것이다. 사실 제도적 측면에서 우리나라도 장치는 충분히 갖추고 있다. 그러나 현실에 있어서는 누진적 상속·증여세를 교묘하게 회피하고 자손에게 도저히 상상할 수 없는 부가 상속·증여되고 있다. 서구나 일본의 경우에는 상속·증여세가 너무 과중하다 보니, 자수성가한 재산가도 재산을 사회에 환원하는 것이 바람직한 풍토가 되었다. 그러나 우리나라에서는 그런 예를 찾아보기가 힘들고, 오히려 경제적 비민주(불평등)화 정서 내지는 부정의(不正義)만 키우고 있다.

절대적 경제민주(평등)화 정책의 또 하나로 이른바 절대 빈곤층에 "동기부여보장소득계획"(incentive-warranted-income plan)을 시행할 필요가 있다. "동기부여보장소득계획"은 최저생계비 이하의 소득계층에 대한 생활보조금 지원제도의 일종이다. 이 제도는 극빈을 완화함으로써 노동욕구를 저해하지는 않지만 빈곤선(貧困線) 이상의 소득보장이 어려운 단점이 있다. 하지만 절대 빈곤층이 대단히 엷어지고, 가용자원에 여유가 생기기 시작했으므로 충분한 연구를 거쳐서 적정한 시기를 택하여 시행을 고려해봄직도 하다.

다음으로 기득권익 계급층의 건전한 생활태도 견지가 요청된다. 부는 쌓아 놓기 위한 것이 아니라 소비하기 위한 것이라는 점을 부인하지 않는다. 자본주의사회에서는 소유와 처분의 자유가 보장되어야 한다. 그러나 소비가 생활의 필요에서보다 과시를 위해 이루어지면 경제적 열위계급층의 체제에 대한 반감을 유발하게 된다. 특히 우리의 경우 유교문화권에서는 권력과 부를 분리했던 전통이 제대로 지켜지고 있지 않기 때문에 사회적 반감을 더욱 심각하게 만들고 있다는 점을 인식해야 한다. 기득권익 계층의 자성을 기대해 본다. 엄격한 "Noblesse Oblige"는 아니더라도 시대조류에 알맞는 절도는 필요하다.

끝으로 경제적 민주주의를 위해서 국가의 불필요한 간섭을 최소화해야 한다. 이제 우리의 기업도 충분한 경제정보 수집능력과 판단능력을 갖추고 자생력을 발휘할 수 있는 단계에 왔다. 관료의 판단과 지도력에 의존하던 시대는 지났다. 투자재원의 조달과 운용이 기업의 판단에 의해서 이루어져야 한다. 그런데도 공공성을 일부라도 가지고 있는 기업이나 금융기관은 말할 것도 없고, 대(재벌)기업에까지도 아직 지시와 통제가 이루어지고 있다. 더구나 준조세(準租稅) 부담도 심각하다. 정부의 개입은 의사결정의 자율성과 자원배분의 효율성 그리고 분배의 공정성을 저해하여 사회적 복지수준을 저하시킨다. 이제 정부는 기업에 대해서는 예시적·유도적 정책시행에 중점을 두고, 직접적인 간섭은 독과점과 경제력 집중 등을 방지하는 수

준에 한정하지 않으면 안 된다. 민주자본주의를 정착시킴으로써 우리 경제
의 생산력이 극대화되고 사회적 복지가 확대되기를 기대한다.

(『현대사회』, 1987. 겨울)

참고문헌

마이클 노박(1983), 김진현 편역, 『민주자본주의의 장래』, 한국경제연구원.

배무기(1976), 「아델만의 한국소득분배 평등론 검토」, 『경제논집』 제15권 제4호,
　　　서울대학교 경제연구소.

전철환(1980), 『사회정의와 경제의 논리』, 한길사.

──── (1986), 『한국경제론』, 창작사.

전철환·배진한(1984), 「경제성장과 계층별 소득분배론의 동향」, 『사상과 정책』
　　　제1권 제2호.

주학중(1979), 『한국의 소득분배와 결정요인(상·하)』, 한국개발연구원.

Adelman, I. and C. T., Morris(1973), *Economic Growth and Social Equality in
　　　Developing Countrie*s, Stanford University Press.

Atkinson. A. B.(1975), *The Economics of Inequality*, 배무기 역, 전국자동차노동
　　　조합 경기도협의회, 1979.

Levinson, Charles, ed.,(1974), *Industry's Democratic Revolution*, George Allen
　　　& Unwin Ltd., 김금수 역, 전국자동차노동조합 경기도협의회, 1978.

Mises, Rudvich von.(1972), *Economic Policy ; Thought for Today and
　　　Tomorrow, The Anti-Capitalistic Mentali*ty, 『자본주의 정신과 반자본주의
　　　심리』, 김진현 역, 한국경제연구원, 1984.

Samuelson, P. A.(1964), "Personal Freedoms & Economic Freedoms in the
　　　Mixed Economy", *The Business Establishment*, ed., Earl F. Cheit, New
　　　York : John Wiley and Sons.

Tawney, R. H.(1938), *Equality*, 『평등』, 김종철 역, 한길사, 1982.

관료제와 국민경제
- 정경유착 타파와 민주화 -

1. 개혁을 필요로 하는 민주화 서막

지난 2월 25일 오랜만에 직선제 대통령이 취임하고 제6공화국이 출범했다. 1988년은 공화국 수립 이후 최초로 평화적으로 대통령 승계가 이루어진 해로 기록될 것이다. 직선에 의해 대통령 선거가 이루어지고 평화적 정권교체가 이루어진 것은 지난 30여년간 민주세력이 숱한 시련과 희생을 치른 대가이다. 그러나 우리나라의 민주주의가 지속적으로 발전할지 여부는 아직은 불확실하다. 평화적인 대통령 교체만으로 우리의 민주주의가 완성되는 것이 아니기 때문이다. 우리나라 민주화 대장정은 겨우 서막을 연 셈이다.

앞날의 불확실성이 잠재해 있더라도, 우리 민족의 민주역량과 정치 사회적 성숙도는 또다시 반민주세력(反民主勢力)이 부상하는 것을 결코 좌시하지 않을 것이다. 우리의 민주역량은 정치사회적 자각과 함께 성숙했고, 민주주의는 쟁취하여야 하는 것임을 모두 명심하고 있다. 민주화에 대한 불확실성이 결코 작지는 않지만 민주화 전망이 암울하다고 좌절할 정도는 아니다.

이제 민주화 대장정의 서막이 올랐으므로 반민주세력의 부상을 저지하면서 정치·경제·사회·문화의 구석구석에까지 민주주의가 전파되어야 할 것이다. 앞으로의 민주화 과제는 정치에 한정되지 않고, 행정·경제·사회 등 모든 부문에 적용되어야 한다. 정치의 민주화도 중앙정부의 형태와 운용의 민주화에 국한되어서는 안되고, 지방자치와 직능단체자치에도 스며들어야 한다. 그동안 중앙집권적·권위주의적·위압적 통치에 의해 억압되었던 의사결정 조직·방법·의식·행동양식 등의 비민주성을 제거해야 한다.

민주화 시대의 새 흐름에 비추어 추진해야 할 과제 중의 하나로 부정부패 혹은 (특혜)정경유착을 척결하고 정직하고 이치에 맞는 정치경제 운용 질서를 정착시키는 것을 들 수 있다. 이것은 그동안 정치경제 운용에 있어서 국민들의 반정부(권) 혹은 반체제의식을 직접적으로 고조시킨 감성적 요인이었다. 해방 후 40여년간 모든 정권은 정당성 또는 합법성(legitimacy)이 결여되어 있었지만 국민들의 반정부 의식은 사실 정권의 부정부패 혹은 (특혜)정경유착에 의해 자극받았었다.

1960년 4·19에 의해서 붕괴된 자유당정권이 국민적 지지기반을 상실한 근본원인은, 이승만의 3선(選)에 따른 정당성 상실이었다. 그러나 자유당정권 타도라는 국민적 의사를 결집시킨 감성이 고조된 것은 자유당정권의 부정부패와 민생을 도탄에 빠뜨린 정책의 실패 때문이었다. 나아가 자유당정권에 이어 등장한 민주당 정권의 경우에도 집권의 정당성에는 하등의 이의가 없었음에도 불구하고 일단의 정치군인이 쿠데타를 일으키고 정권을 전복시킨 대외 명분 역시 민주당정권의 무능과 부정부패였다. 군사정권이 주장한 민주당의 무능과 부패는 3개월의 짧은 집권기간에 비추어 일반적 동의를 얻기 힘들었지만, 집권의 정당성을 설득하는 데는 그 이상의 변명이 필요 없었다. 1979년 공화당정권 몰락의 계기가 된 10·26 사건도 크게 다르지 않다. 사건의 근본 뿌리는 박정희의 3선과 유신에 의한 장기독재통치가 국민으로부터 정당성을 인정받지 못한 데 있었다. 그러나 10·26사건을 일으킨 김재규의 변은 박정희 정권의 정당성 결여, 부정부패, 인권유린 및 타락이었다.

해방 후 짧은 공화국 역사상의 정권 부침사를 살펴볼 때 반민주정권과 부정부패, 특히 정경유착은 항상 같은 궤도에 있었음을 발견할 수 있다. 반민주정권은 필연적으로 부패하고, 정치와 경제는 유착하였다. 그리고 정권의 정당성 결여는 논리적 반감을, 부정부패 등은 심정적 반감을 유발했다.

현재 우리에게는 이제 막 서막이 오른 민주화를 정착시키는 것이 무엇보다 중요하다. 따라서 민주화에 대한 국민의 지지를 지속적으로 이끌어 내기 위해서는 정권 또는 정치에 대한 국민의 심정적 반감을 초래할 수 있는 부정부패, 타락, 특혜·정경유착을 시급히 극복해야 한다. 민주화는 정치에만 국한되지 않고 경제·사회·문화에 이르기까지 사회 전체에 확대되어 개혁을 이끌어야 한다.

부정부패·정경유착은 거의 대부분 권력을 이용하여 위법적으로 또는 가장된 합법성을 위장하고 경제적 이익을 사적으로 취득한다. 하지만 부정부패를 제외하고는 개념과 내용이 명백히 정의되지 않은 채, 사회적 관행으로 사용되고 있을 뿐이다. 그래도 부정이나 부패는 명백히 위법성이 있으므로 사법적 소추가 구해지기 때문에 비교적 이해하기가 쉽다. 그러나 타락·특혜 또는 정경유착 등은 범죄명이 없고 명백한 위법성을 갖지도 않기 때문에 사법적 소추가 구해지지도 않는다. 아마 이런 경우에도 사법적 소추가 구해질 때는 부정부패라는 개념범주에 포함시켜서 증수뢰죄(贈受賂罪)로 다스리게 되는 것 같다.

그래서 이 글에서는 이들 개념의 내용과 성질 등을 필자 나름의 연구결과를 중심으로 잠정적으로 규정함으로써 앞으로의 논의에 도움을 주고자 한다. 특히 이들 개념의 종교적·도덕적·사회학적·범죄학적 해석보다는 민주적 경제질서의 관점에서 고찰하고 개선방향을 제시하고자 한다.

2. 부정부패와 정경유착의 차이

정치적 민주화의 추진과 함께 사회개혁을 병행함에 있어서 해결해야 할 과제중의 하나가 부정부패 및 (특혜)정경유착이라는 점에 대해서는 별 이견이 없을 것이다. 그러나 이들 개념이 매우 유사하기 때문에 그 내용과 성질, 그리고 그것에 대해 사법적 차원의 해결방법을 구해야 할 것인가, 아니면 정치적·윤리적 차원의 해결 방법을 찾아야 할 것인가 등은 명백하지 않다. 이것이 실정법적 범죄도 아니고 학문적으로도 명백히 정의된 것도 아니기 때문이다. 따라서 민주화 과제로서의 정경유착 해소방향을 제시하기 위한 목적하에 이들 개념을 잠정적으로 정의하고 차이점을 규정한 후 정경유착의 생성원인, 사회경제적 의의 및 해소방향을 논의하고자 한다.

일반적으로 부정(injustice)은 "공정성을 잃은 행위"이고 부패(corruption)는 "공무담임자 또는 중재인이 그 직무에 관하여 혹은 직무처리의 불공정처사 후에 뇌물을 수수·요구 또는 약속하는 행위"이다. 이와 같은 의미의 부정과 부패는 제도운용과정에서 공무담임자의 동시적 행위로 나타나기 때문에 부정은 부패행위를 지칭하는 것이다. 그리하여 보통은 부정부패를 복합어로 사용한다.

부정부패의 내용을 좀더 상세하게 살펴보면 ①행위자가 공권력을 이용하고 있으므로 반드시 정치·행정과 관련이 있음을 알 수 있다. 아울러 ② 불공정행위가 수반되지 않더라도 부패가 있을 수 있다는 법률적 해석이 있기는 하나, 부정부패라고 붙여쓰는 것으로 보아 불공정행위, 즉 위법부당행위가 수반된다. 또한 ③반대급부로서 반드시 뇌물수수 또는 재산의 취득이 수반되어 사적 이익이 추구됨을 알 수 있다. 이런 의미의 실정법적 범죄는 횡령·뇌물죄이다. 이런 성격의 부정부패는 소수의 공무원이 그 개인과 직무의 성격, 그리고 당시의 사회경제적 여건에 따라서 저지르는 행위로서 간헐적으로 나타나는 경우가 대부분이다. 따라서 이에 대해서는 형법전에 범죄로 규정하고, 개인적 형사소추로 대응하고 있기 때문에 특별히 정치경제적 논의가 필요하지 않다. 다만 집권자가 여기에 어떻게 대응하느냐만이 과제로 남을 것이다.

그러나 특혜나 정경유착 개념은 부정부패 개념보다도 모호하다. 더구나 이에 대한 논의는 학문적으로나 실정법적으로 다루어진 것을 거의 볼 수 없다. 다만 대중매체를 통하여 시사적으로만 다루어지는 것을 볼 수 있을 뿐이다.[1]

우선 특혜와 정경유착은 같은 의미로 쓰이고 있는 듯하다. 유착이란 말 속에 "직접·간접의 특혜"가 포함되는 것으로 이해할 수 있기 때문이다. 유착은 사전적 의미에서 "한 기관이 생리적으로 보면 아무런 관계가 없는 다른 기관에 대하여 조직적으로 결합하는 것"으로 정경유착이란 유기체적 의미를 원용하여 정치·경제의 상호관계 변화를 뜻하는 것이다.

정경유착을 이처럼 잠정적으로 정의할 경우 먼저 정치와 경제의 담당주

---

1) 전철환, 「특혜의 정치, 특혜의 경제」, 『신동아』, 1978년 9월호.

체를 구분해야 한다. 그래야만 특혜의 수수가 가능하고 또 특혜를 받지 못
하는 이도 생길 수가 있기 때문이다. 이런 의미에서 보면 정경합일시대인
봉건사회에서는 정경유착이 반사회적인 것으로 인식될 수 없다.

다음은 특혜의 정치경제 또는 정경유착이 발생하기 위해서는 특혜의 수
수집단 또는 개체간에 반드시 어떤 행위가 양자에 대하여 다같이 이익을
주거나 손해를 끼칠 수 있어야 한다. 다시 말해서 특혜를 받는 쪽만 이익을
보고 주는 쪽은 손해를 보아 이해의 합이 영(零)이 되거나 마이너스(陰)가
되면 안 된다.[2] 그래야만 사회경제적인 두개의 집단이 결합할 수 있기 때문
이다. 물론 이해관계의 일치 때문에 결합을 한다는 것은 두 기관(器官)이
무관한데도 결합한다는 본래적 의미에서의 유착(癒着)과는 다르지만 비유
의 차원에서 이해해야 할 것이다. 또한 두 집단의 관계가 경제적 비효율을
초래하거나 반사회성을 가지고 있지 않다면 정경유착이라 할 수 없다. 그
리고 정치권력의 담당자와 경제력을 장악한 자 상호간에 현실적으로는 유
기적인 이해관계를 가지고 있더라도 유기적인 이해관계가 보편적인 것이
아닐 때는 반사회적인 것으로 인식되어야 한다. 현실적으로는 얼마든지 이
해관계를 같이하는 조건들이 내재한다고 하더라도 사회적 규범에 따라 부
당한 것으로 간주할 수 있다.

한편 반사회성이란 말의 뜻은 법률적 의미의 범죄가 아니고 초법규적인

---

2) (i) 자본주의 경제체제에서 정치권력이나 경제력을 장악한 집단상호간의 이익의
합이 영(零)이거나 음(陰)이 아니라는 것은 서로 이익을 본다는 의미이다. 이와 같은
예를 게임이론(game theory)에서는 '비영화(非零化) 2인 협력게임(non-zero
two-person cooperative game)'이라고 부른다. '비영화 2인 협력게임'에서는 게임 당
사자들이 게임을 시작하기 전에 서로 담합하여 상관임의전략(相關任意戰略)을 세우
거나, 어떤 경우에는 웃돈을 얹어주기 위해서 서로 의사를 교환할 수 있다. 이런 의
미에서 볼 때 정경유착은 '비영화 2인 협력게임'과 같은 성질의 것이라고 해도 좋을
것이다. 결국 정경유착은 게임이론에서처럼 어떤 특정 또는 불특정의 정치와 행정
(게임)을 통하여 경제력을 장악한 독과점재벌에게 혜택을 부여함으로써 정(正)의 이
익을 줌과 동시에 정치·행정집단은 그 반대급부형의 이익(그것이 법률상 뇌물이든
아니든)을 얻게 되고, 두 개의 게임집단 상호간의 이해의 합은 정(正)의 값을 갖는
다.

  (ii) R. Luce & Raiffa, *Games and Decisions-An Introduction Critical
Survey*(New York : John Wiley and Sons Inc., 1957), 제6장 참조.

반사회성, 즉 정치적인 관점이나 윤리적인 관점의 부당성으로까지 확대해서 해석해야 할 것이다. 특혜나 유착은 대체로 합법적인 절차와 내용으로 형성된다는 점에서 부정부패와 다르다. 정경유착은 입법, 정책의 입안, 그리고 시책의 시행과정에서 나타나는 정치권력의 행사나 행정의 집행으로부터 발생하는 산물이라고 보아야 할 것이다.

그래서 특혜나 유착은 실증적으로 증거를 포착하기가 대단히 어렵고 또 명시적으로 나타나지도 않는다. 다만 사회경제적인 이익이 두 집단에 결과적으로 귀속되는 형태를 갖출 뿐이다. 따라서 정경유착은 정치집단과 경제력을 장악한 독점자본가 사이의 방대하고, 단단하나 묵시적인 힘의 연계로 특징지어진다. 따라서 특혜의 부여와 반대급부의 성립이 반드시 동시적일 필요도 없고, 현시적인 금전수수에 국한되는 것도 아니다.

독점자본주의의 시장실패에 따른 경제적 붕괴는 정치집단에게는 존립기반인 국가권력의 장악을 포기하지 않을 수 없게 하고, 독점자본가에게는 독점기반인 자본주의 경제질서를 파괴할 수도 있다. 그래서 시장실패에 따른 경제적 붕괴를 부분적이지만 경제통제를 통하여 보완함으로써 이들의 존립기반을 유지한다. 그러면서 통제의 해제 또는 특권의 설정 등으로 양자의 이해를 일치시키면 충분하기 때문에 반드시 정경유착이 금전적인 수수의 형태를 띨 필요는 없다.

또한 특혜 또는 유착은 정치 경제의 주도 집단이 당면한 현상문제를 해결하는 과정에서 부정의 감각 없이 사회적 가치에 따라 이루어지기도 한다. 이러한 경우 특혜나 유착은 모두 정치·경제·사회적으로 각 계급의 기능에 의하여 필연적으로 발생할 수밖에 없다. 다만 사회적 용인의 문제는 당시 사회의 통념, 즉 보편적인 가치기준으로 보아 과불급의 정도에 의존할 수밖에 없을 것이다.

대체로 지금까지 살펴본 특혜 내지 유착문제(癒着問題)의 인식은 사적(史的) 변천과정에 따라 각 계급이 갖는 기능을 중심으로 분석한 것이다. 부패론(the theory of corruption)에서는 이러한 관점을 기능주의(functionalism)라고 부른다.[3] 부패론에서 부패원인으로 설명하는 기능주

---

3) (i) 부패론에 의하면 정경유착은 고급관리와 정치가의 부패 범주에 속할 것이다.

의냐, 민족우월주의(ethnocentrism)냐는 논외로 하더라도 특혜 또는 유
착의 문제가 자본주의의 계급 기능과 깊은 관계가 있다는 점을 지적하
고자 한다.

3. 정경유착의 사적(史的) 이해

지금까지 특혜의 정치경제 내지 정경유착의 개념, 내용, 조건 및 사회경
제적 의의를 잠정적으로 규정하였다. 이제 정치경제의 사적 변천과정을 통
하여 그 운동양식을 알아보고자 한다. 원래 정치경제는 생체(生體)가 아니
지만 두 지배집단은 마치 생체처럼 서로 투쟁과 조화를 겪으며 부단한 변
천과정을 걸어왔다. 정치는 국가권력을 장악하기 위한 투쟁과정인 정치권
력과 국가의 안녕을 유지하고 공공복지를 증진시키기 위한 권력행사 과정
인 정치기능으로 나누어 볼 수 있다. 여기에서 경제는 정치권력의 투쟁과
정에서 그 기초가 되고, 정치기능의 발현과정에서는 수단과 목표가 된다.
그래서 정치와 경제는 서로 불가분의 관계에서 역사를 창조하여 왔다. 정
치경제의 역사창조 과정에서 갖는 상호관계는 대체로 다음과 같이 세 단계
로 구분할 수 있을 것 같다.

제1단계는 서구의 17세기 이전에 해당한다. 즉 봉건제 이전의 시대에는
정경합일 시대여서 정치집단이 경제력을 장악하여 경제는 일방적으로 정
치에 귀속되었다. 그래서 당시의 사회경제적인 윤리관에서는 특혜니 유착
이니 하는 말은 아무런 의미를 갖지 못한다. 오늘날에는 사회주의국가가
그런 형태가 아닌가 생각한다.

제2단계는 17세기 이후 18세기까지이다. 국가권력을 장악한 정치집단과

그러나 고급 관리나 정치가의 부패가 반드시 초법규적인 성격을 띠는 것은 아니므
로 두 가지 개념이 꼭 일치한다고 말하기는 어렵다.

(ii) Edward Van Roy, "On the Theory of Corruption", *Economic Development
and Cultural Change* vol. 19, no. 1, October 1970, The University of Chicago
Press, pp. 86~110 ; M. McMullan, "A Theory of Corruption", *Sociological
Review*, September 1961, pp. 181~201.

경제력을 가진 시민계급이 분화되면서, 18세기에 산업혁명과 시민혁명을 통하여 정치적으로는 중앙집권적 근대국가를 세우고, 경제적으로는 자본주의를 완성한 단계이다. 시민지배의 근대국가에서는 국가권력으로부터 경제활동의 자유를 보장받기 때문에 국가는 경제에 대하여 중립적인 위치에 서게 된다. 이와 같은 국가권력으로부터 경제에 대한 중립적 위치의 보장은 부르주아 혁명에 의한 것이지만, 그 경제사상은 자유방임(laissez-faire)이었다. 시민과 화폐경제를 기반으로 하여 원자론적 개인과 기업의 존재를 전제로 경제활동은 "보이지 않는 손"에 의해서 유도되어 국부가 증대되고 국민의 후생이 극대화되는 것으로 생각했었다. 따라서 국가는 개인이나 기업에 대하여 경제적 혹은 경제활동에 대해 적극적인 혜택을 줄 수가 없었다. 뿐만 아니라 국가권력을 장악한 정치집단도 개인이나 기업으로부터 조세 이외의 경제적 협력을 받을 수가 없었다. 그 결과 정경유착이라고 할 수 있는 것은 오직 소극적인 무간섭 밖에는 없었다. 고전적 자본주의시대에는 오늘날의 의미에서 정경유착이나 특혜는 존재하지 않았던 것으로 보아야 할 것이다.

제3단계는 19세기와 20세기를 거쳐오는 동안 독점자본이 비대하고 공황의 심도가 깊어질 뿐만 아니라 외부경제와 공공재 등의 확대로 시장실패가 초래되어, 또다시 국가권력이 경제활동에 간섭하는 등 국가권력의 중립성이 포기된 시대이다. 그러나 봉건시대 이전과는 달리 정치집단과 경제력의 지배집단은 엄격히 구분된다. 즉 제3단계에서는 정경합일이 아니고 정치의 국가권력 행사에 의한 경제활동의 통제가 이루어지는 것을 의미한다. 이른바 근대자본주의 내지 독점자본주의단계이다. 특혜 내지 유착의 가능성은 이 단계에서 나타나는 특징으로 보아야 할 것 같다.

그리고 제3단계인 독점자본주의 시기에 있어서는 자유방임 경제질서가 지주로 했던 시장경제가 실패함에 따라 야기되는 체제의 붕괴를 방지하기 위하여 정치기능에서 경제활동에 대한 간섭과 시장실패에 대한 보완책의 구사를 정당화시킨다. 이를 일컬어 수정자본주의 또는 혼합경제라고 부른다. 시장경제에 대한 간접(거시)적인 보완책으로서 재정·금융정책을, 직접(미시)적인 보완책으로서는 민간경제활동에 대한 제한, 특허보호 등을 들 수 있다.

이와 같이 일련의 경제정책으로 국가권력의 경제에 대한 통제가 증대하여 정치권력의 비대가 초래된다. 독점자본가 역시 그들의 효율성과 대외신용력 및 유착에 의하여 경제력을 강화한다. 국가권력을 장악한 정치집단은 시장실패에 의한 그들의 정치기능 약화를 방지하고 정치투쟁을 강화하기 위하여 지속적인 경제의 성장과 안정을 추구하지 않을 수 없다. 그런데 경제의 성장을 담당할 지배적인 주체가 독점자본가이므로 이들이 경제정책의 시행에 있어서 특혜의 대상이 되는 것이다.[4] 물론 안정정책의 추구가 필요한 단계에서는 이와 반대되는 경우도 있지만 이것은 대체로 일시적인 현상에 불과하다.

이처럼 독점자본주의단계에서의 정경유착은 체제의 존속을 위한 불가피한 현상이다. 그리고 구체적인 형태로 독점자본(기업)은 그들의 존립을 보장시켜 줄 정당 또는 정치권력을 경제적으로 뒷받침한다. 그것이 곧 정치자금의 공급이다. 흔히 서구 정치과정에서 보면, 독점자본을 옹호하는 정당은 보수당이고 보수당의 정치자금은 독점기업이 담당한다. 그러나 노동자계급을 대변하는 진보당의 경우에는 노동조합 또는 당원 등으로부터 정치자금을 조달한다. 그럼에도 불구하고 이들의 정경유착이 반사회적으로 인식되지 않는 것은 이런 행위가 투명하게 공개되고 사회적 통념으로 수용되고 있기 때문이기도 하지만, 적어도 특정의 독점자본(기업)만을 위한 특혜를 부여하거나 자금 또는 비경제적 수수가 사적으로 이루어지지 않는 데 있다. 이는 부정부패와 명백히 성격을 달리하는 점이다.

뿐만 아니라 아직도 지배적인 정치경제의 가치관은 정치집단과 자본가

---

4) (i) 선후진국을 막론하고 자본주의국가에 있어서는 기업이 생산주체이므로 정치기능, 즉 정치 권력의 행사에 있어서는 기업의 생산증대와 확장(경기상승)이 있을 때 국민을 지배하기가 용이하다. 따라서 독점자본주의단계에 있어서는 정권유지=독점기업 성장이라는 등식이 성립하는 관념이 지배하고 성장정책이 추구될 때는 적극적인 독과점기업 옹호가 수반되는 것이 일반적이다. 반대로 경기후퇴기에는 소극적인 독과점기업의 옹호, 즉 기업의 도산방지 등 현상 유지를 도모한다. 그 구체적인 정책수단은 사회간접자본시설 지원, 금융 지원, 조세 감면, 독점기업 생산품의 구매촉진, 공해 발생의 용인, 불량상품 생산의 허용 등 다양한 형태가 있다.

(ii) Gunner Myrdal, "Asian Drama-An Inquiry into the Poverty of Nations", *Corruption-Its Causes and Effect*, vol. II, ch. 20(Pantheon, New York : A Division of Random House, 1968), pp. 937~961.

집단의 기능이 각각 다르기 때문에 그들의 연계성은 단절되어야 한다는 것
이다. 즉 고전적 자본주의 윤리관이 지배적이기 때문에 독점자본주의단계
에서는 주체간 결합이 불가피함에도 불구하고 정당성은 인정되지 않는다.
그리하여 정치에 의한 국가권력의 행사와 자본가의 경제활동 과정에서 두
주체가 이해관계를 같이 한다는 것은 관련이 없는 조직이 결합하는 것이
되고, 때문에 유착이나 특혜는 어떤 형태이든 정당성을 잃게 된다.

4. 후진국의 정경유착 특수성

20세기의 후진국은 고전적 자본주의 과정을 거쳐 독점자본주의단계에
이르지 못했음에도 불구하고 특혜의 정치경제 또는 정경유착의 문제를 야
기한다. 개발도상국은 개발 초기에 선진국에서처럼 계층의 분화가 명백하
지도 않으며, 성장력도 갖추지 못하고 있다. 그럼에도 불구하고 국가권력
은 경제통제를 강화하는 등 국가주도로 경제발전에 나서게 된다. 그래서
정경유착이 보편적으로 나타나는 경향을 가진다.

대체로 아시아·아프리카를 비롯한 남미제국 등 20세기의 후진국 경제는
다음과 같은 이유로 성장에 어려움을 겪는다. 첫째는, 자본주의적 성취동
기가 계발되지 않은데다 주민의 교육수준이 낮기 때문에 진취적인 의욕이
결여되어 있는 등 사회적인 관점에서 정체되어 있다. 둘째는, 순수 경제적
인 관점에서 ①최종수요가 가격에 비탄력적이므로 가격기구가 성장을 유
도하도록 자원배분을 하지 못하고 ②기술 인력의 부족 ③외부경제 시설의
부족 ④빈곤의 악순환 ⑤근대적 기업가의 결여 등이다.[5] 그래서 국가권력
은 경제통제의 강화를 통해 가격기능의 무력함과 근대적 기업가의 결여를
보완함으로써 경제성장을 도모한다. 가격기능의 무력함은 경제성장을 열
망하는 후진국의 정부로 하여금 자유방임적인 시장(가격)기능에 의한 성장
기대를 포기하고 명령적 경제계획의 수립시행에 의해서 경제개발을 추진

---

5) Paul N. Rosenstein-Rodan, "Problems of Industrialization of Eastern and South
  Eastern Europe", *Economic Journal,* June-September, 1943, pp. 204~207. ; R.
  Romano and M. Leiman, *Views on Capitalism*, 2nd edition, pp. 1~5.

시키는 계기가 된다. 뿐만 아니라 사회주의 경제체제가 아닌 한 경제적 생산주체는 기업인데, 근대적인 기업가가 결여되어 있다는 것은 합리적 생산 경제주체가 없어서 경제성장을 정부 주도로 하지 않을 수 없다는 것을 의미한다. 따라서 정부 주도의 경제성장 정책기조가 선택되고 경제통제와 국가권력이 강화되지 않을 수 없다. 그리하여 20세기 후진국의 정경유착은 본래 있었던 독점자본가와의 조직적 결합이 아니라 정부가 독점자본가를 창조하는 과정에서 발생하는 것을 특징으로 하는 것이다.

그러나 20세기 후진국은 고전적 자본주의 단계를 벗어나지 못했음에도 불구하고 경제질서는 선진독점자본의 단계와 유사한 성격을 가진다. 국가권력은 경제분야에 있어서도 대단히 강하다. 이는 후진국 경제가 자생적 성장력이 약하기 때문에 경제계획과 정부 주도의 경제성장을 추진하기 때문이다. 경제계획은 묵시적이기는 하나 대부분 근대기업가의 창출을 지원하는 것을 내용으로 한다. 경제정책은 첫째 기존체제와 관습을 변혁하고, 둘째는 새로운 상품과 서비스를 공급하며, 셋째는 민간 경제활동의 광범한 규제를 통해 자본(기업)의 초과이윤을 보장하며, 넷째는 개발자원을 동원하는 역할을 수행한다. 이들 여러 시책은 명시적이지는 않지만 기업활동의 조장 내지 지원을 통하여 경제적 지배계급을 창출하면서 정경유착이 이루어진다.

개발이론상 후진국의 개발이 이루어지지 않는 이유중의 하나는 사회간접시설의 부족으로 기업의 채산성이 악화되고 민간경제활동이 원활히 이루어지지 못하는 점을 들 수 있다. 따라서 국가는 민간경제활동을 조장하기 위해서 항만, 철도, 도로, 전기 등의 사회간접자본 공급을 계획적으로 선행시켜야 한다. 사회간접자본의 공급은 대부분이 기업의 새로운 입지 지역에 선행되기 때문에 결과적으로는 기업육성을 위한 특혜로 나타난다. 물론 특정재벌을 위한 경우는 드물지만 기업의 규모가 커지면 사회간접자본 지원을 통해서도 정경유착이 이루어질 수 있다. 그러나 이와 같은 경우는 성장주도가 국가적 목표이기 때문에 윤리적으로 정당화될 수가 있다.

또 다른 유형의 정경유착은 정부가 직접 특정산업의 성장을 지원하거나 수출을 증대시키는 등 특정 목적만을 위하여 토지사용을 제한하는 정책추진에서 발생한다. 뿐만 아니라 특정산업을 육성하기 위하여 특혜적 재정투융자, 정책금융, 특혜가격 및 독과점을 용인하는 것으로 나타난다. 그리고 정경유착은 대부분 정책입안과정에서의 성장 타당성과 특정기업의 대외신용 우위 때문에 발생하지만 구체적인 발현은 정책입안자와 결정자의 판단에 의존한다. 특혜획득을 위한 기업의 경제적 대응이 곧 유착으로 나타나는 것이다. 특정기업 또는 산업의 육성을 위한 개발도상국의 계획입안은 이들 산업의 보편적인 금지 또는 억제를 통하여 간접적으로 독과점적 지위를 확보케 하고, 이를 통하여 초과이윤과 성장을 유도하는 것을 내용으로 하는 경우도 많다. 이때도 역시 유착은 정책입안자나 결정자, 그리고 시행자와의 연계로 나타난다.

셋째로 나타나는 자본가의 육성을 통한 정경유착은 기업의 자본동원 또는 형성에 대한 지원에 있다. 이것은 시장경제에 의한 기업의 자본형성 부진을 국가권력 행사에 의하여 보완해 주는 것이다. 그 수단은 기업에 대한 조세감면, 보조금의 지급, 금융의 확대 및 외자도입의 허가 등이다. 이와 같은 일련의 시책들은 기업의 수익성을 제고하여 사내유보를 증대시키거나 부족한 자본을 직접 보전해주는 것이 된다. 따라서 정책적 당위성이 없이는 그 정당성이 부여될 수 없고, 정당성이 부여된다고 하더라도 특혜적 요인을 불식할 수는 없다.

넷째로 나타나는 기업육성을 통한 정경유착의 가능성은 기술개발의 지원, 제품가격의 보장, 노동쟁의의 제한, 임금통제 및 특허권 등의 보장에서 나타날 수 있다. 이들 가운데 특허를 제외하고는 대부분이 특정기업이나 자본을 대상으로 하는 것이 아니지만 때로는 특정자본의 이해관계와 직결되는 경우도 있다. 따라서 정경유착도 보편적으로 나타나는 것을 특징으로 하지만 어떤 경우는 특정재벌에 국한하는 경우가 있을 수 있다.

지금까지 국가권력을 장악한 정치집단은 있으나 독점자본계급이 형성되지 않은 상태의 후진국에서 경제성장의 추진을 매개로 하여 경제개발계획의 수립·집행과정에서 나타나는 정경유착의 가능성을 고찰하였다. 결국 이와 같은 유착의 이해 역시 기능주의적 관점에서 본 것이지만, 선진국과는 달리 독점자본주의의 발전단계와는 관계없이 권력이 있는 곳에 유착이 있다는 것을 특징으로 지적할 수 있을 것이다.

5. 정경유착의 반사회성 : 경제적 비효과

지금까지 잠정적이지만 특혜의 정치경제 또는 정경유착에 관한 정의, 내용, 사적 인식 및 후진국의 특징과 발현양태 등에 대하여 고찰하였다. 근대 자본주의국가에서는 어느 경우나 경제에서 권력을 배제하지 못한다는 것을 알게 되었고, 권력의 경제참여가 경제의 안정과 성장을 지향하고 있으며, 여기에 상당히 이론적이고 현실적인 정당성이 부여되고 있음을 알았다. 그러나 아직도 정경유착의 사회경제적 효과에 대해서는 의문의 여지가 남는다. 왜냐하면 정경유착이 반윤리적이고 경제적 비효율을 유발하기 때문이다.

대체로 경제에서 권력의 배제는 시장경제원리의 지배를 의미하고, 시장경제원리는 소비자의 주권과 시민의 주권, 그리고 이윤극대화를 추구하는 기업의 시장(가격)종속성을 보장함으로써 경제적 후생을 극대화하는 질서이다. 그리고 정치의 시장개입과 선별적 재량권이 경제적 효과를 증대시킬 때 정경유착은 정당성을 획득하게 된다. 다시 말해서 정치(권력)의 시장개입으로 시장실패가 시정 내지 보완되거나 안정과 발전, 그리고 공공의 후생이 보다 증대될 때에는 비록 정경유착이 있더라도 이의가 없게 된다.

그러나 독점자본주의에 있어서나 후진국의 개발과정에서 나타나는 것처럼 권력의 경제참여와 정경유착은 ①자원의 낭비 ②기업에 대한 소비자의 종속 ③분배의 왜곡 등[6]을 초래할 가능성을 내재하기 때문에 사회적 후생의 극대화를 보장할 수 없다. 정경유착에 의한 특혜정치·특혜경제 하에서는 ①기업이 정상적 경영활동에 의하여 수익을 얻는 것이 아니고 특혜에 의하여 얻기 때문에 기업수익을 정당한 기업활동부문에 사용하지 않을 수도 있고 ② 자원배분이 시장경제의 합리성보다는 정치적 필요에 따라 이루어진다. 나아가 ③분배는 사회적으로 필요한 경제활동에 대한 대가가 아니라 음성수입과 같은 불로소득(unearned income)이 많아져 필연적으로 왜곡

---

6) 이종원, 「부패의 경제」, 『한국경제』 제14권, 성균관대학교 한국산업연구소, 1987년 1월, pp. 102~114 참조.

되게 마련이다.

따라서 특혜 또는 유착이 아무리 합법성을 띠고 있다고 하더라도 그것은 배제되어야 할 것이다. 더구나 정경유착이 정치집단과 경제력을 장악한 자본가계급의 이해관계 일치에 의해서 이루어질 때 일반국민의 일방적 희생이 불가피하다고 할 것이다.[7] 결국 정경유착은 계층간의 격차를 야기하여 사회적 불안의 한 요인도 된다. 이 경우에는 정·경 두 집단의 존립기반도 흔들릴 우려가 있으므로 그들을 위해서도 소망스러운 것은 아니다. 그래서 일반적으로 정경유착은 반사회적·반윤리적인 것으로 이해된다.[8] 정경유착이 경제성장과 사회안정을 위해서 일면 정당성을 인정할 수는 있으나 일반적으로는 타당성을 주장하기 어렵고, 사회적 후생의 극대화도 보장할 수 없다고 해야 할 것이다.

앞에서 살펴보았듯이 부정부패와 정경유착은 시장실패 보완적 정부의 경제통제시책에서 발생한다. 다만 부정부패의 경우 공무원 또는 그 중재자가 이익을 사유화하는 점과 실정법상 죄를 구성하는 반면, 정경유착은 집권층과 경제력을 장악한 계층간에 집단적으로 행해지므로 이익의 사적 전유가 예외적인 경우(이를 흔히 권력형 부정이라고 부른다)이고, 보통은 이익의 공유성을 가지는 데다가 실정법상 범죄가 형성되지 않는다.(이 경우는 흔히 용인된 정치자금으로 불린다)

그러나 어느 경우나 이런 반사회적이고 경제적 비효율을 유발하는 근본요인은 경제에 대한 정부통제의 심화에 있다. 따라서 민주화시대를 겨냥하는 현 시점에서 정경유착의 극복책은 최소정부를 지향하는 것이다. 그러나 근대 혼합경제체제하의 자본주의국가에서는 시장실패 보완적 정책을 완전히 포기할 수는 없다. 따라서 정경유착의 극복방안은 경제외적 대응책과

---

7) (i) 정치·행정권력 장악집단과 경제력 장악집단간의 게임은 '비영화(非零化) 2인 협력게임'에 해당하지만 이들 집단과 국민간의 게임은 '비협력 2인 영화(零化)게임 (zero-sum two-person non-cooperative game)'에 해당하여 정치 및 경제력 장악집단의 이익은 국민의 손실로 보상되는 것이다.

  (ii)R. Ruce and H. Raiffa, 앞의 책 제4장 참조.

8) (i) John Rowls, *A Theory of Justice* (New York : The Belknap Press of Havard University Press, 1971), pp. 453~519.

  (ii) M. McMullan, 앞의 논문.

경제적 대응책으로 분리하되, 종합적으로 다루어야 할 것이다.

[도표] 정경유착 인과도

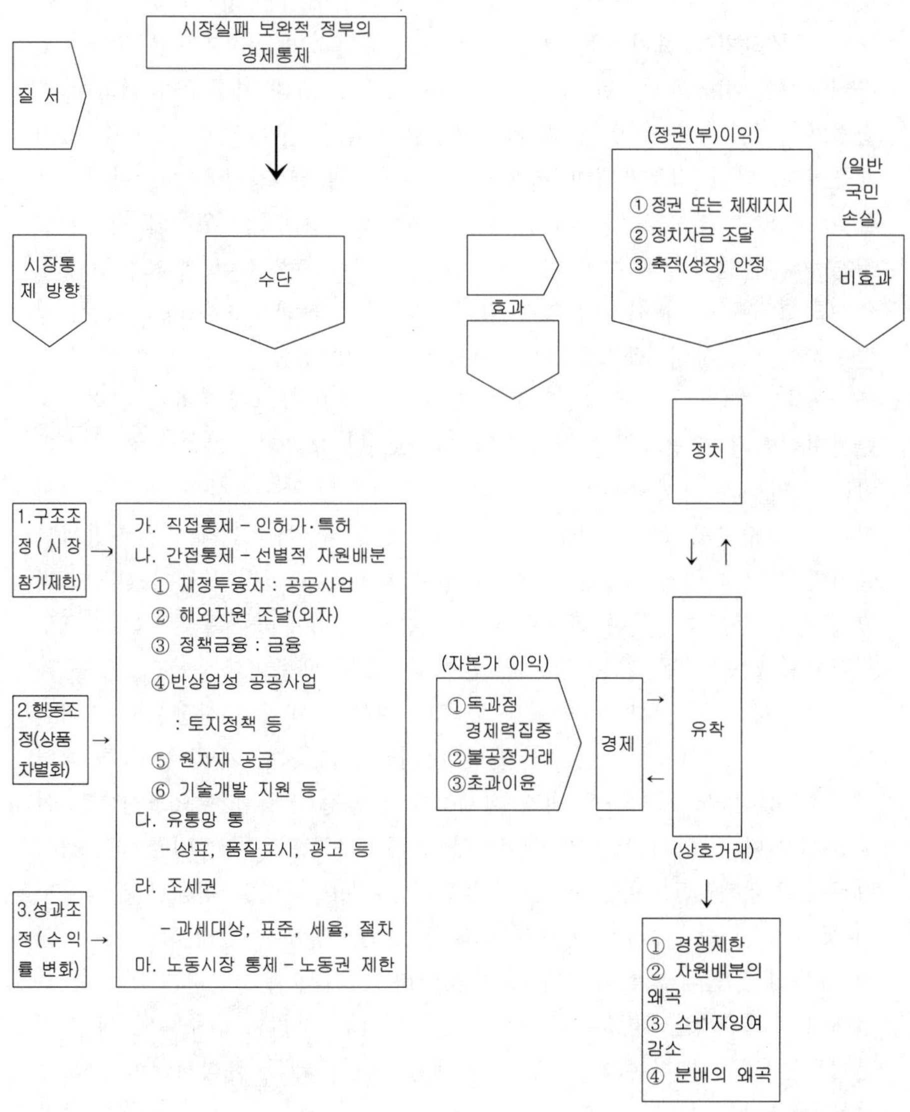

6. 정경유착과 민주화의 과제

지금까지 정경유착의 개념, 사적(史的) 이해, 후진국의 특수성, 반사회성 및 경제적 비효율성 등을 살펴보았다. 어떤 측면에서는 정경유착을 원천적으로 극복하기는 불가능한 것처럼 보인다. 왜냐하면 선후진국을 막론하고 공개적이든 비공개적이든 정치자금은 필요하고, 현대 자본주의 제국이 혼합경제체제를 이루고 있는 한 경제운용에 대한 정부개입은 없을 수 없기 때문이다. 다만 정부개입이 체제존속수준에 머물러 정경유착이 반사회성을 갖지 않는 것으로 인식되고 있는 선진국의 경우처럼 우리의 경우에도 정경유착이 선진국 수준에 머물 수 있도록 제한하는 것이 과제라 하겠다.

그리고 민주화의 서막이 열린 길목에서 미리 말해두고자 하는 것은, 정경유착이라고 하더라도 그것이 민주정치-정권의 정통성, 정부의 민주적 구조, 그리고 민주적 운용-의 일환으로 이루어지면 부정부패처럼 전적으로 반사회적이거나 경제적 비효과적인 것으로 인식되지는 않는다는 점이다. 따라서 민주화 과제의 하나로 인식되는 정경유착 극복방향의 근본은 역시 정치적 민주화의 실현이라고 말해야 할 것 같다. 자본주의 발전과정에서 살펴본 것처럼 선진국의 경우 정경유착은 오히려 필연적 산물이었다. 그리고 그것이 부도덕하거나 반사회적이며, 경제적 비효율을 유발하는 것으로 인식되지 않는 것은 그들 정치가 민주적이었기 때문이다.

민주정치가 구현되면 경제활동에 대한 정부의 개입이 시장실패에 대한 보완수준을 벗어나기도 어려울 뿐만 아니라, 특정자본(기업)에 대한 혜택이 주어지더라도 체제존속 내지 경제성장과 안정을 위한 필요조건으로 이해될 뿐이다. 나아가 특혜의 반대급부로 개별자본으로부터 비공개적 정치자금이 조달되지도 않게 된다. 즉 정권과 자본이 일대일 대응관계를 이루지 못하기 때문에, 특혜가 주어지더라도 보편성의 원칙에 반하지 않게 되며 반사회성 인식을 극복하게 되는 것이다. 따라서 우리나라가 민주화 과정에서 정경유착을 극복하기 위한 1차적 과제는 정치의 민주화와 이를 밑받침하는 정권과 자본(기업) 간의 일대일 대응관계를 불식시켜야 한다는 점을 강조하고 싶다.

정치권의 정치자금 조달이 구체적으로 어떻게 이루어지는지 잘 모르지만 서구 여러 나라처럼 당원 갹출(醵出)이나 공개적인 기탁자금에만 의존하는 것 같지는 않다. 만일 이것이 사실이라면 정권과 자본(기업) 간에 일대일 대응관계로 특혜 수수를 가져오는 정경유착이 발생하기 쉽다. 따라서 정경유착을 극복하기 위한 구체적인 대응책으로 먼저 정치권의 자금조달을 투명하게 전환함으로써 정치권과 자본(기업) 간의 일대일 대응관계를 단절시켜야 한다. 서구 정당처럼 정치자금이 당원 갹출이나 불특정다수의 지지자들로부터 공개적으로 조달되는 체제와 질서가 정착되어야 한다.

민주화시대의 서막이 열린 현 단계에서 정경유착이 야기하는 반사회성을 극복하기 위해서는 정치인의 의식에 대변혁이 뒤따라야 한다. 정치와 통치체제는 사회경제적 구조에서 상부구조를 형성한다. 상부구조는 경제와 사회 등의 하부구조와 조응(correspondence)해야 한다. 만일 조응하지 않으면 사회는 불안해지고 체제 지지기반을 잃는다. 그런데 우리나라의 경제와 사회는 이제 규모나 질은 물론 국민의식이 최소정부와 자율, 즉 민주화를 요구하고 또 그것이 달성될 때만 무한한 발전력을 발휘할 단계에 와 있다. 즉 우리 사회와 국민의식이 민주화를 강력히 요구하고 있으며 다양한 측면에서의 사회개혁을 요구하고 있다. 따라서 정치·경제·사회·문화 전반에 걸쳐 민주화가 이루어질 수 있도록 정치인들이 민주화를 이끌어야 한다. 그렇지 못할 경우 정치권과 자본(기업)간의 담합이 해소될 수 없고, 정경유착 극복방향이 모색될 수도 없다.

지금까지 정경유착 극복을 위해 정치권의 민주화를 역설했다. 더 나아가 경제정책과 행정분야 등의 개혁이 정치 사회의 민주화에 합당하게 이루어져야 한다. 경제정책과 행정분야에서 정경유착을 극복하기 위해서는 먼저 경제에 대한 국가권력의 축소, 즉 작은 정부와 소비자의 행정참여 내지 주권의 관철, 언론의 강화, 경제윤리관의 정립 등이 이루어져야 한다. 특히 경제에 대한 국가권력의 축소가 시급하다. 인허가 등의 규제를 최소화함으로써 국민의 경제활동에 대한 통제를 가급적 철폐하고, 경제계획의 범위도 축소하여야 한다. 나아가 새로운 경제윤리관의 정립이 시급하다. 경제윤리란 정부와 기업의 경제행위에 대한 가치체계인데, 대부분의 후진국에는 아직도 봉건적인 가치관이 남아있어 정치 지배자는 으레 정책의 혜택을 받은 기업가로부터 일정한 부를 획득하는 것을 당연시하고 있다. 이러한 가치관이 정치집단이나 기업가에게 남아 있는 한 정경유착의 소멸은 고사하고 감소될 수가 없다.

올바른 가치관의 정립은 특히 관료자본주의적 성격을 가지고 있는 후진국의 관료에게 더욱 절실히 요망되는 사항이다. 국가권력을 장악하는 집단이 정치집단이라고 하지만 실제의 국가권력 행사는 행정을 통하여 이루어지게 된다. 더구나 오늘날 행정이 고도로 전문화·기술화되어 정치기능의 발현은 행정관료의 손에 의해서 이루어진다. 따라서 관료의 경제윤리관 정립은 정경유착의 반사회성을 배제하는 기본요인 가운데 하나가 된다. 물론 새로운 가치관의 확립이나 유착의 부당성을 인식시키기 위한 수단으로 형사처벌을 생각할 수 있다. 하지만 정경유착은 대부분 법규적 반사회성에 해당하지 않기 때문에 부당성을 인식하지 못하거나 오히려 일정 한계 내에서 조장하는 결과가 된다. 따라서 정경유착의 근절을 위한 가장 이상적인 방법은 시간이 오래 걸리더라도 새로운 경제윤리관을 정립하여 보편화시키는 길일 것이다.

끝으로 덧붙여 두고 싶은 것은 "권력이 있는 곳에 부패와 유착이 있고, 윤리관이 해이한 곳에 그 도(度)가 깊어진다"는 점이다. 국민의 자율능력이 커지면 커질수록, 정치권력이 작으면 작을수록 부패와 유착의 소지가 줄어든다. 정치권력의 소유와 경제적 부의 향유가 분리되는 것을 미덕으로 아는 치자(治者)의 가치관 정립이 시급하다. 우리는 이제 온갖 시련과 희생을 치르고 쟁취한 민주화의 서막을 여는 제6공화국 출범에 즈음해서 부가 특혜에 의해서 소수에 집중되는 정치·경제질서는 물론 권력형 부패와 유착도 거부해야 할 것이다.

(『계간경향』, 1988. 봄호)

세계경제의 구조가 재편되고 있다

1. 변화하는 두 경제체제

런던 하이게이트 동부공동묘지에 묻혀 있는 K. 마르크스의 묘 앞의 흉상 묘비문에는 다음과 같은 글이 새겨져 있다. "철학자들은 세계를 여러 가지 방법으로 설명했을 뿐이다. 그러나 중요한 것은 변혁하는 것이다." 그의 논문 「포이어바흐에 대하여」에 쓰여 있는 구절을 적은 것이다. 흉상비를 세운 소련인들이 마르크스의 유물변증론 가운데 인식과 실천론을 핵심으로 판단한 때문인 것으로 생각된다. 그의 철학과 이론체계가 종전의 인식론을 변경하여 사회주의국가와 경제권을 형성하는 기초가 되었다. 지금은 또다시 세계에 관한 인식이 변하여 그 사회경제를 변화시킬 것으로 보인다.

1980년대에 들어서 세계는 크게 변하고 있다. 물론 마르크스의 변증법적 유물론처럼 종전의 인식체계를 바꿔서 새로운 이론체계를 형성하고, 여기에 기초해서 혁명적 정치경제체제를 구축하고 있는 것은 아니다. 사회주의권은 사회주의권대로 자본주의권은 자본주의권대로, 사회경제체제가 안고 있는 모순을 실천적으로 극복하고 있을 뿐이다.

지난 72년 동안 세계는 극단적인 두 개의 이념체계를 기초로 하나는 미·영·독·불 등을 중심으로 하는 자본주의 시장경제권을 형성했고, 다른 하나는 소련 등 동구권을 중심으로 하는 사회주의 또는 공산주의권을 형성해서 대립과 경쟁 속에서 살아왔다. 체제 대립과 경쟁기간은 1917년 볼셰비키혁명으로 소련이 제정러시아 정권을 무너뜨리고 사회주의 정부를 수립한 이후 무려 72년 동안 지속되었다. 물론 같은 정치경제권 안에서도 나라마다 통치이념을 달리해서 충돌하기도 했으며 경제적 주도권도 변했다. 나아가 각 나라의 이익을 보장받기 위해서 이해를 같이하는 나라끼리 경제블록도 형성하였고, 그 블록 또한 변화하였다. 제2차세계대전 이전까지 자본주의권의 정치경제적 패권국은 영국이었다. 제2차세계대전을 계기로 해서 국제 정치경제의 지배권은 미국으로 넘어왔다. 독일·이탈리아·일본이 극우 파쇼노선으로 동맹을 맺어서 세계전쟁을 일으킨 일도 있다. 그러나 사회주의 지배권만은 50년 동안 소련이 장악하고 있었다. 이런 국제관계의 변화과정 속에서도, 사회주의권과 자본주의권을 지배하는 이념과 경제운영체계는 거의 고착된 것으로 생각되었다. 영구불멸의 지배이념으로 믿어온 것이다. 그만큼 이념의 힘이 컸던 것이다.

그런데 이념이 지배한 두 세계, 그것도 지배권을 행사해온 나라의 이념과 경제운영체제가 변화하고 있는 것이다. 아직은 '변화한다는 것' 이외엔 확실한 새 이념과 논리체계를 알 수 없다. 그러나 세계경제구조가 재편되고 있는 것만은 분명하다. 그것도 철저하게 대립하던 두 체제가 다같이 변화하고 있는 것이다.

첫째, 제2차세계대전 이후 자본주의세계의 정치경제를 지배해온 미국의 지위와 역할이 크게 흔들리고 있다. 1980년대에 들어와서 지속적이고 막대한 무역적자와 재정적자로 인해 세계최대의 채권국이 채무국으로 전락하였으며(미국의 1988년 6월말 현재 대외부채는 5,983억 달러, 순부채는 4,172억 달러이며 부채의 연 증가 규모는 1,700억 달러 수준) 성장률도 둔화되었다. 미국의 대외채무는 수년 내에 제3세계의 외채 총합계보다 커질 것으로 내다보인다. 미국경제력으로 보아 충분히 소화 가능한가 아니면 수용한계를 벗어나는가에 관한 연구는 아직 과제로 남아 있다. 고전적 자본주의체제의 약점을 조정 지탱해 주었던 J. M. 케인스의 수정자본주의 이론 즉 신고전파 종합이론을 바탕으로 하는 미·영 등 자본주의 시장경제체제가 위기에 처한 것이다. 새로운 집권자인 부시가 국방비를 삭감하지 않으면 재정적자와 무역적자를 줄이기 어려울 것이다. 따라서 국제사회에서 미국이 수행했던 정치 군사적 역할을 일본과 독일 등에 분담시키지 않을 수 없게 되었다.

이는 미국의 국제정치력 약화를 초래할 것이다. 미·영 등의 자본주의체제가 어떻게 위기를 극복하고 구조조정과 혁신을 통하여 경쟁력과 지배력을 장악할 수 있을 것인가는 매우 중요한 과제이다.

둘째, 사회주의 혁명을 위해 마르크스-레닌 이념과 막강한 군사력으로 사회주의권을 지배해온 소련이 크게 동요하기 시작했다. 1985년 4월에 고르바초프 서기장은 가속(uskorenie)과 개혁(perestroika) 그리고 개방(glasnost)을 중심으로 하는 신경제발전 전략을 선언하였다. 이는 1924년 레닌의 신경제정책과 유사하다. 중국의 경우 7년 정도 일찍 현대화 노선을 제시하였다. 전면적 집산주의에서 협동과 자영[소련에서의 자영은 임금노동제가 아니라 가족고용제(family employment)를 의미한다]을 확대하고, 무역확대와 기술협력을 강화하고자 하는 것이다. 정치경제체제의 경화로 인한 경제의 장기침체와 문화의 쇠퇴를 극복하기 위한 것이다. 그러나 소련 등 동구권의 대변혁이 사회주의의 실패 때문에 체제전환을 지향하는 것인지, 아니면 "더 많은 사회주의가 더 많은 민주주의"라는 주장처럼 사회주의의 비효율을 개선하는 데 그칠 것인지는 아직 알 수 없다. 어쨌든 고르바초프의 개혁이 폭력적이고 혁명적인 군사노선과 무산자독재형의 국제주의에 큰 변혁을 가져오고 있는 것은 사실이다.

셋째, 자본주의세계의 경제적 주도권이 서독과 일본으로 이전되고 있다는 점이다. 이들 나라의 경제적 재부상(再浮上)은 군사력 증강도 수반하고 있다. 서독과 일본의 재부상은 미국과 소련의 경제적 후퇴를 틈탄 획기적 성장의 결과다. 미국은 엄청난 대외부채와 성장세 둔화로, 소련은 경제침체로 각 각 어려움을 겪고 있는 반면 군사비지출 부담을 지지 않고 있는 서독과 일본은 경제가 호조세를 보이고 있다. 그러나 서독과 일본의 재부상이 체제 적합적인 경쟁력의 우월성 때문인지 단순히 미국처럼 막대한 군사비부담을 지지 않는 무임방위 승차 때문인지에 대해서는 좀더 두고 연구해 보아야 할 과제이다. 나아가 미국경제의 침체가 체제의 결함이 아니고 미국 국민의 비생산적 생활태도 때문인 반면, 서독과 일본의 발전이 그들 국민의 생산적 생활태도 때문인지는 좀더 시간을 두고 경과를 지켜봐야 할 것 같다. 만일 미국경제의 침체가 체제결함 때문이 아니고 미 국민의 비생산적 생활태도에 의한 것이며, 서독과 일본의 발전이 국민의 생산적 생활태도에 기인하는 것이라면 자본주의 발전론은 재검토되어야 할 것이다.

서독과 일본의 재부상과 관련된 다른 문제로서 이들 두 나라가 제2차세계대전시 극우전체주의국가였다는 점이다. 제2차세계대전후의 경제적 대국화가 또다시 극우전체주의 망령을 불러들이지 않을까 우려된다. 서독과 일본이 잠재적 군사대국으로 부상했다고 하더라도 비극을 초래하지 않도록 유의해야 할 것이다.

넷째, 미국과 소련경제의 퇴조와 함께 경제블록화와 신보호주의가 강화되고 있다는 점이다. 제2차세계대전후 IMF-GATT체제로 유지되고 있는 자본주의세계가 추구하는 국제질서의 이상은 자유무역주의였다. 1962년 '케네디라운드'가 그러했고, 1973년 1차 석유파동으로 인해서 굳어져 가는 신보호주의를 극복하기 위한 '동경라운드'도 자유무역을 추구하는 것이었다. 그러나 자유무역주의가 자국의 이익에 배치되면 지체 없이 경화되어 보호주의로 전환되는 것이 국제경제질서의 본질이다. 다시 말해서 경제적 민족주의만이 국제경제질서의 뿌리인 셈이다. 제2차세계대전후 자유무역주의를 추구해온 국제경제질서에도 불구하고 블록화는 지속되고 있다. 유럽경제공동체(EEC), 유럽자유무역지역(EFTA) 그리고 유럽공동체(EC), 아랍공동시장(ACM), 동남아국가연합(ASEAN), 라틴아메리카 자유무역연합(LAFTA) 그리고 중미공동시장(CACM) 등 매우 다양하다. 물론 사회주의권에도 경제협력위원회(COMECON) 등의 블록화경향이 있다. 최근의 블록화 특징은 개발도상국의 해외채무 과다 및 민족주의 성향으로 신흥공업국을 제외한 선진국끼리의 블록화경향이 심화되고 있다는 점이다. 유럽공동체(EC)의 경우 제3세계와의 거래회피보다 미·일 경제권 및 신흥공업국의 서구선진국 시장침투를 극복하고자 하는 신민족주의 성향을 보이고 있다. 다행히 사회주의권의 개방에 따라서 동서무역이 증진될 것으로 보여, 선진국끼리의 블록화는 다소 약화될 것으로 보인다.

확실한 것은 세계경제구조가 재편되고 있다는 점이다. 이념의 통합을 수반할 것인가 그리고 경제적 민족주의가 세계주의와 합치할 것인가, 아니면 이념과 경제적 민족주의가 잠시 후퇴하고 비효율을 극복하는 데 그칠 것인가는 아직 알 수 없다. 분명한 것은 사회주의권의 이념 초월적 개혁과 개방으로 동서통합의 흐름이 거세지고 있다는 점이다.

2. 두 경제체제의 발전한계론

지금 변화하고 있는 세계경제구조는 분명히 자본주의 최선진국인 미국 경제의 퇴조와 사회주의 종주국인 소련의 경제발전의 제약에 기인한 것이다. 미국경제 퇴조는 자본주의권 경제의 일반적 위기를 의미하는 것인가, 아니면 경쟁력 재충전을 위한 구조개혁 과정의 일시적 정체인가 등을 포함하여, 자본주의 경제체제의 발전한계논쟁을 재연시킬 만하다. 한편 소련의 경제발전의 제약과 개혁지향은 소비에트형 경제의 개혁불가피성을 비롯하여 최종적으로 지향하는 체제가 어떤 것인가에 대한 의문을 제기하게 한다. 따라서 지금까지 논의된 체제발전한계와 체제수렴론의 내용이 무엇인가를 고찰하는 것은 재편되고 있는 세계경제구조변화의 인과를 이해하는 지름길이 될 것이다.

자본주의 정치경제체제의 발전한계와 존속가능 여부에 관한 논의는 오랜 역사를 가지고 있다. 자본주의체제의 붕괴론을 제시한 최초의 정치경제학자는 두 말할 것 없이 K. 마르크스이며 그의 사후에 마르크스주의 학자에 의해서 위기론은 계속 발전되었다. 자본주의사회의 위기 또는 경제위기론이 그것이다. 다만 자본주의 경제위기를 논의함에 있어서 정치경제적 재생산관계의 전면적 붕괴를 의미하는 전면적 위기론과 자본주의 경제의 주기적 특징인 경기순환을 의미하는 부분적 위기론을 구분해야 한다. 또한 위기론은 크게 가능성이론(possibility theories)과 필연성이론(necessity theories)으로 나누어진다. 전자는 자본주의 정치경제체제가 안고있는 모순된 경향들이 합성되어 운동함으로써 자본주의 정치경제가 전반적 위기에 직면한다는 이론으로 주된 모순에 따라 과소소비에 의한 침체론과 임금착취론으로 나뉜다. 후자는 모순의 상쇄적 경향에도 불구하고 자본의 유기적 구성이 높아져 이윤율저하 등 지배적 경향이 관철됨으로써 위기가 필연적이라는 법칙개념에 기초한 이론이다.

이들 이론에 따르면 자본주의 경제체제는 전반적 위기의 주기적인 발생이 불가피하다. 자본주의적 생산에서는 기업 및 사회적 이윤에 대한 개인적 욕구가 사회적 노동분화의 객관적 필연성과 상충되어 경제위기를 야기한다. 부분적 위기인 경기순환은 그 두 가지를 복원시키는 체제고유의 성장일 뿐이다. 체제가 튼튼할 때, 체제는 내부 변동으로부터 신속히 회복된다. 그러나 체제가 튼튼하지 못하면 회복기는 점점 장기화되고 상태는 더욱 악화된다. 그럴수록 장기침체 국면으로 들어갈 가능성은 더욱더 커진다. 미국의 경우 1834년부터 현재까지 150여년 동안 35번의 경기순환과 위기가 있었음에도 불구하고 단 두 번(1873~1893, 1929~1941의 대공황)만이 전반적 위기로 평가된다. 오늘날 자본주의 세계 특히 미국이 직면하고 있는 문제 때문에 1980년대가 대공황, 즉 전면적 위기로 추가 기록될 것인가 아닌가는 커다란 관심의 대상이다.

앞에서 논의한 자본주의사회의 위기론 또는 경제위기론은 모두 자본주의 정치경제체제의 실패를 전제로 한다. 그러나 J. A. 슘페터는 자본주의의 실패를 상정하지 않는다. 그럼에도 불구하고 자본주의는 성공에 의해서 사회주의를 지향한다고 주장한다. 자본주의체제변화를 예측하고 있으나, 자본주의 경제의 수축 내지 위기론을 주장하지는 않는다. 따라서 자본주의체제의 전반적 위기론을 이해하는 하나의 이론틀로 새겨볼 만하지만 최근의 영·미 경제의 장기정체를 설명하는 데는 부적합한 것처럼 보인다.

한편 소련사회주의형 경제체제의 한계론 또는 경제개혁의 불가피성은 모두 주류경제학자들에 의해서 전개되었다. 소련이 사회주의화한 이후 72년이 지나는 동안, 스스로 누적시킨 모순에 의해 침체가 불가피하다는 것이다. 소련형 사회주의 경제개혁의 불가피성에 대한 주장으로 먼저 J. 틴베르헨의 수렴가설(convergence hypothesis)을 들 수 있다. 그는 자본주의 시장경제와 소비에트형 계획경제는 모두 긍정적·부정적인 양측면을 지니고 있기 때문에 보다 완전한 체제로 발전하기 위해 두 체제는 개혁을 통해 다른 체제의 장점을 받아들이며 수렴해간다는 것이다.

한편 경제발전 유형에 대한 S. 쿠즈네츠와 H. 체너리의 실증분석을 근거로 소비에트형 경제의 발전단계와 경제개혁은 일정한 상관관계를 지니고 있다고 주장하는 가설이 있다. 산업연관분석 및 회귀분석방법을 통한 이들의 계량경제학적 분석에 의하면 소비에트형 경제체제를 도입한 소련과 동구제국 등은 발전의 초기단계에 있어서 매우 예외적으로 높은 경제성장률을 실현한 것으로 나타나고 있다. 그러나 단기의 예외적 성장기간 동안 많은 경제문제가 파생되어 경제성장을 지속하기 위해서는 경제체제의 개혁이 불가피하다는 것이다.

또 다른 이론으로 A. 버그슨에 의하면 소비에트형 경제체제는 기술의 낙후와 경제의 비효율성으로 결국 경제개혁이 불가피하다는 가설이다. 즉 소비에트형 경제체제는 기술의 낙후성과 경제의 비효율성이 지속적인 성장을 저해하는 단계가 되면 자본주의 시장경제체제와의 격차를 좁히기 위해 자본주의 국가로부터 자본과 기술을 도입하게 된다. 그리고 효율적인 기술습득 및 이전활동을 위해 경제개혁이 불가피하다는 것이다. 버그슨의 이론은 쿠즈네츠와 체너리의 분석과 유사한 입장을 취하고 있는 셈이다. 소비에트형 경제체제의 이러한 문제점은 경제가 성장초기단계를 거쳐 현대화를 위한 고도성장을 추구하려는 단계에서 더욱 현저하게 나타난다고 보았다. 구체적으로 미국과 소련의 경제적 격차가 확대되었고 소련과 동구 제국이 초기성장단계로부터 고도성장기로 접어든 1950년대와 60년대에 개혁운동이 나타났다는 사실은 이를 실증하는 셈이라는 것이다.

그리고 소비에트형 경제체제의 개혁불가피성을 정치적 측면에서 주장한 R. 로웬탈과 A. 거센크론의 가설이 있다. 로웬탈은 사회주의 경제 내부에는 혁명을 승리로 이끌려는 혁명적 이상주의자들과 중간노선을 걷는 실용적 개발주의자들 사이에 권력투쟁이 일어난다고 보았다. 따라서 혁명적 이상주의자들의 정책은 결과적으로 빈곤을 자초하게 됨으로써 이를 극복하기 위한 경제적 필요성이 생긴다. 그리고 이상주자의자들은 실용주의자들에게 권력을 넘겨줄 수밖에 없다고 주장한다. 이 같은 분석은 사회주의 국가에서 나타나고 있는 수정주의의 본질을 설명해주고 있으며, 사회주의 경제 내부에서는 정치발전이 경제개혁의 불가피한 요인으로 작용한다는 것을 뜻한다. 한편 거센크론은 이념이란 정치적 목적을 달성하기 위해 인민을 동원하는데 사용되는 상징적 언어이지 인민 자신의 이익을 위해 사용되는 것은 아니라고 본다. 소비에트형 경제체제의 계획당국과 정치지도자들이 인민의 이익을 무시하고 그들의 목적을 위해 인민을 동원하는 것은 오래 지속될 수 없다고 주장한다. 그러므로 소비에트형 경제체제가 경제개발을 위한 동기를 부여하고 인민의 정치적 지지를 획득하기 위해서는 개혁이 불가피하다는 것이다.

지금까지 살펴본 소련사회주의형 경제발전한계론 또는 경제개혁 불가피론은 중국에서 1978년 '사회주의적 근대화'의 목표 아래 자율화와 대외개방정책의 필요성이 제기된 배경과 크게 다르지 않다. 다만, 중국이 소련보다 7년 앞서 개혁을 추진하였다는 것은 새겨볼 만한 것이다. 그러나 전반적인 세계경제구조의 재편은 소련을 중심으로 하는 동구권의 개혁으로 가속화되고 있다는 사실에 유의하여야 한다.

3. 생동력을 잃은 미·소 경제의 여러 현상들

미국을 중심으로 하는 자본주의 세계는 물론 소련을 중심으로 하는 사회주의 세계도 이념지배를 상실하고 경제개혁을 추진해야 하거나 이미 추진하고 있다. 아울러 두 체제의 개혁이 요구되는 여러 가지 이론도 고찰하였다. 다만 두 체제의 위기론 또는 개혁론이 체제의 결함 즉 발전한계 때문인가 아니면 특수한 나라의 부분적 위기 때문인가는 아직 통설이 없다. 사회주의권 경제가 보편적 개혁의 필요성을 갖는 반면, 자본주의권의 경제개편은 노쇠한 선진국에 국한되는 것으로 논의된다. 그렇다고 해서 사회주의권이 이념을 완전히 포기해야 하고 또 포기하였는가는 아직 의문이다. 분명한 것은 두 경제체제가 역동성을 잃고 있다는 사실이다. 먼저 미국경제의 역동성 상실 내용을 살펴보고자 한다.

첫째로 노쇠한 선진자본주의국의 경제는 거의 모두 거대독점(재벌)자본의 관료주의적 보수화에 직면하고 있다. 관료주의적 보수화 또는 경직성은 노쇠한 선진국 즉 미국과 영국 등의 철강·조선·자동차 산업 등 대량생산산업에서 특징적으로 나타난다. 반대로 일본·한국·대만과 기타 태평양연안의 신흥공업국은 관료적 경직성이 작기 때문에 상대적 우위성을 갖는다. 다시 말해서 독점산업화시대의 기본적 특징은 거대독점(재벌)자본의 경영조직이 경직화 경향을 보이는 것이다. 머지않아 일본과 우리나라도 유사한 경로를 걸을지도 모른다.

거대독점(재벌)조직의 관료주의적 경직성은 바로 경영의 비효율 즉 자원배분의 비효율성과 기술개발속도의 저하 그리고 노동력과 노동수급의 경직성을 초래한다. 따라서 자원배분과 기술개발 그리고 노동력 수급에 신축성을 가진 국가보다 성장력이 둔화되고 이들 나라와의 상품교역에서 경쟁력을 상실할 수밖에 없다. 경쟁력 약화를 극복하기 위해 보호주의 장벽을 쌓으면 비효율적인 낡은 산업만 보호하게 된다. 따라서 장기적으로 발전의 동인은 더욱더 약화된다. 일시적으로 경기가 회복되더라도 장기적 발전력이 길러지지 않으면, 결국 경제는 지속적으로 퇴조할 수밖에 없다.

선진국이 당면하는 두 번째 현상은 경제정책의 정치적 비대칭성(the political asymmetry of economic policy)이다. 1930년대의 '케인스 혁명' 이후 정도의 차이는 있으나 모든 정부는 거시정책을 수행할 의무를 지고 있다. 다시 말해서 적정성장률을 유지하고 실업률과 인플레이션을 낮추기 위해서 재정금융정책을 활용한다. 그런데 정책간의 비대칭성이 존재한다. 경기회복과 실업률을 낮추기 위해서 시행하는 재정정책은 세율을 낮추고 정부지출을 늘리는 것이다. 그러나 경기가 좋아지고 실업률이 낮을 때 필요한 세율인상과 정부지출감소는 대단히 어렵다. 세율인상과 지출의 감소는 국민적 저항을 유발한다. 특히 국방비 등의 감소는 군산(軍産) 복합계급의 강력한 저항을 받는다. 이러한 현상은 노쇠한 군사대국인 선진국일수록 심하게 나타난다.

반면 중앙은행의 통화정책은 재정정책보다 신축성을 갖고 있다. 그래서 통화정책을 '마법의 지팡이'로 생각하게 된다. 경기후퇴가 장기화되고 실업률이 낮아지지 않는 경우에는 재정지출 증대를 중앙은행 차입에 의존한다. 대신 통화증발을 억제하기 위하여 실질이자율을 높인다. 그 결과 재정적자가 누적되고, 높은 이자율 때문에 실질투자유인은 낮아진다. 나아가 국제수지 적자가 가속화한다. 사회는 높은 이자율 등으로 자본유입이 증가하여 금융저축과 금융소득이 늘어나고, 이 부문에 대한 노동참가가 증가한다. 이런 현상이 일본과 서독을 뺀 선진국 특히 영국과 미국의 보편적인 현상이다. 일본과 서독도 이런 과정을 밟지 않을 것이라는 보장은 없다. 좀 성급한 판단일지는 모르나 성숙한 독점자본주의의 본질로 보이기 때문이다.

선진국이 당면하는 세 번째 현상은 자원배분이 군사목적에 집중되는 것이다. 인력과 자본이 직접적으로 국방부분에 배분되는 것은 말할 것도 없고, 군수산업까지 확대되고 비중도 높아진다. 오늘날의 영국과 미국이 대표적인 예다. 다만 무임승차에 가까운 방위부담을 지고 있는 일본과 서독은 예외이나, 우리나라는 예외가 아니다.

방위부분에 대한 인력과 자원배분 급증은 단순히 국민복지제약에 그치지 않는다. 방위부문에 대한 자원배분비중 증대는 단기적으로는 유효수요확대로 경기호전을 유인하는 요인이지만, 장기적으로는 사회적 생산력을 약화시킨다. 방위에 관련된 첨단기술개발도 직접적으로는 생활재(生活財) 생산에 기여하지 못한다. 세계적으로 군수를 유발하는 전쟁 상태가 아니면 교역재 생산에도 기여하지 못한다. 따라서 교역재의 국제경쟁력도 약화된다. 그래서 군사대국이 약화된 경쟁력을 회복하지 못하면서 경기확대를 꾀하기 위해서는 끊임없이 전쟁을 유발하게 된다. 전쟁이 군산독점자본주의가 직면한 위기를 극복하는 길이기 때문이다. 우리는 흔히 독점자본주의단계를 제국주의라고 부르는 것이다.

다음에 살펴보겠지만, 군사대국이라는 점은 미국과 소련이 같으나 소련은 군수물자 수출이 곧 경기회복과 직결되지 않는다. 왜냐하면 사회주의 계획경제에서는 계획에 의하여 자원배분과 교역을 조정할 수 있기 때문이다. 군수물자가 과잉이면, 그 부문 생산을 감축하도록 계획하고 인력과 자원배분을 줄일 수 있다. 물론 사회주의 체제에 있어서도 군부의 반발 때문에 한계가 없는 것은 아니다. 계획 당국이나 시행기구가 관료적 경직성을 가지는 경우에는 자본주의의 위기와 동일한 현상을 낳는다. 이 점이 미소 양국의 차이다. 그렇다고 사회주의권 군사대국이 군수부문에 인력과 자원배분을 집중시킴으로써, 생활재의 생산을 감소시키는 현상조차 부인하는 것은 아니다.

체제의 생동력을 약화시키는 모순은 독점자본주의 국가에만 국한되지 않는다. 사회주의 국가에도 체제의 생동력을 약화시키는 여러 증후군이 나타난다. 변증법적 모순이라고 보아도 좋을 것이다. 사회주의권에서 발생하는 경제적 생동력 약화현상을 요약하면 다음과 같다.

첫째 생동력 약화 현상은 국가(계획당국과 시행기구)와 생산조직이 너무 비대하기 때문에 생기는 의사결정과 시행상의 동맥경화증이다. 마치 독점자본주의 선진국에서 나타난 거대독점(재벌)자본의 경직성과 유사하다. 국가와 생산조직의 경직성은 바로 자원배분의 비효율과 생산기술개발의 저조를 초래한다. 경제의 정체성을 유발하는 것은 최근의 소련과 중국 등의 경제성장률 둔화가 실증한다. 1966년부터 1970년까지의 5년간 소련의 누적 성장률은 41퍼센트였으나, 1981년부터 1985년까지 5년간은 16.5퍼센트로 크게 둔화되었다. 문화혁명 이후 중국에서도 이런 현상이 관찰된다.

두 번째 생동력 약화는 현대 대량소비단계의 사회가 직면하고 있는 소비자선호의 충족불가능성에서 생긴다. 1917년 볼셰비키 혁명 이후 레닌과 스탈린이 통치하던 소련사회에서는 소비선택의 애로가 없었다. 왜냐하면 '짜르'가 통치하던 제정러시아의 대중적 빈곤이 소비선호수준을 낮게 유지하였고, 이를 이어받은 사회주의 소련의 소비자선호도 매우 단순하고 수준이 낮았기 때문이다. 따라서 정부는 기본적 수요만 충족시키면 소비자의 불만을 해소할 수 있었다. 그 대신 중화학공업건설을 위한 자원배분(투자)을 촉진시키고, 소비재생산을 억제해도 국민의 반발이 초래되지 않았다. 그리하여 물적 생산력을 획기적으로 증대시킬 수 있는 산업고도화정책을 효율적으로 수행할 수 있었다.

그러나 사회주의가 성숙할수록 국민의 소비욕구와 수준은 다양해지고 매우 높아지게 마련이다. 우선 국민이 필요로 하는 소비재의 유형이 거의 무한해진다. 소비재의 디자인에 대한 요구도 다양해지고, 부대서비스 요구도 높아진다. 그러나 경직적인 거대국가계획 생산으로는 이를 충족하기 어렵다. 소비자 욕구를 충족하지 못하면, 국민적 저항에 부딪치게 된다. 예를 들면 폴란드의 자유노조운동을 직접적으로 야기한 쇠고기와 빵 부족현상 등이다. 국민의 소비욕구가 다양해지고 부대서비스욕구가 상승할 때, 이를 충촉 시키려면 생산조직의 분권화가 필요하다. 생산조직의 분권화를 역동적으로 작용시키는 경제조직은 시장기구다.

흔히 중앙경제계획당국에 의한 생산통제와 개인의 노동(생산)욕구 감퇴를 극복하기 위해서 사회주의권이 시행하고 있는 '리베르만'(Evsey Liberman)방식의 도입도 같은 맥락의 것이다. 리베르만 방식은 개인의 노동(생산)욕구를 자극하기 위하여 한정적 소유와 이윤동기를 부여한 것으로, 수요측의 욕구다양화에 부합한다.

오늘날 우리나라도 지난날 정부 주도의 경제개발이 유발한 비효율을 극복해야 한다는 점에서 국민욕구상승에 의하여 진행되는 민주화 곧 분권화도 비록 체제는 다르나 원리는 같다. 그러나 우리의 분권화가 독점거대(재벌)자본의 해체와 분권화를 효율적으로 추진할 것으로는 믿어지지 않는다. 지난날의 역사로 보아 결코 그것을 성공적으로 수행한 일이 없기 때문이다. 이것이 곧 성숙자본주의의 생동력 약화 요인이라는 것은 앞에서 설명했다.

성숙된 사회주의 국가경제가 당면하는 세 번째 생동력 약화 요인은, 국민의 소비욕구 다양화와 소비수준향상에도 불구하고 공급 측에서 이를 충족시키지 못하기 때문에 나타나는 현상, 즉 재화의 수급불균형에서 야기되는 인플레이션이다. 원래 인플레이션은 화폐경제체제인 자본주의의 화폐적 현상이다. 그러나 사회주의국가에서도 최종소비재는 시장공급을 하지 않을 수 없다. 배급표 이외의 개인별 구매권(사회주의 노동자에게 지급하는 구매권은 사실상의 화폐다. 다만 자본주의사회의 화폐처럼 다양한 기능을 갖지 않을 뿐이다) 초과지급으로 최종소비재의 수급불균형이 야기되면 인플레이션이 일어난다. 인플레이션은 대중적 빈곤을 야기하고 국민의 분노를 사게 된다. 이것이 소련 등 사회주의권으로 하여금 소비재공급 증대와 다양화 그리고 기술향상을 도모하고자 하는 경제개혁의 필요성으로 나타나게 된다. 이른바 부분적 시장생산의 허용이 그것이다.

끝으로 사회주의권에서 소련만이 당면한 경제적 고통은, 미국과 마찬가지로 국방부문에 대한 과다자원배분의 지속이다. 미·소 군사대국은 다같이 국방부문에 대한 자원배분과다 때문에 소비재 생산능력을 상대적으로 축소시켜야만 했다. 소비재 생산력의 향상이 불가능하면, 국민의 소비욕구를 충족할 수 없다. 국민의 소비욕구 다양화와 수준향상은 분명히 소비재 생산력의 약화와 대립되는 모순이다. 특히 교역재 생산력의 약화와 경쟁력 상실은 다른 자본주의 선진국, 예컨대 일본이라든가 서독 그리고 신흥공업국과의 교역에서 막대한 적자를 유발시키지 않을 수 없다. 소련도 완전자유개방이 추진되면 같은 결과를 야기시킬 것이다. 이런 현상들이 사회주의경제로 하여금 경제개혁과 함께, 특히 소비재 생산기술을 도입하기 위해서 개방을 추진하지 않을 수 없게 하는 요인이다. 정치적으로는 군사력을 축소시키는 화해와 평화정착의 외교정치를 수행케 하는 근거가 된다.

지금까지 살펴본 것처럼, 미·소 두 나라는 다 같이 발전 생동력을 잃고 있다. 두 나라는 다 같이 개혁의 필요가 격증하고 있다. 소련 등 사회주의

국가는 중앙집권적 생산양식과 자족적 발전의 한계를 극복하려 할 것이고, 영국과 미국 등 자본주의 선진국들은 서독·일본 그리고 한국·대만 등 신흥공업국의 경제적 (재)부상을 억제하고 자본주의 지배국으로서의 영광을 되찾고자 할 것이다. 그러나 역사는 끊임없이 확산과 수렴을 계속한다.

우리는 개혁과 개방을 환영하나, 미국 등 선진국의 블록화와 신보호주의는 찬성할 수 없다. 지난날 후진국의 보호주의를 비난했던 선진국의 세계주의는 경제적 민족주의에 뿌리를 두고 있었다. 따라서 세계경제가 영·미 경제의 퇴조와 소련 등 사회주의권 경제의 생동력 약화로 재편되고 있으나 블록화와 신보호주의로 경화될 가능성을 배제할 수 없다. 이제 남은 문제는 재편되는 세계경제의 장래이다.

4. 재편되는 세계경제의 장래

인류의 과제는 인식된 현실적 모순을 극복하는 지혜를 발휘하는 것이다. 즉 기민하게 변신하는 적응력의 발현이다. 만일 자본주의 선진국이든, 사회주의 국가든 발전력 약화를 극복하는 변신이 지체되면, 체제위기도 불가피할 것이다. 이제 두 세계가 체제내의 경제위기를 극복하고 발전을 지속할 수 있을 것인가를 내다보는 것이 중요하다.

1917년 볼셰비키 혁명 이후, 세계정치경제는 두 개의 대립적 극단적 이념체계로 유지되어 왔다. 1960년대까지는 두 체제의 생동력이 부단히 발휘되었다. 그러나 체제경쟁은 각 체제의 비효율을 누적시켰고, 드디어는 두 체제가 다같이 생동력이 약화되는 단계에 이르렀다. 하나는 외부적 모순의 누적이고 다른 하나는 내부적 모순의 누적이다. 외부적 모순은 직접적인 체제경쟁으로부터 야기되었고, 내부적 모순은 체제내의 변증법적 발전으로부터 생긴 것이다.

두 측면의 모순은 모두 경제의 정치화로부터 누적되었다. 외부적 모순은 체제경쟁형 정치의 산물이다. 방위부문에 대한 과다자원배분이 그 예다. 정치적 한계 때문에 재정정책을 신축적으로 운용할 수 없고, 비대칭적으로 운용할 수밖에 없는 현실도 그 예다.

내부적 모순은 구체제의 비효율을 극복하기 위하여 경제를 정치적으로 운용한 데서 생긴 것이다. 자본주의 국가에서는 1929년의 대공황 이후 자유방임적 경제질서를 수정하여 국가의 경제개입권을 확대하였다. 물론 자본주의 발전에 따라 등장한 거대(재벌)독점자본의 경직성을 직접적으로 경제문제의 정치화라고 말하기는 어렵다. 하지만 체제가 거대 독점자본을 지지하고 있다는 점에서는 간접적으로 경제의 정치화로 인한 실패의 예라고 말할 수는 있다. 자본주의 정부는 언제나 거대 독점자본을 옹호했다. 성장력의 약화가 옹호의 변이고 그것이 상당히 성공한 것도 사실이다. 사회주의 국가경제의 정치화는 사회주의화 자체이다. 집산주의나 조합주의 그리고 사회주의 모두가, 정도의 차이는 있어도 중앙계획적 경제체제를 전제로 하고 있다. 그 결과 국가 주도로 거대 생산조직이 형성 발전한 것이 사실이다.

두 체제 모두 결과적으로 경제의 정치화가 진행되었고, 경제의 경직성이 유발되었다. 이제는 정치경제의 경직성을 극복하는 것이 과제가 되었다. 재편되는 세계경제구조가 성공할 것인가 실패할 것인가는 바로 두 체제가 안고있는 정치경제의 경직성을 극복하고 경제에 생동력을 불어넣을 수 있는가에 달려 있다.

먼저 정치적 압력 때문에 경제가 실패한 외부요인의 극복가능성을 보면, 바로 두 체제가 군비를 얼마나 축소할 수 있는가에 의존한다. 군비축소는 이념투쟁을 인간우위로 바꿀 수 있는가 없는가에 달려 있다. 이 점을 B. 커밍스는 다음과 같이 쓰고 있다.

"최근 전세계에서 일어나고 있는 변화를 보면 흥미로운 점을 발견할 수 있다. 그것은 바로 인간 자신, 인간의 진취적 기상, 인간의 용기가 이와 같은 변화를 초래했다는 사실이다. 혹자는 자본주의와 사회주의의 오랜 투쟁, 강대국간의 대립, 참된 민주주의의 의미를 둘러싼 기본적 견해차이 등이 항상 갈등의 근본원인으로 간주되어 왔다는 점에서 진실로 근본적인 문제는 전혀 변하지 않았다고 말할지도 모른다. 그러나 진취적인 지도자들은 그러한 근본적인 문제를 무시함으로써, 또는 그것들을 실재하지 않는 것으로 규정함으로써, 또는 그 해결을 먼 장래로 미룸으로써 이들 문제를 뛰어넘을 수 있다는 결론을 내렸다. 변화의 발의는 대부분 공산권으로부터 나왔다. 먼저 중국에 이어 소련이 지난 40여년간 벌여온 투쟁을 더 이상 계속하지 않기로 결정했다. 그러나 또 다른 강대국은 서서히 그리고 조심스럽게 이 변화에 대응해왔을 뿐이다. 이제 새로 들어설 미행정부가 미국의 냉전정책을 근본적으로 재검토하기 시작했다."

따라서 앞으로 세계경제구조변화가 성공할 수 있는가 없는가는, 발의권을 쥔 사회주의권의 이념투쟁 완화 내지 정지에 대응해서, 미국 즉 군산복합체로서의 거대독점자본이 동의하느냐에 달려 있다. 현재의 미국 자본주의의 생동력이 약화되어 있는 현실로 보면, 사회주의권의 변화에 따를 수밖에 없다. 그러나 이를 약속하기에는 거대독점자본의 힘이 너무나 크다.

다음은 이념투쟁의 완화표시로 추진되는 군비축소가 각 생산부문에 보다 많은 자원을 효율적으로 배분하도록 각국 내부의 자원배분기틀을 정상화할 수 있는가의 문제이다. 두 체제 모두 경제적 생산관리 면에서 사회주의체제는 국가 또는 거대생산조직 때문에, 자본주의체제는 경제정책의 정치적 비대칭성과 거대독점자본 때문에 자원배분이 비효율화되고 있다. 따라서 이를 극복하는 것은 바로 정치적 경제적 분권화의 추진이다.

사회주의는 중앙계획당국(국가)에 의한 자원배분과 생산관리 그리고 소비충족기능을 시장기구의 도입으로 완화시켜야 할 것이다. 자본주의는 '케인스 혁명' 이후에 발생한 경제정책의 정치적 비대칭성을 극복할 수 있는, 이론적 현실적 경제운용 기틀을 찾아낼 수 있어야 한다. 따라서 거대독점(재벌)자본의 관리경직성과 정치경제적 유착을 어떻게 극복할 수 있는가에 그 성공여부가 달려 있다.

현재 중국을 효시로 해서 소련 등 동구사회주의권은 그들의 발전 생동력을 회복하기 위한 구조조정을 시작했다. 중국의 '현대화와 개방', 소련의 '가속, 개혁 그리고 개방' 추진이 그것이다. 아마도 자본주의 경제권에서도 미국의 보호주의 때문에 성장력에 제약을 받고 있는 신흥공업국은 상당한 역동성을 얻을 것으로 생각된다.

그러나 미국을 비롯한 자본주의권의 역동성 회복을 위한 정치경제기조의 변화조짐은 보이지 않고 있다. 더구나 경제정책의 비대칭성을 극복하기 위한 이론적 실천적 경제운용 기틀도 발견하지 못했고, 정치환경변화도 전개되지 않고 있다. 현실적 모순감지의 지체인가, 체제의 구조적 모순인가에 대한 논의부터 시작해서 정치적 경제이론적 발전을 모색해야 할 것이다. 다만 금융시장을 비롯한 시장 내부에서 자체적인 구조조정을 통해 생산성 향상 및 경쟁력 제고와 함께 성장산업의 부상기조가 매우 높아지고 있다. 그 전환력과 역동성 여부가 체제성공을 좌우할 것이다.

세계경제구조는 결코 미국과 소련 등 두 체제지배국만으로 형성되고 있지 않다. 지구상에는 구미선진국과 신흥공업국 이외에도 막대한 외채와 경제적 종속으로 발전이 제약되고 있는 아시아 아프리카 후진국과 중남미 정체국이 혼재한다. 변화하고 있는 세계경제구조가 이들 국가들에게 긍정적으로 작용할 것인가, 부정적으로 작용할 것인가는 아직 알 수 없다. 그래도 두 체제의 이념과 정치군사 경쟁의 완화는 긍정적으로 작용할 것이 기대된다. 비록 이념과 정치 군사적 경쟁완화가 경제적 민족주의 종식을 의미하는 것은 아니라고 할지라도, 적대관계 완화로 경제적 교류가 증대될 것으로 기대되기 때문이다.

우리는 세계경제구조 재편기조에 따라서 북방정책을 추진하고 있다. 그러나 북방정책이 남북간의 이념과 정치군사경쟁의 포기에서 출발한 것으로 보이지는 않는다. 스스로는 물론 서로간에 믿음을 깔고 있는 것 같지도 않다. 민족의 동질성 회복 욕구로부터 출발한 것도 아닌 것 같다. 세계자본주의 축적 기틀 내에서는 발전이 제약될 수밖에 없고, 대내적으로는 집권층의 정치적 압력을 타개하는 수준에서 전개되는 것으로 보인다. 이런 방향의 북방정책은 세계경제구조 재편에 순응하는 것이 아니다. 이제 세계사 흐름을 바로 보고 능동적으로 대응해야 할 것이다.

"철학자는 다만 세계를 여러 가지 방법으로 설명했을 뿐이다. 그러나 중요한 점은 방법을 전환하는 것이다." 비록 현실 사회주의 체제는 생동력을 잃어가도 그 체제에 이념을 제공한 마르크스의 인식전환론은 다시 새롭게 와 닿는다. 세계통합은 가능할 것인가. 체제의 경직성을 극복하고 생동력을 찾을 수 있을 것인가. 그것은 오직 세계인의 여망을 실천하는 정치가들의 지혜와 실천력 그리고 시장의 생동력에 달렸다.

(『사회와 사상』, 1989. 3)

한국사회의 산업화와 경제적 갈등

한 사회에서 보다 중요한 것은 그 사회가 무엇을 소유하고 있는가보다는, 그 사회가 현재 어떤 상태에 있으며 소유하고 있는 것을 어떻게 사용하는가이다. 한 사회의 행위가 정당한 목적과 공정한 평가에 의해서 인도되는 한, 한 사회가 그 구성원인 각 개인의 존엄성과 품위를 증진시키기 위해 물적 자원을 사용하는 한, 그 사회는 문명화된다. 부와 권력의 격심한 차이, 그리고 그런 차이를 유지하고 높이는 제도를 떠받치는 것을 당연한 것으로 인식하고 대중적 저항도 없는 사회는 문명사회에서 멀어질 수밖에 없다.(R. H. Tawney, 1975, 김종철 역, 98쪽)

1. 자본주의 산업발전의 사회경제적 성격

현대사회에서 대부분의 사람은 무한한 욕구를 가지고 있으며 욕구의 종류도 매우 다양하다. 권력에 대한 욕구, 부에 대한 욕구, 명예에 대한 욕구, 아름다움을 취하고자 하는 욕구, 그리고 동물적 쾌락추구의 욕구 등 다양하다. 이들 욕구 가운데 기본적인 것은 아마도 부와 동물적 쾌락을 추구하는 욕구일 것이다. 이런 다양하고 무한한 욕구는 인간 지능의 산물이며, 인간이 이룩한 문화와 경제발전의 동력이다. 만일 사회구성원의 욕구 수준이 매우 낮으면 그 사회는 정체될 수밖에 없다. 2차 대전 이전 네덜란드의 식민지배를 받던 인도네시아의 주민은 자본주의 문명을 거부하고 밀림에서의 탈출유인도 뿌리쳤다. 돈도 거부하고 문화생활에 대한 바람도 없었다.

자본제적 의식이 싹트지 못했던 것이다. 반면에 일부 주민은 식민통치의 앞잡이일 망정 서구문명을 받아들여 한정된 서구생활을 영위했다. 부케 (Boeke, 1953, 36~52쪽)는 이를 사회적 이중주의라고 불렀다. 이런 사회적 이중주의가 존재하면 대다수의 욕구부족 주민 때문에 발전은 불가능하다.[1]

근대문명에 대한 적응지체 때문이기는 하지만 욕구부족은 분명히 근원적인 발전저해요소이다. 동구 사회주의 국가의 경우 유럽후진국이었던 19세기에는 절대격차 때문에 야기된 사회경제적 갈등과 성취동기 부족이 성장력을 제약했었다. 혁명세력은 이를 극복하기 위하여 사회주의 혁명을 성공시켰으나 이제는 낮은 수준의 평등 때문에 시간이 지남에 따라 욕구가 위축되고 발전이 정체되고 있다. 이런 발전지체는 문명사회로의 적응지체 때문에 동물적 욕구 수준에서 저발전이 지속된 대부분의 20세기 후진국의 현상과 유사하다. 이처럼 인간의 욕구는 한 사회가 발전하는 기본적인 힘이다. 반대로 욕구가 계발(啓發)되지 못하거나 감소하면 발전이 시동되지 못하거나 정체된다. 따라서 욕구 자체는 인간 심리적인 것이지만 문명도 인간 노력에 의해서 창조되는 한, 욕구를 지속적으로 승화시키는 역동적인 사회조직이야말로 사회가 지속적인 발전을 이룰 수 있느냐 없느냐를 가름하는 기본적인 요소이다.

그런데 욕구는 불행히도 이기성을 띠고 있다. 이기성은 개인 또는 개인을 포함하는 집단 또는 계급성을 지니기 때문에, 개인 또는 개인이 포함된 집단(계급)에 이익을 주는 사회조직이 갖춰지지 못할 때 약화된다. 나아가 이기심은 개인 또는 집단 사이에 서로 대립하는 경우도 있고 조화되는 경우도 있다. 만일 대립이 극심하면 이기적 욕구를 억압당하는 개인 또는 집단의 욕구는 감소되고, 그 집단의 이기심을 떠받쳐줄 노력도 줄어든다. 이때 이기심이 억압당하는 집단이 소수이거나 비생산적 계급일 경우에는 사회의 발전에는 영향을 미치지 못할 것이나, 반대일 경우는 사회전체가 장기 정체에 빠질 수 있다.

이와 같은 기본적인 인간의 성향을 기초로 하여 자본주의 이행과 발전과

---

1) 부케의 사회적 이중주의(social dualism)는 종족열등주의를 지칭하는 것이어서, 인종차별주의로 비판된다. 근대 문명에 대한 적응지체 대신 민족열등주의로 평가하는 것은 오늘날 중대한 오류로 평가된다.

정을 살펴보면 이는 욕구를 끊임없이 계발하여 승화시키는 과정이었다. 그 과정에서 경제적인 요소만 빼면, 15세기 이후 르네상스 시기에 싹튼 자유주의와 함께 전근대사회에서 억눌렸던 인간욕구가 부의 축적으로 폭발했던 것이다. 물적 부의 축적은 성장력이 상대적으로 낮은 농업에서 성장력이 높은 공장제공업으로 발전했다. 공업의 성장과 함께 자본주의적 경쟁적 기업이 급격히 증가했다. 경쟁적 기업의 급팽창은 자본장비율을 높였고(유기적 구성도 제고), 이에 따른 이윤율 저하경향을 극복하기 위해서 과학, 기술을 개발하면서 상품과 산업의 다양화·세분화가 전개되었다.

다른 한편, 공장제공업의 성장은 전근대사회에서의 농노를 임금노동자로 급격히 분해했고, 이와 함께 기업소유(경영)자와 임금노동자간의 생산물 분배를 둘러싼 대립이 심화되었다. 특히 자본주의의 사적소유는 자본소유자의 축적을 가속시킨 반면, 노동력만을 소유한 대부분의 임금노동자는 부를 축적할 여력이 거의 없었다.

전근대사회를 붕괴시키면서 창출된 공장제공업 그리고 이어서 발전하기 시작한 근대적 산업은 상품(화폐)경제이다. 상품경제에서는 생산수단의 소유에 따라 소득원천이 구분된다. 자본재를 소유·경영한 대가로 지불되는 이윤과 배당, 자금을 소유임대한 대가로 지불되는 이자, 토지를 소유임대한 대가로 지불되는 지대, 노동력을 판 대가로 지불되는 임금 그리고 아무런 생산적 대가 없이 주어지는 증여 또는 소유와 교환 자체가 소득을 이전시키는 이전소득의 다섯으로 구분된다. 그런데 이전소득은 생산을 수반하지 않으므로 사회 전체적으로는 부를 증대시키지 않으면서, 어떤 특정개인 또는 집단 예컨대 토지와 주식가격이 상승함으로써 얻은 자본이득 집단에게 다른 집단의 소득이 부지중에 이전된다.

그러므로 자본주의체제에서 생산활동의 결과로 나타난 소득원천은 ①이윤과 배당 ②이자 ③지대 ④임금뿐이다. 모든 사람의 생산적 소득은 위 4개의 소득중 하나 또는 둘 이상으로만 구성된다. 그런데 위 ①②③번 소득유형의 특징은 모두 자산소유운용의 대가 즉 자산소득이며, 그 크기는 수익률(이윤과 배당률, 이자율과 지대율의 합)과 각 자산의 크기에 의하여 결정된다. 정태적으로 보면 자산수익률은 생산관계에서 볼 때 임금률과 상충(相衝, trade-off) 관계에 있다.[2] 그러나 각 개인의 자산소유 크기는 사회적으로 아무런 제약이 없는데다가, 일반적으로 자산소득규모는 상대적으로 큰데도 소비성향이 체감하므로 무한히 축적되는 경향이 있다. 반면 노동만을 소유한 노동자는, 소득원천인 임금소득을 결정하는 임금률과 노동시간 중, 임금률은 앞의 자산수익률과 상충관계에 있기 때문에 서로 한정적이며, 임금소득크기를 결정하는 노동시간은 자연적 제약 때문에 임금소득자가 소득과 자산을 증대시키는 데는 제약이 매우 크다. 다시 말해서 노동력만을 소유한 노동자의 경우 임금소득 증대에 제한이 있는 데다가 절대소득이 낮아 소비성향이 높으므로 축적이 매우 어렵다.

이처럼 자본주의 사회경제의 특징은 산업의 다양화 세분화가 진행되면서, 사회구성원도 노동자와 자본(경영)가로 대별되고, 그들에게 분배되는 소득의 성질상 무한 축적성을 가지는 자산소득계급과 한정적인 축적성에 머무는 임금 소득계급으로 양분된다. 물론 근로자이면서 상당한 자산소득을 가질 수 있는 중산층도 있다.

그러나 계급별 분배의 성격차이에도 불구하고 인간의 욕구는 무한하므로, 산업화가 진행되면서도 노동자의 소득(자산소득+임금소득)이 증가되지 못하여 소득이 급격히 증가하는 자산계급과의 소득격차가 심화되면 그들 간에는 소득을 둘러싸고 갈등이 심화될 수밖에 없다. 만일 자산소득계급의 축적이 경제외적 요인에 의하여 가속되고 그것이 자본(경영)소득을 더욱 크게 하였다면, 경제원칙에 위배되므로 사회적 갈등은 더욱 심화된다. 자원이 국가권력에 의해서 배분되는 경제체제, 또는 자본주의라고 하더라도 인위적 의도적 개발이 진행되는 혼합경제체제에서는 경제외적 요인에 의하여 축적의 형평이 붕괴되는 경우가 발생한다.

한편 생산을 수반하지 않는 소득원천인 이전소득의 경우, 토지 가격이나 주식 등의 자산가치가 급격히 상승하면, 자산소득계급의 자산소득이 급격히 증가하여 소유자산 격차에 따른 소득의 불평등이 심화된다. 만일 영·미처럼 소유에 대한 사회적 인식이 경제적 성공여부로 평가되는 합의가 있지 않으면 자본이득이 수반하는 자산소득 격차 심화는 사회경제적 갈등을 심

---

2) 정태적으로 수익(이윤)률과 임금률이 독립적이 아니고 대상관계에 있다는 것과 그 크기가 두 계급간의 교섭력 크기에 의하여 결정된다는 것은 P. 스라파(Sraffa, 1960)에 의하여 논증되었다.

화시킨다.

더구나 인간의 무한한 물적욕구를 충족시키기에 적합한 성장력이 있는 지속적 산업은 제조업과 기업 서비스이다. 제조업 가운데에서도 경공업이 중화학공업으로 중화학공업에서 첨단기술산업으로 발전함에 따라 성장력은 가속되고 인간의 사회경제적 지위도 변화한다. 무수한 경쟁적 경공업 또는 기업적 농업수준에서는 기업(=자본)력이 사회경제력을 지배하는 수준에 이르지 못한다. 그러나 과학기술의 발전과 함께 산업성장이 지속됨에 따라 자본의 힘은 거대하게 성장한다. 이것이 산업문명의 귀결이다.

"왜냐하면 근대산업의 특성, 그리고 근대산업과 결부된 재정적인 구조의 특성은 과학기술적인 승리에 따라 자연에 대한 인간의 권력을 증대시키는 것일 뿐 아니라 사회가 가하는 고의적인 제약이 없는 경우에는 산업을 조직하고 집중함으로써 어떤 인간들의 다른 인간들에 대한 권력을 높이는 것이기 때문이다. 근대산업은 보통 소유권의 집중을 수반하며, 따라서 소유권이 부여하는 권리들의 집중을 수반한다. 근대산업의 생산방식은 대량생산이며 대량생산은 업무를 수행하는 노동자들을 감독하고 계획하는 소집단들의 통제를 수반한다. 근대산업은 모든, 아니 거의 모든 유형의 경제활동을 상호의존적으로 만들기 때문에 핵심적인 직무를 통제하는 사람들은 나머지 사람들에게 그들의 조건을 강요할 수 있다. 근대산업은 기업의 규모를 증대시킴으로써 단일한 사령부의 참모업무에 의해 조종될 수 있는 끈의 수와 길이를 증가시킨다.

따라서 산업사회에 있어서 경제적인 권력의 경향은 에너지의 무수한 소중심들 사이에 분산되는 것이 아니라 블록들에 집중되는 것이다. 근대산업은 신경절과 중추신경이 있으므로 양자의 충동은 유기체를 움직이게 만들며 양자의 이상이나 불활동은 유기체를 마비시킨다. 경제업무의 수행을 좌우하는 따라서 동포의 생명을 좌우하는 결정들을 내리는 사람의 수는 감소되었지만, 각개 결정의 영향을 받는 사람의 수는 증가되었다.(R. H. Tawney, 1975, 김종철 역, 199쪽)

인간의 무한한 욕구와 지능이 자본주의적 생산양식으로 산업화를 이룩하고, 기업(=자본)의 경쟁적 축적과정이 이윤율저하 경향을 극복하기 위하여 끊임없이 과학기술을 발전시켰다. 그 결과 생산력은 지속적으로 상승하고 있으나 자본축적 과정에서 노자간 계급분화, 소득유형별 증가속도 격차, 그리고 자본의 집중으로 계급간의 소유와 소득격차는 심화되고 갈등이 지속되고 있는 것이 현대산업사회의 중요한 현상이다.

산업사회에서 계급간의 갈등심화는 기회와 소유(=소득)격차의 조정 즉, 평등화의 노력으로 극복, 자본주의는 체제의 지지기반을 저해하는 위기로까지 심화되지는 않고 계속 발전하고 있다. 그러나 자본주의체제 자체와 산업화는 모순을 내포하고 있기 때문에 지속적인 갈등완화 노력 없이는 지지기반의 붕괴를 저지하기 어렵다. 모순의 누적은 계급간의 순환 즉 계급승화 기회의 제약이다. 따라서 사회가 생동력을 가지려면 엘리트들의 순환이 원활하고 유연성 있게 이루어져야 한다.

2. 산업구조 고도화와 경제적 갈등의 원천

우리나라는 1876년 일본제국주의의 강화도조약 강제에 의하여 전근대사회가 붕괴되기 시작했고, 이후 일본자본주의 경제권으로 편입되었다. 1910년 일본이 한국을 식민지화한 후 35년간 식민지배로 사회경제구조가 파행화되었다. 한편으로는 일본제국주의 식민통치에 대한 민족모순과 다른 한편으로는 일본 자본주의의 이식자본(=기업)의 민족노동자에 대한 억압 등 이중모순이 첨예화되었으나 식민지배로 잠재된 채 1945년 해방이 되었다.

해방 후에는 식민지반봉건 잔재를 미처 청산하지 못한 채 남북분단과 6·25전쟁을 겪으면서 미국 독점자본주의 경제권에 편입되었다. 6·25전쟁 후 한국경제는 식민지 유산으로서의 산업기반조차 거의 붕괴된 상태에서 아직 농업구조가 지배적인 전근대적 예속경제 상태를 벗어나지 못했다. 해방으로 정치적 독립은 얻었으나 분단과 비시장거래적 미국의존이라는 민족모순이 첨예화된 상황이었다. 따라서 자본주의 산업화과정에서 나타나는 계급모순보다 민족모순이 매우 심화되었었으나 절대빈곤 극복의 절박성 때문에 잠재하고 말았다.

4·19 학생혁명을 거쳐 5·16 군사쿠데타 이후 우리나라는 민족모순의 청산보다 저차원 국민경제의 산업화를 더욱 절박한 과제로 인식하였다. 왜냐

하면 당시 군사정부는 대내의 모순 중 민족모순의 극복을 지향할 민족의식도 또 그럴만한 능력도 없었기 때문이다. 그 결과가 1961년부터 시행된 경제개발 5개년계획이었다.

지금은 6차경제개발 5개년계획이 시행되어 고도성장 달성과 산업고도화가 진행되고 있지만, 5차 5개년계획까지만 해도 개발기조는 거의 성장과 산업화 우선주의였다. 절대빈곤 해소의 절박성 때문이라고 양해될 수 있겠으나, 아직도 개발기조의 부분적 부적절성 등에 대해서는 반성의 계기가 되고 있다. 그러나 경제개발과정이 자본제적 성장과정이고 그것이 산업화를 조건으로 하는 한 농민분해와 임금노동자의 증가, 그리고 산업의 다양화·고도화 과정에서 나타나는 노자간, 중산층을 포함한 대중과 지배층간의 모순심화는 필연적 귀결이었다. 그러나 그동안의 모순 중 노자간의 경제적 갈등은 노동자계급에 대한 일방적 억압으로, 중산층을 포함한 대중과 지배층간의 갈등은 초고속 성장환상(정치적으로는 분단을 이용한 반공이데올로기 이용)으로, 전근대적 소농과 토착적 영세기업에 대해서는 일방적 희생으로 극복해 왔다.

그러나 경제개발이 시작된 지 28년이 지난 지금은 산업고도화와 고성장 및 고소득 그리고 대외잉여 즉 국제수지 흑자에도 불구하고, 개발기조 부적절로 다양한 경제적 모순·갈등이 심화되고 있다. 우리 경제의 경제적 모순·갈등은 대내외 요인으로 구분할 수 있는데, 먼저 대외적인 모순과 그것이 대내 경제에 미치는 경제적 갈등을 보면 매우 심각하다. 역사적으로 우리 사회경제는 1876년 일본자본주의권에 편입될 당시부터 해방 이후 미국 독점자본주의 경제권에 편입 의존화할 때까지 민족경제의 모순이 매우 심화되었다. 이를 극복하지 못한 채 1962년 경제개발이 추진되었기 때문에 25년이 지난 1986년에 이르러서야 비로소 국제수지 흑자기조가 정착되는 모습을 보였다. 그러나 우리나라 국제수지 흑자가 대미수출입 흑자에 크게 의존한 것이어서 만성적이고 대규모의 국제수지 적자에 시달리던 미국은 즉각적인 대(對)한국 개방과 원화환율 절상 압력을 가하기 시작했다.

반면 우리로서는 개방에 대응할 수 있는 대내적 산업구조 조정을 완성하지 못하였기 때문에 흑자 원년부터 공격해 오는 개방 및 원화 환율절상 압력을 수용할 능력이 없었다. 이것이 곧 개방 후부터 우리 사회경제에 뿌리박힌 민족경제모순의 구체적 현상이다(박현채, 1989, 62~72쪽). 그 결과 성장과 산업화 그리고 흑자기조는 그것이 매우 바람직한 것이고 오랫동안 갈구한 것이기는 하나, 그것 때문에 밀려오는 개방과 원화절상 압력은, 국제적 가격열위산업인 농업과 상당수 중소기업을 도산으로 몰아넣고 있다. 결국 산업구조고도화가 중화학공업 나아가서는 첨단산업으로의 발전을 기약하고 있지만, 그 대가로 농업과 상당수의 열위 중소기업을 도산시키는 민족경제모순이 현재화했다. 농민과 중소기업자는 대기업의 성장과 심한 갈등을 겪고 있는 것이다. 이것이야말로 성장과 산업화에도 불구하고 취약한 의존경제의 가장 가시적인 갈등이다.

후발국이 선진국을 따라잡기 위해서 개방적인 산업화를 추진하는 경우, 어느 나라에서든 겪는 갈등이기는 하지만, 민족경제에 뿌리박은 자본의 범세계화 과정에서 생긴 모순은 너무 처절하다. 사실 이를 예상했다고 하더라도[3] 이에 적응할 수 있는 산업구조 조정시간 선택은 매우 어렵다. 더구나 이를 인식하지 못했을 때야 그 모순이 야기할 갈등해소는 거의 불가능하다. 이런 뜻에서 볼 때 우리 경제가 고도 산업화단계에서 당면하는 가장 큰 경제적 갈등의 하나는 두말할 것 없이, 민족경제와 선진 독점자본주의경제와의 갈등일 것이다. 만일 이 갈등을 극복하지 못하면 후진경제는 위기에 직면하게 된다.

다음 대내적으로 누적된 갈등의 원인과 현상 가운데 첫째는 불균형 개발기조이다. 그동안의 경제개발기조는 높은 성장과 산업화 그리고 수출가속에 두었었는데 그 자체는 경제개발을 위해서 추구해야 할 매우 절박한 과제이었다. 따라서 저개발국의 개발계획이 성장과 산업화 그리고 수출을 지향하는 것은 당연하다. 그러나 성장지상주의가 정도를 벗어나면 치유할 수 없을 만큼의 격차가 유발된다. 그러므로 성장과 균형은 서로 조화가 가능한 정도를 유지해야 한다. 불균형이 심화되면 오히려 성장을 저해하게 되기 때문이다. 더구나 오랜 역사적 경험에서 보더라도 균형이 성장을 저해

---

3) 주류경제학계와 관변에서는 민족경제 미완성의 모순을 감지한 것으로 보이지는 않는다. 그들에게는 민족경제개념이 인식되지 않기 때문이다. 물론 민족경제 인식도 개방과 자유화 등을 통한 세계화의 경제적 효율제고 원리가 세계사의 흐름이라는 것을 부인하지 않는다.

한다는 실증은 없다(배진한, 1983, Oshima, 1970 등). 그런데도 우리 경제개발기조는 암묵적으로 균형이 성장을 저해하는 것으로 전제된 것 같다. 그동안의 균형요구에 대한 반론이 "파이가 커져야 나눌 것 아니냐"는 것이었기 때문이다.

개발기조의 선택은 상황과 일치해야 하는 것이 가장 긴요함에도 불구하고 우리의 경제개발기조는 아직도 불균형 개발수준을 넘지 못하고 있다. 개발기조의 내용과 문제점에 대해서는 더 이상 설명하지 않겠지만, 지난날에는 성장 위주의 산업화기조가 적합성을 가졌다고 하더라도 이제는 과감하게 선회하여야 할 단계이다. 그동안의 개발기조 가운데 ①성장지상주의 ②정부 주도 및 계획목표지상주의 ③수출제일주의 ④재벌창설적 기업 우대주의 ⑤불균형성장주의 등은 이제 균형회복을 위하여 부분적으로 그 강도를 조정해야 한다. 이 개발기조는 균형의 포기, 내수산업과 중소기업의 억압, 그리고 격차심화 등 부작용을 야기한다(전철환, 1986, 66~91쪽).

둘째, 급격한 산업화로 노동자계급이 급격히 증가하고, 격차심화로 이들이 갖는 자본가 내지 준자본가(petty bourgeois)에 대한 저항의식이 누적되었다. 그것은 곧 전형적인 자본주의 사회구조로 전환되었다는 것을 뜻한다. 총취업자 중 노동자계급의 비율[4]은 1955년에 12.8%, 1970년에 39.7%, 1980년에는 46.6% 그리고 1985년에는 53.2%를 넘은 것으로 추정된다(서관모, 1984, 33~38쪽). 이와 같이 급격히 높아진 노동자계급의 비중으로 그 수도 700만명을 넘은 것으로 추정된다. 거기에다가 비록 자영업자라 할지라도 농어민과 도시 소상인을 포함하면, 노동자와 의식을 같이 하는 자본주의 발전상의 저항세력은 매우 커진 것이다. 따라서 이들에 대한 형평의 결여는 경제적 갈등의 절대요인일 수밖에 없다.

셋째로 산업화와 더불어 노동자계급의 비중이 급격히 증가한 반면 자본가계급은 그 비중이 커지기는 했으나 그 기복이 눈에 띌 정도가 아니다. 총취업자 가운데 자본가 계급[5]은 1955년에 0.8%, 1970년에 1.0%, 1980년에

---

4) 여기서 구분한 노동자 계급에는 ①샐러리맨층 ②생산적 노동자층 ③불생산적 노동자층을 포함한 것이다. 그러나 계급구성에 대해서는 아직 합의된 범주가 없다. 따라서 앞으로 많은 연구가 필요하며 여기서 인용한 통계도 잠정적임을 덧붙인다.

5) 자본가계급은 ①개인업주 ②회사임원과 관리직원 ③관리직 공무원을 포함하나,

1.2% 그리고 1985년에도 비슷한 수준인 것으로 추정된다(서관모, 1984, 3
3~38쪽). 이처럼 자본가계급의 비중은 큰 변동이 없으나, 두 가지 면에서
중산층 이하 특히 노동자계급으로부터 저항의 대상이 될 수밖에 없다.

하나는 이들의 축적속도와 규모가 매우 빠르고 커졌다는 점이다. 이는
성장사회의 당연한 귀결이다. 자본가계급 이외의 계급의 자산과 소득성장
도 과소 평가할 수는 없으나 상대적 격차가 심화되었다는 인식은 매우 커
졌다. 다른 하나는 자본가계급의 비중이 큰 변화가 없는데다가 이들의 계
급고착화 현상이 두드러져서 자생적 상층부를 형성함으로써 대중적 반발
을 심하게 불러일으키고 있다. 개발 30년 동안 빠른 속도로 형성되어 온 자
본가계급은 아직 1세대에 불과하여 세대교체도 일어나지 않은 데다가, 그
나마도 그들 계급간에 혈연관계를 가속화함으로써 다음 세대까지 계급고
착화의 가능성을 높이고 있다. 더구나 정치권은 5.16 군사쿠데타 이후 군부
그것도 특정지역 출신의 군부 권력이동에 그쳐서 우리나라의 자본가계급
의 순환은 거의 불가능 내지 고착화된 것으로 볼 수밖에 없다. 이것은 결국
하층(민간)계급과 특정 지역 이외 출신의 계급상승에 대한 기대감을 박탈
함으로써 갈등을 심화시키는 요인으로 작용하고 있다. 이 셋째의 갈등요인
은 다음에 절을 달리해서 엘리트 순환 결여 문제로 다시 논의하겠다.

넷째로 그동안 성장과 산업화가 가속화함에 따라 심화된 격차문제에 대
한 심각성을 인식하면서도, 그 처방은 현금소득분배 개선에만 관심을 가졌
다. 그러나 경제적 격차는 결코 현금소득분배에 한정되지 않는다. 앞 1절에
서도 설명한 바와 같이 소득의 원천은 크게 5가지로 구분되지만, 다시 대
별하면 자산소득과 임금소득으로 나눌 수 있는데 격차원천은 자산의 불균
등분배로부터 더 크게 영향을 받는다. 더구나 우리나라같이 6.25전쟁 후
1954년부터 1982년까지 29년 동안 물가가 연평균 20% 이상 상승하고 그
가운데 부동산 가격이 35%를 넘는 상승을 해 온 경제상황으로서는, 자산
특히 부동산(기업포함) 소유의 격차는 대중적 갈등을 야기하는 치명적 요
인이다. 최근 2년 동안의 부동산 가격 폭등 때문에 발생한 중산층 이하의

이 계급 구성에 대해서도 반론이 있다. 따라서 앞으로 더 많은 연구를 통해서 합의
를 얻어야 할 것이다.

반발은 이를 대변하는 것이다.

다른 한편 1986년 이후 국제수지 흑자기조가 정착되면서 우리나라의 금융자산은 급격히 증가하였다. 이에 따라 1985년까지만 해도 경제적 격차는 임금과 부동산소유 격차에 한정되었으나, 지금은 금융자산의 소유격차까지 가세하고 있다. 금융자산 증가규모를 금융연관비율(금융자산/GNP)로 보면 1970년에는 2.13, 1980년에는 2.40에 불과했으나 1987년에는 3.77로 크게 높아졌다. 이 비율은 일본의 6.81(1987), 대만의 4.20(1986), 미국의 5.03(1986)에 비하면 아직 낮으나 서독의 3.70(1987)보다는 큰 것이다. 이처럼 금융자산이 급격히 증가하고 규모가 커지면 금융자산 중 주식은 주가상승에 기인한 자본이득을, 다른 금융채권은 이자소득의 급증을 가져오므로 이것도 경제적 격차와 갈등을 야기하는 매우 큰 요인으로 작용할 수밖에 없다. 따라서 경제적 갈등완화책을 강구하는 데 있어서는 자산소유의 결과로 나타나는 소득격차만을 대상으로 하는 것은 원인처방이 못된다는 점을 깊이 인식해야 한다. 그렇다고 해서 실패한 사회주의처럼 사적소유를 부인하는 것은 아니다.

지금까지 한국경제의 자본제적 성장과정 특히 경제개발과정상의 갈등원천을 고찰했다. 다음에서는 이를 중심으로 해서 갈등완화 방향을 논의하기로 한다.

3. 산업고도화와 경제적 갈등완화 방향

우리는 자본주의가 인류역사상 장족의 성장과 인간의 형식적 자유를 약속하는 최선의 제도라는 데 신념과 경험을 가지고 있다. 그러나 자본주의는 경제적으로 결과의 불평등을 심화시켜 사회를 필연적인 갈등 속으로 몰아넣고 그것 때문에 체제기반을 약화시킬 수 있다는 모순도 인식했다. 한국 사회경제는 이와 같은 성격의 자본주의가 일제에 의해서 강제되었고 해방 후에는 미국자본주의에 의존하는 등 민족모순은 아직 현실로 남아 있다. 나아가 개발기조 선택이 성장초기와 산업화단계에서 조화를 이루지 못함으로써 선진자본주의와 한국자본주의간의 갈등, 대내적 격차갈등도 첨

예화시켰다. 이제 이를 기초로 하여 경제적 갈등의 완화방향을 모색하고자
한다.

1) 미국 독점자본주의와의 갈등완화

한국경제가 오랜 질곡으로부터 최소한 성장력 부족과 국제수지 적자를
극복하기 시작하면서 미국 독점자본주의와는 보완적 의존관계에서 갈등관
계로 전환되었다. 그 시기는 대체로 1980년대에 들어와서부터이고 현재화
된 것은 1986년 국제수지 흑자가 가속화되면서부터다. 불행히도 대미흑자
는 총 흑자규모보다 커서, 미국인은 그들의 국제수지 적자가 한국의 불공
정거래 즉 낮은 개방도와 저자유화 등 때문이라고 인식하게 되었고 그것이
통상마찰을 가속시켰다.

통상마찰에 있어서 미국의 요구는 우리시장의 완전개방과 원화환율의
시장가격으로의 완전절상이다. 우리에게는 시장개방이 대기업 중심의 제
조업상품에 있어서는 대부분 경쟁력이 있지만 ①지적소유권 ②물질특허권
③통신시장, 특히 ④농산물과 ⑤금융시장은 경쟁력이 없기 때문에 결정적
타격을 받을 수밖에 없다. 따라서 이것들만은 개방을 늦추고자 해도 미국
은 우리나라 상품 중 대미수출 주종품인 ①전기전자제품 ②자동차 ③철강
제품 가운데 하나 또는 둘을 지정해서 이에 대해「대외무역법」슈퍼 301조
를 적용하여 수입규제 내지 보복관세를 부과하겠다는 엄포를 해왔다.

우리 경제로서는 수출지상주의 그것도 대규모시장인 대미편중수출을
지속한 결과, 우리 수출주종품의 대미수출 제약은 곧 성장력을 떨어뜨
리는 것이어서 승복하기 어렵다. 반대로 개방을 선택하면 경쟁력이 없
는 산업, 그것도 아직 전체 인구의 1/5을 차지하고 있는 저소득 소외계
층인 농민을 희생시켜 가뜩이나 격차심화로 갈등을 겪고 있는 우리 경
제활력을 결정적으로 약화시키게 된다. 그리고 환율절상은 모든 수출기
업에 대해서 무차별한 수출위축 곧 수입(收入)감소를 야기하는 것이어
서, 기업 가운데 경쟁력이 약한 중소수출기업의 무차별적인 도산 내지
성장력 약화를 초래할 수 있다. 개방정책이 폭격을 당하는 것이라면 원
화절상은 무차별적인 원자탄 폭격을 당하는 것과 같다. 따라서 우리 산

업조직으로 보아 그렇지 않아도 대기업 특히 재벌기업과 중소기업간의 성장력 격차심화로 자원이용의 비효율과 갈등에 시달리고 있는데, 개방과 원화절상은 이를 더욱 가속시키게 될 것이다. 따라서 미국의 시장개방압력과 원화환율절상 요구는 곧 대미수출 촉진을 통한 성장을 선택할 것인가 아니면 국내 농업과 중소기업의 보호를 통해 저소득 소외계층이 느끼는 갈등을 완화할 것인가의 절박한 선택을 강요하는 것이 되고 말았다.

이를 극복하는 최선의 길은 미국으로 하여금 구조조정을 마칠 때까지(정부와 기업이 중단 없고 효과적으로 구조조정을 추진할 경우 대략 5~10년) 더 이상의 개방압력과 과도한 원화절상압력을 자제하도록 외교적·경제적 압력을 가하는 길이다. 그러나 미국 독점자본이 이를 수용할 가능성은 매우 희박하다. 그렇다면 할 수 없이 대응보복책을 강구하거나 대내적인 형평포기라는 희생을 치를 수밖에 없다. 따라서 미국의 대한개방압력과 원화절상 가속압력에 대한 근본적인 대응책은 우리 수출의 대미의존을 줄이고 시장을 다변화하는 한편 조속한 시일 내에 구조조정을 완료하도록 정책적 노력을 경주하는 것이다.

나아가 빠른 시일 내에 획기적으로 과학기술을 개발하고 산업의 절대경쟁력을 높여서, 오히려 우리 경제가 미국 경제를 압도하고 미국이 의존하는 경제구조를 구축해야 한다. 그러나 이들 대응책은 어느 것도 지난한 것일 뿐만 아니라 단기간 내에는 성취가 어려운 것이다. 따라서 우선은 울분을 머금으면서 개방압력과 원화절상의 희생을 최소화하는 외교적 압력완화책 추진과 동시에 대내적인 갈등완화책으로 보완하는 길밖에 없다.

여기서 우리는 미국의 대외경제정책 변화과정에서 국제관계에서는 결코 영원한 우방이 없고, 민족주의적 경제이익추구 범주를 벗어날 수 없다는 사실만은 깊이 인식하고 미국을 재평가해야 한다. 그 기초 위에서 대외경제관계 위상을 재정립하는 것이 시급하다.

2) 격차심화 갈등 완화의 철학

필자는 제2절에서 대내적 경제갈등의 원인으로 ①불균형개발기조 ②노동력만을 가진 계급의 급증 ③자본가 등 지배층 엘리트 순환의 고착화 ④ 자산소유 불평등의 심화를 지적했다. 이 가운데 불균형개발기조는 우리나라같이 인위적인 개발과정을 걷고 있는 경우 경제의 정치권력에의 귀속과 함께 자유시장경제에서도 발생하는 당연한 불평등조차 수용하지 못하는 치명적인 약점을 가진다. 그럼에도 불구하고 개발초기에 정당성을 갖는 이유는 시장경제의 자율적 성장 시동력 면에서 나타나는 취약성 때문이다.

그러나 경제성장과 산업화가 일정한 수준에 이르면 시장경제기능이 발휘되어, 정부가 주도하는 경제운용은 한계에 도달한다. 왜냐하면 정부권력의 경제운용개입 증대는 자원의 효율적 배분기능을 약화시키기 때문이다(전철환, 1986, 111~121쪽). 더구나 정부 개발기조가 불균형 성장일 경우에는 지역별·산업별·계층별 격차심화를 야기하여 정부의 경제운용 나아가서는 정치권력에 대한 정당성마저 인정받지 못한다. 따라서 한정된 정부 주도 개발이나마 불균형성장전략에서 균형성장전략으로의 전환이 불가피하다. 따라서 이 단계에서는 정부의 경제운용 철학에 대변혁이 뒤따라야 한다.

이제 우리 사회경제는 최근에 와서 성장률 둔화와 갈등의 증폭이라는 고통이 없는 것은 아니나 분명히 선진대열에 진입할 역량을 갖추고 있다. 이제 개발초기의 옷을 벗고 새로운 옷으로 갈아입는 철학이 있어야 한다. 그 철학의 핵심은 경제적 자유 즉 기능의 다양성과 신분의 평등에 있다는 점이다. 그러나 경제적 자유는 만인이 기업행위에 대하여 똑같은 정도의 영향력을 행사하여야 한다는 주장과 양립할 수 없다. 또 모든 사람은 오직 자기의 개인적 이득을 위해서만 그 영향력을 행사해야 한다는 주장과도 양립될 수 없다.

따라서 경제적 자유의 확대를 추구함에 있어서는 분명히 일정한 원칙이 있음을 충분히 인식해야 한다. 첫째 원칙은 산업화와 국제화가 심화될수록 경제관계의 모든 영역이 재산소유자들과 그 대리인(경영인)들의 금전적 이익에 의해서가 아니라 사회적 편익을 증대시키기 위해서 신중한 의사결정을 기초로, 일정한 규칙에 따라 지배되어야 한다는 것이다. 이것은 재산의 공공성을 의미하고, 이것이 용인될 때 균점(均霑)이 성장을 저해하지 않는다는 현실적합성을 인정할 수 있다.

둘째의 원칙은 지금까지 정부의 경제운용 영역에 대한 광범한 간섭을 정당화 해주었던 경제적 공공성의 범위가 크게 축소되기는 했으나 앞으로도 최소한의 필요 범위가 있으므로, 정부 의사결정시에는 정치권력 담당자만의 전유가 아니고 노동자계급을 포함한 광범한 대중이 공동결의의 주체여야 한다는 점이다. 그러나 이 철학은 이념적이어서 현실성을 가지지는 못한다. 그리하여 이 철학에 기초하고 시장경제운용에 적합한 공공선 추구의 차선의 대중적 의사결정방법이 분권주의임을 상기하여야 할 것이다.

세 번째 원칙인 경제적 정의와 산업조직에 관한 보다 큰 문제들이 현실대로 대중의 관심사로 부각되도록 하고, 그 과제를 해결하는 방향을 결정하는 사람들이 대중에 다시 설명하는 기구를 개발해야 한다는 점도 상기하여야 한다. 그러므로 하나의 합리적인 정책은 세 가지 중요점을 동시에 만족시키는 것이어야 한다. 그것이 경제적 민주주의 실현을 위한 철학과 제도적 보장인 것이다(Tawney, 김종철 역, 1982, 215~216쪽).

이와 같은 철학을 기초로 해서 산업화 및 성장이 야기했고 또 심화되는 대내적 갈등의 완화방향을 논의하면 다음과 같이 세 가지 범주로 나눠 설명할 수 있다. 첫째는 하나의 거대세력으로 등장한 노동운동의 체제내 수용이다. 둘째는 엘리트의 원활한 순환보장이다. 셋째는 소득뿐만 아니라 자산소유격차를 완화하는 것이다. 물론 이들 세 범주가 결과하는 모습은 지역적·산업적·계층적 격차의 완화로 나타날 것이다. 그러나 격차 자체에 대해서는 다른 학자들과 정부측에서 대단히 많이 논의했으므로 이 글에서는 생략한다.[6] 다만 앞에서 제시한 세 가지 점에 대해서만 상세히 설명코자 한다.

3) 노동운동의 체제내 수용

산업화와 성장과정에서 나타나는 사회계급 변화의 특징은 임금노동자가 급격히 증가하는 것이다. 그리고 기업의 성장과 대기업의 증가는 노동자집단의 물리적 거대화이다. 이런 일반논리로 보아 노동자계급의 급증은 필연

---

6) 격차 완화를 위한 국내석학들의 논문들은 소득·지역·산업별로 대단히 많다. 이 부문은 논문을 참조하기 바란다.

적으로 노사관계의 양면성 중 생산된 가치의 분배를 둘러싸고 갈등을 첨예화시킨다.

우리나라의 경우 그동안은 정치적 억압으로 이 갈등을 잠재시켜 왔으나, 1987년 민주화추진 이후 대단히 강력하게 표출되고 있다. 그 결과 개방압력과 원화절상 등 외압과 결합하여 생산차질과 사회적 불안 그리고 기업욕구의 저하로 이어지는 악순환의 고리를 이어가고 있다. 이에 대하여 극우적 인식을 가진 분은 우리 사회경제를 위기로 인식할 정도이다.[7]

최근 2년간의 노사분규 급증과 높은 임금상승률은 기업가에게는 우리 경제상황을 위기로 인식할 만하다. 왜냐하면 그동안 우리나라 기업 및 자본가는 정치적 압력으로 노동운동을 억압했고, 저임금과 장시간 노동을 수용할 만한 객관적 조건이 충분하여 최근과 같은 대내적 경영조건 악화를 경험하지 못했기 때문이다. 그러나 선진국의 어느 나라도 산업화 초기 또는 중기단계에서는 우리보다 더 격렬한 노사갈등을 경험하고, 막대한 사회경제적 비용을 지불하면서 갈등을 체제 내로 수용하여 산업평화를 달성했다(김용서, 1988).

노사갈등의 체제내 수용은 첫째로 노사분규를 새로운 질서형성의 고통으로 이해하면서, 그것을 극복하고자 하는 적극적인 자세를 가지는 데서부터 출발해야 한다. 노사분규를 기업 및 자본가 측에서 체제부정으로만 이해하고 분단국가의 특수성을 이용하여 또다시 민주화추진 이전으로 회귀하고자 한다면, 현재의 고통을 승화시키지 못하고 장래로 연기시키는 것이다. 더구나 협상전략으로서 기업포기 의사를 보이는 것은 이해는 할 수 있어도 진실로 그렇다면, 그것이야말로 참 기업가가 아니다. 이 점에 있어서는 정치권도 같다.

둘째는 노사분규로 기업도산과 위축을 경험하며 산업성장 둔화를 야기하는 것은 대단히 값비싼 대가이기는 하나, 두 당사자간에는 새로운 노사관계 위상정립의 결정적 계기가 될 것이다. 그것이 비록 바라는 것은 아니나, 인간은 경험하지 못한 것에 대한 진실성 이해가 매우 떨어지므로 최근

---

7) 필자는 지금 우리 경제상황을 위기로 인식하지 않는다. 반대로 구조조정기의 진통으로 인식하며 그 충분한 논거가 있음을 밝힌 바 있다.(전철환, 「한국경제, 위기인가 조정기인가」, 『신동아』, 1989. 5)

의 노사분규에 대해서 결코 비관할 것은 아니다. 그것은 노동자계급의 이해에 대한 인식 제고를 기대할 수 있기 때문이다.

셋째는 선진국의 산업평화 정립과정에서 가장 깊이 이해되어야 할 것은 노동자계급의 이해를 대변하는 정치질서 형성이다. 이른바 노동계급 이념정당의 허용발전이다. 우리는 해방 후 분단국의 처절한 이념대결로 노동자계급 이념정당 내지 유사한 단체조직이 정치적으로는 물론 사회적으로 배격되었다. 현재로도 그 조건은 충분히 성숙되지 못했다. 그러나 그것은 노동자계급 이해를 대변할 이념집단의 불필요성 때문이 아니라, 분단과 정치상황 때문이었다.

이제는 선진 각국의 노동당(영국), 사회민주당(독일), 사회당(일본)의 발전이 노동운동의 체제내 수용을 촉진시켰던 경험에 비추어 우리나라도 이를 수용할 분위기와 조건을 조성해야 할 것이다. 현재로서는 노동계급 이해를 대변할 이념정당 수용만으로 노사분규가 약화되지는 않을 것이다. 그것은 노사간의 새 질서가 형성되지 못했기 때문이다. 그러나 신질서가 형성되고, 경제가 좀더 성숙하여 노동자를 비롯한 개인이 사생활 중심의 합리주의를 추구하게 되면, 이념정당의 대변만으로 갈등이 조정되는 단계에 이를 것으로 보인다. 이념정당의 출현은 노동자의 노동조합 귀속의식 약화를 가능케 하기 때문이다(丘藤釗, 1981, 100~102쪽).

어차피 자본주의 사회경제는 계급분화가 심화될 수밖에 없고, 그것이 갈등을 격화시킨다는 것은 이미 실증되었다. 그러나 체제 내에 이 갈등을 승화시킬 수용력을 개발하면, 그 체제는 번영할 수 있다.

4) '엘리트' 순환의 촉진

제2절에서 우리 경제의 산업화와 함께 자본축적이 가속되면서, 자본 및 기업가와 정치적 지배층도 두터워지고 있으나 그 비중은 큰 변화가 없다는 점과 이들 집단은 ①아직 1세대에 머물고 있어 자연적인 세대교체도 없고 ②다음 세대에 있어서도 계급고착을 지향하는 증거가 있다는 점을 강조했다. 이것은 곧 대부분의 중산층 특히 노동자계급에 대해서 현재의 사회경제적 지위 저하에 대한 저항보다 장래에 대한 기대를 약화시키기 때문에

체제부정에 이를 가능성이 있음을 지적했다. 이것을 단순히 성공하지 못한 계층의 시기라고 보아서는 안 된다.

그것은 인적자본을 중시하는 현대산업사회에서 자원배분의 효율성을 저하시키는 것이고, 지위변동에 대한 기대감을 감소시켜 민주주의의 역동성을 떨어뜨리는 것이다. 나아가 체제부정으로 이어지는 악순환 요인임을 인식하여야 한다. 이런 면에서 과거 선진자본주의가 위기에서 탈출할 수 있었던 요인 중의 하나가 높은 사회적 계층이동(social mobility)이었고 그것이 인적자본의 효율을 극대화하는 한편 갈등을 화해로 이어준 사회적 합의의 원천이었음을 상기할 필요가 있다(Tawney, 김종철 역, 1982).

사회학자이며 경제학자인 V. 파레토는 이 사회적 이동성의 동적 원리를 '엘리트의 순환(la circulation des elites)'이라고 불렀고(Pareto, 1963, vol. 1, 제12장 및 제13장), 이것이 자본주의발전의 한 요인이라고 설명하고 있다. 이 원리는 사회계층의 꼭대기에는 부유층과 정치권력을 가진 계층이 있게 마련이지만, 이 사람들(엘리트)도 끊임없이 바뀌게 하는 질서가 자본주의 그리고 정치적으로는 민주주의 경쟁질서라는 것이다. 그리하여 자본주의사회에서 지금은 하층계급에 속하지만 지위상승 기대를 가질 수 있고, 그것 때문에 격차가 존재하는 사회를 긍정하고 역동성을 발휘할 수 있다는 것이다. 사실 이 원리는 서구 여러 나라의 발전과정에서 설득력을 가질 만큼 현실성이 인정되었다.

서구 자본주의의 발전과정에서 서구인들은 사람들의 능력이 제각기 다르다는 것을 인정했다. 어떤 분야에는 더 많은 재능을 타고나지만 다른 분야에는 재능이 모자랄 수 있다. 또 새로운 진로를 발견하고 지식추구의 방향을 바꿀 수 있는 재능도 가질 수 있다. 따라서 모든 사람들은 제각기 자기 능력에 따라 분야를 선택하고, 성공의 길을 갈 수 있다고 믿었다. 그리고 현실적으로도 사회는 그 만큼 이동성이 높았다. 뿐만 아니라 개인이나 계층이나 서로의 능력에 차이가 나면 승복하고, 각 개인 또는 집단이 능력을 발휘할 수 있는 기회가 있었다. 특히, 정치적·경제적 변화가 제도적으로는 물론 사회적으로도 합의를 이루고 있었다. 그리하여 이들은 자본주의 격차를 수용하는 힘이 되었다.

그러나 우리나라를 포함한 후진국의 경우는 어떠한가. 우리의 경우 정치적으로도 1950년대의 자유당 치하 이승만의 대통령 3선제도 등 독재와 5.16 군사쿠데타 이후의 박정희 등 군부의 장기 집권과 공포정치는 모두 자본주의의 강점인 사회적 이동성을 제약하는 것이었다. 정치 때문에 빚어진 사회적 이동성의 제약은 경제적으로도 이동성을 제약하는 것이었다. 정경유착에 의하지 않고는 축적의 기회를 갖지 못하는 것은 말할 것도 없고, 국가적 금융제도 아래에서 정권의 비위를 상하면 이미 얻은 사회경제적 지위도 여지없이 박탈당했던 것이 그 예이다. 1970년대 유신치하의 '율산'과 '제세'의 붕괴 그리고 1980년대 중반 5공 때의 '국제그룹' 분해는 이를 검증하는 것이다.

그 결과 이제는 정치경제의 지배층이 정치경제의 이동성을 임의로 조작한다. 정치의 지역감정 유발, 경제의 신참 제약 등이 그 예이다. 따라서 노동자와 농민을 포함한 자영업자 그리고 평범한 샐러리맨에게는 사회적 이동성을 기대하기가 매우 어렵다는 의식이 지배하고 있다. 그런 사조의 흐름은 현재의 위치에서 자기 몫을 크게 하려는 욕구가 발현되지 않으면 기존질서 특히 정치질서를 거부하고자 하는 모습으로 나타날 수밖에 없다. 그것이 곧 정치경제의 민주화 요구이다.

따라서 정치경제의 기득권층은 이를 위협적인 정보정치 또는 그것을 배경으로 해서 극복하려고 해서는 안 된다. 어느 나라 어느 시대에도 권력투쟁은 있기 마련이지만 사회경제의 안정과 발전을 위해서는 기득권층이 사회적 이동성을 높이는 데 양보하지 않으면 안 된다. 그렇지 않고 정치 경제적 욕구분출을 체제부정 또는 경제위기의 원인으로만 인식한다면, 현재와 같은 갈등은 결코 해소되지 않을 것이다. 만약 이를 정말로 고집한다면, 위기는 그것 때문에 오는 것이지, 대중의 분배욕구 분출이나 정치적 분파주의 때문은 아니며 그것이 곧 허구논리이다. 다시 한번 강조하거니와 자본주의의 강점은 사회의 이동성 즉, '엘리트의 순환'이 보장될 때 발현되며 그때 사회경제적 발전력이 극대화된다는 것을 잊어서는 아니된다.

5) 자산소유의 정당성과 불균형 완화

우리 경제의 높은 성장과 국제수지 균형 그리고 산업구조의 고도화과정에서 상당한 부류에게는 실물과 금융자산이 축적되어 왔다. 그중 일부 계층은 자본주의 경제질서 나아가서는 체제 자체를 뒤흔들 만큼의 땅투기와 증권투기로 막대한 불로소득을 취한 경우도 있다. 그 결과 토지와 증권을 둘러싼 경제적 부정의(不正義) 감각은 우리 국민들 마음 속에서 자랄 대로 자랐고, 마침내 생산수단의 비효율적 사용과 성장 제약을 우려하지 않으면 안될 수준에 이르고 말았다.

물론 브라질이나 아르헨티나처럼 극단적인 토지소유 편중 수준에 이르는 것은 아닐지라도, 우리 국민의 감정이나 생산효율 저하와 무관할 정도는 넘었다. 그리하여 영국경제학자 윌리엄 페티가 지적한 것처럼 '토지는 (분명) 부의 어머니'지만 생산과정을 통한 부의 축적수단이기보다 투기적 수단으로 전락했다.

국토개발연구원 조사에 따르면 전국토지 9만 9,222평방 킬로미터 중 80%는 사유이고, 20%는 국유(14%) 또는 공유(6%)이다. 사유지 80%는 상위 5%의 토지보유자가 전사유지의 65.2%를 차지하고 있다. 상위 25%의 토지보유자는 무려 전 사유지의 90.8%를 차지하고 있다. 통계상 이 분석은 땅을 한 평이라도 소유한 사람들만의 기준비율이다. 만일 땅을 전혀 소유하지 못한 사람까지를 포함한 통계분석을 한다면 토지소유 편중은 더욱 심할 것이다.

토지소유 편중은 토지거래의 제약으로 지가상승을 부채질하고, 생산적 토지사용을 억제하며, 토지소유(매매)자들의 불로소득을 증대시켜서 경제성장을 저해하고 경제적 정의를 뒤흔들어 놓는다. 이에 따라서 우리 국민들의 생각 속에는 이미 토지공개념을 도입하고, 토지사용의 효율성과 정의를 제고하고자 하는 것에 합의하고 있다. 그럼에도 불구하고 토지문제를 극복하고자 하는 토지공개념 관련 법률의 입법을 둘러싼 논란은 지난 가을 정기국회의 최대의 쟁점이었으며, 정부가 상당히 완화·수정한 법안을 입법 통과시킨 이후, 현재까지도 논란의 대상이 되고 있다.

토지와 금융자산의 소유격차는 현금소득 자체보다 자본이득의 거대화로 격차감각 심화와 장래에 대한 기대 상실의 주요 요인이 되고 있다. 1988년의 우리나라 국민총생산은 123조원이었으나, 땅값 상승으로 인한 자본이득은 170조원[8]이었고 상장주식으로부터의 자본이득도 19조원이었다(이진순,

1989, 19쪽). 반면에 임금소득은 국민총생산의 70% 수준에 불과하여 임금이 20% 상승하더라도 임금노동자는 형평의식을 느낄 수가 없다. 더구나 토지공개념과 금융실명제가 자본주의체제를 거부하는 것도 아니고, 헌법을 위배하는 것도 아닌 것이 분명하다. 어떤 측면으로 보나 자산소유의 형평을 촉진하는 것이 산업사회의 갈등을 완화하는 최대의 관건이 아닌가 생각된다. 저항이 결코 만만치는 않겠지만 갈등격화로 인한 체제 지지기반의 상실과는 대체할 수 없을 것이다. 가진 자의 수용을 기대한다.

4. 자기 극복을 통한 갈등완화를 향해서

인간의 무한한 욕구는 끊임없는 체제발전을 통해서 자본주의시대로의 이행을 촉진했다. 자본주의는 사적소유와 이기적 욕구를 기초로 해서, 장족의 물질적 부와 형식적 자유를 보장하는 데 성공했다. 그러나 불행하게도 한 체제가 무한한 다수의 이기적 욕구를 충족하는 데는 충분하지 못했다. 결코 체제의 실패에 의해서가 아니라 성공에 의해서 체제의 지지기반이 도전을 받게 된 것이다. 문명도 결코 공짜는 아니었던 것이다.

우리에게 있어서도 발전의 대가는 결코 작은 것이 아니다. 비록 외세에 의해서 자본주의권에 편입되고 숱한 시련을 겪으면서도, 1960년대 이후 산업화가 가속되었다. 강한 성취동기를 가진 민족의 저력이 빛을 본 것이다. 그러나 한국경제도 고도산업화와 축적의 대가로 대내적으로는 노동자계급의 수적 급증과 자산소유의 격차 확대, 그리고 '엘리트' 순환의 제약에 따른 갈등을 초래하였으며, 대외적으로는 미국 독점자본과의 축적갈등을 누적시켰다.

이 가운데 대외자본축적에서 생기는 갈등은 성장과 평형 중에서 어떤 것을 선택할 것인가를 강요하는 것이다. 현재의 우리 경제상황으로는 독점 특히 재벌자본의 이익과 성장이 같은 선상에 있기 때문에, 형평이 포기될

---

8) 1989년 가격으로 전국토지 값은 1,300조원으로 88년 GNP의 10.6배로 세계에서 제일 높다. 미국은 0.6배, 영국은 2배, 그리고 일본은 7배이다(이진순, 1989, 20쪽).

수밖에 없는 것 같다. 불행히도 이에 대한 대가는 농민을 비롯한 자영업자에 대한 지원 축소와 열위의 중소기업 희생이다. 지금 우리는 이들을 대외 독점자본의 압력으로부터, 보호하지 않으면 안될 상황에 처해 있다. 그 길은 산업 및 기업구조 조정과 새로운 성장산업의 개발촉진이다. 이 점에 있어서 정부의 최근 구조조정책과 혁신정책은 현실을 바로 본 것이다. 다만 이 같은 정책이 정부정책 홍보나 일시적 면책용이 아니기를 바라지만 아직은 그 귀추를 두고 볼일이다.

대내적인 갈등은 원천적으로 자본주의적 성장의 결과이지만, 이를 완화하기 위해서는 매우 첨예화된 격차와 사회적 이동성의 제약을 회복해야 하는 것이다. 그 완화가 사회적으로 수용되고 안정을 되찾기까지는 가진 자와 그와 맥을 같이하는 지배층이 과도한 축적과 그들만의 계급 불이동성이 그들의 존립기반인 체제 지지기반을 어느 만큼 위태롭게 하는 것인가를 인식하는 절박성 정도에 따라 그 결과가 달라질 것이다. 소유의 제한과 평등의 지향이 자유 및 성장과 대립된다든가 헌법질서에 위배된다는 등의 논리는 이미 자기 계급의 지위 보장책에 불과하다는 것이 다른 선진국의 역사적 경험으로 논증되었다. 이제는 선택만이 남아 있을 뿐이다.

그리하여 오늘 우리에게 당면한 현실적 갈등완화 과제의 극복방향은 대외적 갈등이나 대내적 갈등 해소를 위한 격차완화가 장기적으로는 성장을 저해하지 않고 가속화한다는 것을 확고히 인식하는 지적 성숙에 있다. 기득권익 계층은 노동자계급의 기본적 요구를 체제부정으로 이해하지 말고, 성장결과로 빚어진 갈등조정과정으로 이해하고 기업하려는 욕구를 지속하면서 상호 이해기반 조성을 향해 노력하여야 할 것이다. 기득권익 계층은 대중의 격차감각이 결코 현시적 현금소득차이보다 더 격심한 자산(실물자산과 금융자산) 축적과정의 부정의성과 소유의 격차심화 및 대중의 미래에 대한 희망의 소멸에 있다는 사실을 인식하여야 한다. 미래에도 지배층의 계층 불이동성을 확보하기 위하여 사회적 불이동성을 고착화시키려는 시도가 얼마나 심각한 체제 지지기반의 붕괴요인인가를 인식하는 데 있다. 우리는 이와 같은 현상을 외면하려고 하는 기득권층의 자기중심적 사상과 싸워서 진보적 사상을 보편적 국민의식으로 할 때, 갈등이 완화되고 발전이 약속된다는 진리를 터득해야 한다.

그것은 이기심을 사회발전을 위해 조화시키면 지속적 발전이 약속된다는 확신에서 출발해야 한다. 그것은 산업화 성장과정에서 나타나는 사회경제갈등의 표출을 위기 또는 파국으로 몰아붙이는 상징조작의 허위로부터 벗어남으로써 가능하다. 그것은 축적의 정당성을 확보하고자 하는 대중의 진보적 사상을 수용하는 데서 찾아야 한다. 그것은 자산소유의 형평추구가 결코 체제부정이 아니라는 역사적 경험을 수용하는 데서 찾아야 한다. 그것은 '엘리트의 순환'을 제약하는 지역주의, 분파주의를 극복하는 데서부터 시작해야 한다.

만일 이 같은 방향으로 사상의 대전환이 이루어지면, 지난 30여년 동안 거의 무(無)에서부터 출발해서 지금의 성숙초기단계를 달성시킨 우리 민족의 무서운 저력 즉 '스타하노바이트'적 무수한 노동자와 야성적 혈기를 가진 자본(=기업)가 및 끊임없이 연구하고 개발하는 탁월한 두뇌의 과학기술 인력 그리고 국민의 구두쇠 같은 축적력은 지속적으로 발휘되고 선진국 추월도 가능할 것이다.

한편 우리나라는 ①무자원 소국의 약점과 ②분단과 냉전에 따른 과도한 국방비 부담 그리고 ③기존 선진국의 우리에 대한 선진국으로의 신참제약 즉, 주변부성 한계 등 여러 제약이 있는 것도 사실이다.

그러나 이런 제약은 과거에도 있었던 것으로 우리국민은 이러한 어려움을 슬기롭게 극복하고 발전해왔으며 이 같은 우리의 경험에 비추어 장래의 발전에 대한 확신을 가질만한 충분한 역량이 있다. 문제는 우리 국민의 보편적인 진보사상이 일부 권익계층의 자기중심주의 사상을 어떻게 극복할 수 있느냐에 달려 있다. 이제는 시대사를 올바르게 인식한 진보적 사상만이 어둠에 불을 밝힐 수 있음을 깨닫고 그 진보적 사상이 대중을 설득하는 방법으로 제시되어야 할 것이다. 그리고 그러한 진보적 사상이 올바른 사상이며 결코 그릇되지 않을 뿐만 아니라 일반 대중에 대하여 미래의 가능성을 제시해 줄 것이라는 확신을 심어주어야 한다.

문제는 물적 성장의 일시적 둔화 변동에 있는 것이 아니라, 18~19세기의 고전적 자유주의가 발전을 약속한다는 확신시대를 열었던 데 반하여, 오늘날 우리 시대는 높은 물적 성장성과에도 불구하고 일반 대중의 미래에 대한 확신이 없는 데 있다. 미래에 대한 불안이 곧 저항과 방황, 자산소유의 무한성 그리고 (과소비와 향락을 포함한) 찰나적 감각주의를 확산시키는 것이다. 그리고 이러한 현상이 곧 축적과 개발을 저해하는 것이지 일시적 성장률 둔화가 발전욕구를 감퇴시키는 것은 아니다. 이제 일그러진 사회경제사상을 극복하고 확신을 주는 새로운 사상이 필요한 때이다. 그래야만 불확실성과 분열을 극복하고 발전을 약속 받을 수 있으며, 민족의 역동성이 극대화될 수 있을 것이다. 그리고 그것을 이룩할 계층은 두말할 것도 없이 정치경제의 기득권익 계층이다. 그래야만 대중에게 확신을 주기 때문이다.

이제 그들에게 "소년기의 여러 순간에는 동지였던 민주주의와 자본주의가 둘다 일단 성년이 되면, 공존할 수 없게 되는 경우도 충분히 있을 수 있다. 그러한 상황이 발생하면 둘 가운데 하나를 선택할 수밖에 없다(Tawney, 김종철 역, 1982, 10쪽)"는 역사법칙을 전하고자 한다.

(『현대사회』, 1990. 봄)

참고문헌

김용서(1988),『후발자본주의 국가의 노사관계 : 독일과 일본의 비교』, 경제사회개발원.

박현채(1989),『민족경제론의 기초이론』, 돌베개.

배진한,「소득분배이론에 관한 연구」,『충남대학교 경상대학 경상논집』제5권 제2호, 1983. 12.

서관모(1984),『한국사회의 계급구성과 계급분화』, 한국사회학회.

이진순,「근로소득세 경감과 과세형평」,『평민당 정책토론회 주제논문』, 1989. 11.

전철환(1986),『한국경제론』, 창작과 비평사.

───,「한국경제, 위기인가 조정기인가」,『신동아』, 1989. 5.

丘藤釗(1981),『現代の勞動運動』, 東京大學出版會.

Boeke(1953), J. H., *Economics and Economic Policy of Dual Societies*, New York : Institute of Pacific Relations.

Oshima, H. Y., "Income Inequality and Economic Growth : Postwar Experience of Asian Countries." *Malayan Economic Review* 15, no. 2, Oct., 1970.

Pareto, V., *The Mind and Society : A Treatise on General Sociology* (4 vols.), Dover · New York, English ed., 1963(French, 1961).

Sraffa, P.(1960), *Production of Commodities*, Cambridge : Cambridge Univ. Press.

Tawney, R. H.(1975), *Equality*(3rd ed.), London : Unwin Books, 김종철 역, 『평등』, 한길사, 1982.

제 2 장

남북경제협력

남북통일과 경제구조 접근방향

북방정책과 소련 · 중국의 위상

한민족통일의 선결과제

남북통일과 경제구조 접근방향

1. 세계사의 흐름과 통일기대

1945년 제2차세계대전이 끝나자, 세계는 평화분위기를 회복했다. 그러나 세계정치질서는 연합국 대 추축국의 대결구조에서 미·소의 대결구조로 전환, 냉전시대로 개편되어 평화분위기의 지속은 매우 짧은 기간에 그쳤다. 이 와중에서 제2차세계대전의 한쪽 당사국이었던 독일·오스트리아 및 중국은 자책사유로, 한반도와 월남은 식민지배와 전쟁 피해국이면서도 민족의 요구와는 무관하게 분단의 비극을 감수해야 했다.

그 후 45년이 지나는 동안 오스트리아는 신탁통치를 거쳐 민족자결원칙을 좇아 1955년에 민주국가로 통일되었고, 월남은 1974년 처절한 전쟁을 통해서 세계의 초강국 불란서와 미국을 이기고 공산화 통일이 되었다. 금년에는 동독이 역시 민족자결원칙을 좇아 서독에 흡수 통일되어 이 지구상에는 중국(대만)과 우리 한반도만이 분단의 대결구도로 남아 있다.

한편 전후 냉전구도의 한쪽이었던 사회주의권은 1977년 중화인민공화국에서 모택동이 사망하고 등소평이 집권하자 이른바 실용주의로 전환하면서, 지령성(指令性) 계획경제질서를 대폭 축소하고 지도성(指導性) 계획방식으로 수정하여 시장경제질서를 대폭적으로 수용, 시장경제로 체제를 수렴하는 특성을 나타내기 시작하였다. 동구권도 1950년대부터 매우 부분적이기는 하나 유고슬라비아와 헝가리 등이 시장사회주의경제체제로 전환하는 경향을 보였으나, 소련의 소비에트체제 지속으로 체제수렴은 정체되어 있었다. 그러나 1985년 "사회경제발전을 가속화"하기 위한 고르바초프의 가속화론 제창과 제27차 당대회 수용을 계기로 경제관리체제개선을 통한 스탈린형 소비에트사회주의의 모순극복과 체제변화의 싹이 트기 시작했다. 다만 글라스노스트와 페레스트로이카가 구호적인 수준에 그쳐 인민대중의 반항을 불러 일으키지 못하고 보수파와 개혁파의 대립구도 형성에 그쳤다. 다시 말하면 정치개혁 없는 소비에트의 자유화는 허구에 그친 셈이다. 즉 개혁의 싹만 틔웠지, 실천에까지는 이르지 못한 실패한 개혁에 불과했다.

1988년에 와서는 제19차 당협의회를 기점으로 정치개혁을 선행하는 급진개혁의 영향력이 강화되어, 이른바 "사회주의적 시민사회화"론이 소련정치권을 지배하면서 동구권이 급격히 우(右) 선회하기 시작했다. 이것이 이른바 현재까지 이어지는 소련의 개혁 단계이다.

1970년대부터 싹튼 사회주의국가의 하나인 중국의 시장경제질서 도입과 1985년 이후 패권국인 소련의 개혁추진은 사회주의 위성국인 동구 여러 나라에 대한 소련의 영향력 감소와 민족자결주의의 부활 그리고 우 선회의 계기가 되었다. 소련지배의 영향력 감소를 계기로 동구권의 급격한 우(右) 선회는 드디어 독일통일과 민주화 및 시장경제질서의 급속한 도입을 가져왔고 그러한 과정에서 냉전시대가 막을 내리게 되었다. 그러나 지금도 분단국으로 남아 있는 한반도에서는 아직도 냉전의 막이 걷히지 않고, 세계사의 탈냉전 조류 속에서 통일에 대한 기대만 부풀고 있을 뿐이다. 아직은 초기단계의 탈냉전구도가 그려지고 있을 뿐, 그 기대가 어떤 모습으로 언제 어떤 방법으로 현실화될 것인지는 예측하기 어렵다.

그럼에도 불구하고 사회주의 개혁은 우리 한반도에 두 가지 측면으로 영향을 미쳐서 냉전의 극복과 통일에 대한 기대를 키우고 있다. 첫째는 북한사회주의체제 내부의 개혁이다. 그것은 북한사회의 사회주의적 민주주의 기대와 생산력증강 추구의 불가피성이다. 한편 소련을 중심으로 사회주의권의 우 선회는 우리 한국에도 '새로운 정치적 사고'로 불리는 국제관계 사고방식과 남북관계 개선에 영향을 미치고 있다. 그러나 아직은 "사회주의 몰락과 자본주의 승리"로 선전되는데 그쳐, 남한의 독일식 흡수방식의 민족통일 전망과 북한의 공산화 통일이 충돌하는 국면에서 크게 벗어나는 것 같지 않다.

둘째의 영향은 소련을 중심으로 한 동구가 경제적 이해를 바탕으로 대한국 외교경제관계를 부활하고 전통적인 대북한 우호관계를 훼손시키고 있어서, 북한의 자세변화에 위기감을 불어넣고 통일에 부정적인 영향을 미칠 수 있다는 점이다.

그리하여 동구사회주의권의 우 선회는 남북한에 대해서 통일에 대한 기대를 크게 높이기는 하였으나, 그 시기와 방법 그리고 지배체제가 어떻게 될 것인가에 대해서는 확신을 주지 못한다. 다만 우리 쪽에서는 사회주의의 모순누적과 변혁을 계기로 우향적 체제수렴에 대한 자신과 기대가 크다는 것을 부인할 수 없다. 그러나 사회주의권의 우 선회와 탈냉전 특히 대한국 외교관계 부활과 경제협력 증진에도 불구하고, 북한통치집단의 정치적 입지붕괴 우려로 독일 통일식의 재현을 기대하기는 쉬울 것 같지 않다.

따라서 통일의 방향은 우리가 원하든 원치 않든 앞으로의 국내외 특히 남북간 정치경제관계 변화에 따라서 여러 가지로 나타날 수밖에 없을 것이다. 그리고 이번 논의의 주제인 통일 지향적 경제구조 접근방향 모색도, 남북민족과 정치권의 합의 없이는 실현을 기대할 수 없으며 이상에 그칠 수밖에 없다. 다만 사회주의권의 모순누적으로 인한 체제개혁과 자본주의지향성 수렴이 불가피하다는 현실과 논리적 귀결 때문에,[1] 남북통일도 우리 쪽의 지배적 기대가 우위를 점하고 있는 것은 사실이다.

다시 말해서 유일사상체제에 기초한 북한사회주의 경제구조는 ①성취동기 제약 ②산업구조 전환과 성장산업 창출 경직성 ③생산성 열위 야기 ④ 정체로 인한 사회적 갈등 등으로 우 선회 개혁이 불가피하다. 따라서 남북 경제구조의 남한쪽으로의 접근과 통일의 경제적 기반구축이 세계사의 흐름인 것은 분명하다. 그러나 동독흡수형 독일통일체제가 정치지배 관계의

---

1) '소비에트'형 경제체제의 개혁이 불가피하다는 근거로 ㉠J. Tinbergen의 수렴가설 (Tinbergen J., 1959, 264~304쪽) ㉡S. Kuznet와 H. B. Chenery의 경제발전유형에 따른 변화(Kuznet S., 1973 및 Chenery H. B., 1960, 124~154쪽) ㉢A. Bergson의 기술 낙후와 경제의 비효율성(Bergson A., 1974, 429~55쪽) ㉣R. Lowenthal과 A. Gershenkron의 보수파와 실용주의자간의 권력투쟁 등에 따른 개혁불가피론 (Lowenthal R., 1970, 33~116쪽 및 Gershenkron A., 1971, 269~299쪽) 등이 있다.

권력상실과 유일사상체계의 붕괴 그리고 동서독 주민간의 경제 괴리감의
현재화를 야기한 점에 비추어 북한쪽에서 체제접근을 더 기피할 가능성을
배제할 수 없는 것이다. 그럼에도 불구하고 통일의 민족사적 당위성과 세
계사의 체제수렴 동향에 비추어 남북경제체제의 차이와 통일의 경제적 의
의 등을 살펴보고 통일 지향적 경제구조 접근방향을 구축하는 것은 정치적
통일의 선결성 여부와 실현가능성 여부에 불구하고 매우 절실한 것이다.
따라서 다음에서는 이를 중심으로 통일 지향적 경제구조접근 방향을 제시
하고 논의에 부치고자 한다.

2. 경제체제 차이와 통일의 경제적 의의

1) '소비에트' 경제체제의 본질

1979년 중국의 실용주의노선 선택과 1985년 소련의 개혁을 통한 시장경
제 지향은 모두 "1917년 이후의 소비에트형 경제 또는 1948년 이후 모택동
형 경제체제의 모순 누적"을 극복하기 위한 것이었다. 다시 말해서 사회주
의권의 중앙집권적 경제계획의 실패를 인정하고 정치·경제구조를 효율적
으로 개편하고자 하는 것이었다. 따라서 통일을 지향하는 남북경제구조의
개편방향을 논의하기 위해서는 두 경제체제의 차이를 다시 한번 요약할 필
요가 있다.

1940년대말 동구권에 이어 1950년대 중국, 북한, 몽고 등에서 도입한 소
비에트형 경제체제의 기본특성을 모리스 번스타인(M. Bornstein, 1977, 10
3~104쪽)은 다음[2]과 같이 요약하고 있다.

(1) 산업생산수단 및 상업·수송·금융부문의 기업을 국가소유로 한다.
(2) 국가는 기업체의 장을 임명하며 투입과 산출의 목표량을 지시한다.
　　상벌제도는 투입의 최소화와 산출목표량의 초과달성에 의거한다.

---

2) 이 부문은 김태홍, 『중화인민공화국의 경제개혁과 산업성장』, 한국경제신문사,
　1970, 21쪽에 요약된 것을 재인용한 것이다.

(3) 투입과 산출의 목표량은 주요 생산품의 필요량과 공급능력을 일치시
킨 물질대차계정(Material Balance Account of Needs and Sources)에 의
거하여 중앙의 계획당국이 결정한다.

(4) 정부예산은 국영기업의 이익과 상품 및 농지에 대한 간접세의 징수
를 수입원으로 한다. 정부지출은 국영기업의 손실, 정부의 경상비, 국
방비, 주요 투자지출을 충당하기 위해 배분된다.

(5) 중앙의 계획당국은 예산지출을 결정하며 투자배분과 투자율, 생산량
및 생산물 구성비율 등을 통제한다. 기업의 투자재원은 중앙계획당국
의 일방적인 예산배정에 의해 조달된다.

(6) 은행은 국영기업의 현금예치, 국영기업간 거래의 결제대행, 국영기업
에 배정된 예산의 지출, 국영기업에 대한 운전자금대출 등을 주요업무
로 한다.

(7) 경제계획은 투입과 산출의 구성, 투자 및 기업간 또는 부문간 이전
등 모든 측면에서 물질단위로 작성하며, 물질단위의 실물경제계획에
상응하는 화폐단위의 재정계획을 균형화 시킨다.

(8) 국가는 모든 물품의 가격과 각급 노동자의 임금을 지정한다.

(9) 소비재를 포함한 모든 물품의 교역과 수송은 계획에 의거하며, 국영
기업에 의해 수행된다. 모든 대외무역을 국영화하고 국영무역회사가
계획에 의해 수행한다.

(10) 농업생산과 농지 및 자재를 집단화하고 농민은 집단농장의 구성원
이 되어 배정된 작업을 하며, 작업점수에 따라 집단농장의 순수입중
일정한 몫을 배정 받는다. 집단농장은 농지세를 납부하며 지정된 생산
할당량을 시장가격보다 낮은 가격으로 정부에 인도한다.

위와 같은 소비에트형 경제체제도 1950년초 유고슬라비아의 노동자관리
기업제도를 중심으로 한 시장사회주의 경제제도의 부분도입 그리고 1960
년대 소련의 「리베르만 제안」등으로 시장경제질서가 부분 도입되어 변화
과정을 걸어 왔다. 그러나 다음과 같은 점에서 그동안의 사회주의경제체제
는 근본적으로 시장경제질서와 달랐고, 그 결과 사회주의혁명 초기의 고성
장에도 불구하고 비효율과 저축적을 초래하였다. 모리스 번스타인(M.

Bornstein)의 사회주의경제체제 구분의 내용을 다시 로버트 던버거(Robert F. Dernberger)의 정의에 따라 요약(Dernberger, 1986, 21쪽)해 보면 다음[3]과 같다.

(1) 자원과 기업체는 국가소유를 기본으로 하고 있다. 대부분의 토지와 원자재를 국유로 하고 국가는 산업·건설·통신·상업 등 제부문의 국영기업을 통해 최대의 고용주가 된다. 농가는 농업부문의 기본생산단위가 되며, 비농업부문에서 비교적 규모가 크고 활동적인 민간부문이 정부부문과 부분적으로 공존한다. 그러나 생산수단과 경제단위의 국유제도가 전반적인 경제활동을 지배하며, 이것이 사회주의 경제의 기본원칙이 된다.

(2) 국영기업부문의 자원배분과 조직관리는 대부분 중앙집권적으로 작성된 계획에 의거하여 수행된다. 예산·자금계획·투입배분·산출할당·유통 및 수송·대외무역·고용 등이 계획에 포함된다. 계획은 하부 경제관료조직이나 생산단위 조직의 의견과 정보에 기초를 둘 수 있으나, 최종적인 의사결정은 중앙계획관료의 권한에 속하며 일단 채택된 계획은 하부생산조직의 목표량으로 할당된다. 또한 계획당국은 비국영기업 부문의 생산단위에 대해서도 목표량을 할당할 수 있으며, 국영기업도 할당목표량을 달성하고 나면 시장에 판매할 수 있다. 그러므로 소비에트형 경제체제하에서도 민간부문 또는 비계획부문이 존재하게 되며, 경우에 따라서는 매우 중요한 역할을 하게 된다. 그러나 모든 계획목표는 계획당국과 정치지도자의 선호에 의해 결정하는 것을 원칙으로 하고 있다.

(3) 위의 두 기본원칙을 전제로 할 때 자원배분에 있어서 가격제도는 2차적인 역할을 하게 된다. 물론 가격의 역할이 중요시 될 수는 있으나 결정적 요인은 될 수 없다. 소비에트형 경제의 계획목표는 수량으로 결정되므로 가격과 가치는 주로 회계상의 기능을 갖게 된다. 즉 계획당국은 가격을 조정하는 대신 계획을 변경하는 것을 일반적인 대응방

---

3) 이 부분 역시 김태홍(앞의 책, 22~23쪽)에 요약된 것을 재인용한 것이다.

안으로 삼고 있다.

2) 북한경제체제의 본질

소비에트형 경제체제의 특성을 북한이 도입한 것은 틀림이 없으나, 구체적인 성격은 차이가 있다. 북한의 경제체제를 북한 헌법의 제2장 경제 관련조항에 따라 중요사항을 보면 다음과 같다.

(1)(법 제18조) ……생산수단은 국가 및 협동조합의 소유다.

(2)(법 제19조) 국가소유는 전체인민소유이고, 소유권의 대상에는 제한이 없다.

(3)(법 제22조) 개인소유는 노동자들의 개인소비를 위한 소유이다.……
협동농장원들의 터밭 경리를 비롯한 개인부업관리에서 나오는 생산물도 개인소유에 속한다.……

(4)(법 제30조) 국가는 ……경제를 과학적으로, 합리적으로 관리 운영하는 선진적 사회주의경제관리 형태인 대안의 사업체계와 농지경영을 기업적 방법으로 지도하는 새로운 농업지도체계에 의하여 나라의 경제를 지도 관리한다.

(5)(법 제31조) ……인민의 경제는 계획경제이다.……

(6)(법 제32조) ……인민경제발전에 따르는 국가예산을 편성하여 집행한다.……

(7)(법 제33조) ……세금제도를 완전히 없앤다.

(8)(법 제34조) ……대외무역은 국가가 또는 국가 감독 밑에서 한다.
……관세정책을 실시한다.

이와 같은 북한 헌법 가운데 경제 관련조항을 살펴볼 때, 북한의 경제체제는 모리스 번스타인(M. Bornstein)과 던버거(R. F. Dernberger)가 요약한 소비에트형 경제체제와 크게 다르지는 않다. 다만 1984년에 제정된 북한의 합영법(최고인민회의 상설회의 결정 제10호)에 의하여 부분적으로 시장경제질서가 도입되었고, 북한헌법에 의하여 부정된 시장경제요소와 국제경제교류관행이 부활되었다. 그 예를 들면 다음과 같다.

    (1)(법 제7-8조) 합영 당사자들의 지분(재산권)결정
    (2)(법 제7조, 제14조 등) 국제시장가격인정
    (3)(법 제17-18조 및 합영회사 소득세법 등) (소득)세제시행

3) 통일의 경제적 의의와 가상적 유형

우리는 소비에트 경제체제를 중심으로 북한경제체제의 본질을 간단히 살펴봤다. 그러나 이런 성격의 사회주의경제체제는 혁명초기부터 모순을 노출했으나, 혁명초기에는 억압받아온 피지배계급의 해방으로 경제하고자 하는 욕구충족 상승과 스탈린주의의 혹독함 때문에 묻혀버리고 말았다. 그러나 사회주의국가의 2~3세대에 이르러서, 지난날에 피지배계급 제 1세대가 경험했던 쓰라린 고통과 해방에 따른 경제하고자 하는 욕구가 소멸되어, 사회주의국가의 경제하고자 하는 의지는 대단히 약화되었다. 나아가 소비에트체제의 비인간화가 정치면에서는 물론이고 경제욕구억압과 비효율을 첨예화시키는 한편, 냉전에 따른 국방비 급증 등 사회적 낭비가 극대화되었다.

그리하여 1980년대에 들어서서 안드로포프(Andropov)가 서기장에 취임한 후 브레즈네프(Breznev)의 선진사회주의론에 대한 비판을 통하여 사회주의모순을 인정하기 시작했다. "사회주의가 어떤 모순, 비조응, 문제점으로부터 구제된다고 생각하는 것은 속류화된, 정치적으로 소박한 사고"(장 라드마니, 신현준 편역,『안드로포프 연설문』, 23쪽)라고 비판한 것이 그 예다. 그 후 수많은 소련정치가와 학자들에 의해서 사회주의가 자본주의보다 더 많은 모순을 지니고 있다는 사실의 인정은 계속되었다. 그것이 오늘날 고르바초프(Gorvachev)로 이어지는 사회주의권의 페레스트로이카와 글라스노스트로 표현되는 우 선회를 가져오게 한 시발점이었고, 우리가 북한의 체제수렴적 우 선회 기대를 걸어보는 근거이다.

따라서 북한의 개방과 우 선회 개혁을 기대하는 것은 사회주의권의 대전환을 계기로 당연한 귀결이라 할 수 있다. 물론 아직 북한통치집단의 성격

과 독일통일의 선례로 보아 단기적 기대는 어렵지 않을까 생각된다. 그럼에도 불구하고 사회주의체제 모순의 심화로 통일의 개연성이 높아졌다는 점을 부인할 수는 없다. 따라서 통일이 어떤 의미를 갖는가를 간단히 살펴보고, 경제체제의 수렴을 통해서 통일에의 길을 열어갈 가능성을 검토하고자 한다.

우리에게 있어서의 통일은 ①이념 대결적 이질성을 지닌 민족분단을 극복하고 동질성을 회복시키는 것 ②정치적으로는 이념대결의 극복, 민주주의 실현을 통한 단일 정권을 수립하는 것 ③경제적으로는 경제적 효율성과 경제적 정의를 높이는 체제로 수렴 내지 접근하는 것 ④사회적으로는 통합성을 확보하여 민족의 저력을 극대화하는 것이다.

여기서 우리는 통일국가의 경제체제 유형으로 여러 가지를 검토할 수 있을 것이다. 정치적인 측면을 고려하지 않는다면 통일의 경제적 성격은 ①사회주의형 ②시장사회주의형 ③수정자본주의형으로 나뉠 수 있다. 그러나 사회주의형과 동구형 시장사회주의는 현실 역사에서 경제적 효율성을 보장하지 못할 뿐만 아니라, 높은 경제수준의 경제적 정의실현도 불가능하다는 것이 이미 입증된 셈이다. 더구나 사회주의와 동구시장사회주의가 스탈린주의와 결합되었던 지난날의 경험을 살펴볼 때 정치적 측면에서도 수용하기 어렵다.

그렇다고 해서 자본주의(시장경제)가 경제적 효율과 경제적 정의를 동시에 아무 조건 없이 약속하는 것도 아니다. 따라서 정치권력이 이를 수용한다면 남북은 먼저 통일을 향한 경제협력체제 구축과 경제구조의 접근을 선행시킨 후, 정치적 통일을 모색하는 방안도 생각할 수 있을 것이다. 여기에는 상당한 시간이 소요될 것이지만 "상호이해 증진 → 경제교류 확대 → 상호보완적 경제협력 구조 구축 → 경제체제 접근 → 정치적 통일" 등으로 이어지는 통일정책을 고려할 수 있다. 이는 이른바 일방이 타방을 흡수하는 완전 승리 또는 완전 패배적인 통일을 피할 수 있도록 할 것이다.

그러나 이와 같은 경제구조개편 선행을 통한 통일이 자본주의의 강한 범세계성 때문에, 결국에는 독일식 흡수통일로 이어질 것이라는 북한의 의구심을 떨쳐 버리기 힘들 것이다. 여기서 우리는 경제체제수렴 작업과 함께 상호보완적 경제구조구축 및 경제수준평준화 노력을 펼친 후 대등한 관계에서 통일을 지향하는 것이, 북한을 쉽게 개방과 통일의 장으로 이끌어 낼 수 있지 않을까 예상할 수 있다.

3. 이상형으로서의 경제협력 구조

통일의 경제적 의의와 경제체제의 예상유형에서 살펴본 것처럼 가장 이상적인 통일방향은 남북이 정치·경제체제와 수준을 동질화한 후 정치적 통일을 달성하는 길이다. 그러나 불행하게도 이런 방향의 통일은 한편에서는 정치권력의 속성 때문에, 다른 한편에서는 북한의 일방적 피흡수 우려 때문에 단시간에는 기대하기 어려울 것 같다. 지난 45년 동안 한차례의 전쟁과 고착화된 체제에의 신념 때문에 아직도 적대관계가 지속되고 있기 때문이다. 다만 모든 역사가 그렇듯이 변화는 결코 우연은 아니지만, 그럴만한 계기가 있으면 대변혁이 초래되어 왔다는 사실에서 우리도 전연 실망할 것까지는 없을 것이다.

그런 의미에서 이상형으로서의 통일방안은 생각될 수 있고, 경제협력체제 구축도 가능하다고 생각된다. 그러나 이상형으로서의 경제체제 접근에 있어서는 두 체제의 정치권의 동의가 선행되어야 한다. 이를 전제로 경제체제 접근을 통한 통일기반 조성을 위해 다음과 같은 방안을 제시할 수 있을 것이다.

첫째, 두 체제가 통일을 지향하는 경제체제접근의 이념은 효율성과 경제적 정의확보이다. 따라서 두 체제는 서로 부족한 측면을 제도변경을 통해 수용하며, 민족의 경제역량을 최대화하는 데 동의하여야 한다. 남북정부가 경제적 체제접근 이념을 경제적 효율과 정의확보에 둔다면, 효율 측면에서는 시장경제가 우위를 지닐 것이며, 정의확보 측면에서는 시장사회주의적 성격 예컨대 스웨덴형의 복지국가이념 수용도 고려할 수 있을 것이다.

둘째, 경제체제접근 이념을 효율성과 경제적 정의실현에 둘 경우, 북한은 효율성 확보에 남한은 경제적 정의에 우선순위를 두어야 할 것이다. 북한은 사회주의체제가 갖는 비효율성 때문에 저수준 평준화(이태욱, 1990, 177쪽)를, 남한은 고수준격차가 유발되어 있기 때문이다.

셋째, 체제접근적 이념의 추구는 남북이 스스로의 약점을 인식하고 내정개혁을 추진함으로써 시작될 수 있을 것이다. 그러나 정치권력이 이를 판단하여 수용하고 통일지향형 내정개혁을 펼 것인가는 쉽게 전망하기 어렵다. 따라서 현재 사회주의권에서 일고있는 우 선회 분위기를 이용하여 북한을 개방으로 유도하기 위해, 남한은 대사회주의권 분업체계 구축을 지향하는 경제협력 체제를 먼저 펼쳐가야 할 것이다.

남북이 이념 대결적인 냉전시대 사고를 불식하고 민족동질성 확보와 경제력 극대화를 지향한다면, 현재까지의 분단도 결코 손실만은 아니었으며, 오히려 새로운 보완적 발전계기가 될 수 있다는 점을 인식할 수 있다. 왜냐하면 세계체제에서의 남한의 경제구조도 미·유럽의 선진경제, 일본의 선진경제 그리고 한국·대만 등의 중진 경제적 분업체계를 통하여 의존적으로 발전해온 데서 벗어나야 할 계기를 맞고 있다. 다시 말해서 미·유럽·일본으로 이어지는 선진경제, 한국·대만 등의 중진경제 그리고 중·소·북한을 잇는 후진경제가 서로 협력하는 새로운 국제경제질서를 구축할 수 있는 계기가 다가오고 있다. 이것이 사회주의권의 개혁과 우리가 추진하는 북방정책의 경제적 지향성을 조화시키는 경제체제 및 구조개편의 이상으로 판단된다.

넷째, 남한은 동구·중국과의 외교관계 확립 및 경제협력을 경제적 필요성을 위해서는 물론 북한을 개방과 개혁으로 이끌기 위한 통일지향성 정책으로 인식하고 있다. 그러나 민족의 이념적 동질성 회복이 가능하다면, 남북 상호간 경제협력 구조의 구축만큼 서로에게 절실하고 효율적인 경우도 드물 것 같다. 비록 크지는 않다고 하더라도 북한의 자원과 노동력, 그리고 남한의 중진기술과 관리능력은 충분히 보완적이고 발전적이라고 할 수 있다. 따라서 경제협력체제의 구축은 두 체제간 접근의 계기가 될 수 있을 것이다.

더구나 대중·소 경제협력체제 구축을 통해 소련의 첨단기술 및 중·소의 자원을 도입하여 우리의 공업력을 바탕으로 산업화하는 새로운 국제분업체제 형성을 도모하고 있는 점에서, 북한과의 화해와 협력은 이를 더욱 가속시킬 것이다. 중·소 경제협력과 분업체계 구축에 있어서 북한은 북방교역의 통로가 되기 때문이다. 남북이 냉전사고를 탈피하고 체제접근과 협력을 이끌어낼 수 있다면, 다른 어떤 국가와의 경제협력보다 신속하고 능률적일 것이라는 것도 의심의 여지가 없다.

지금까지 필자는 이상형으로서 남북경제체제 접근방향과 경제협력 구도를 제시했다. 이와 같은 방향은 정치 경제적 통일에 있어서 점진적 추진을 의미한다. 비록 긴 시간에 걸친 접촉과 동질화과정을 거쳤다고는 하나 동독을 서독이 일시에 흡수함으로써 야기된 서독의 경제적 부담(약 9,000억 달러 추산)과 동독의 체제전환 부담(비능률적인 동독산업의 전환 고통과 증가하는 실업, 경제수준 차에서 발생한 동독국민의 좌절, 서독의 시장경제질서에 흡수된 동독사회주의 체제운영의 적응력 지체 등)[4]을 감안할 때, 즉각적 체제통일보다는 점진적 접근이 정치적으로나 경제적으로나 부담을 줄일 수 있을 것으로 보인다.

다만 이와 같은 점진적인 이상형 통일이 민족의 통일열망 및 정치권의 희망과 반드시 일치할 것으로 보이지는 않는다. 더구나 세계정세의 변화가 남북정치권의 극단적 보수권력을 자극하여 이들을 반통일 세력으로 전환시킬지도 모른다. 역사적 돌발성 때문에 점진적 체제통일을 유도하는 경제협력구도와 경제체제 접근을 통한 남북경제의 보완과 수준제고는 통일주의자들의 성급한 통일열망에 부응하기는 어려울 것으로 보인다.

제약요인이 많음에도 불구하고, 경제협력체제 구축과 경제체제 접근을 지향함으로써 남북경제의 보완과 수준을 제고하고 통일을 지향하는 것은, 북한의 자존심을 자극하지 않는 가장 실현가능성이 높은 방향이 아닌가 생각된다. 따라서 다음에는 이와 같은 기본 시각을 기초로 가능한 경제협력구조와 남북이 공히 대내 체제의 구체적 정비방향으로 어떤 내용을 담을 것인가에 대해서 논의하고자 한다.

4. 가능한 경제협력 구조와 대내 체제정비 내용

새로운 세계경제질서 속에서 남북이 선택할 수 있는 이상형으로서의 경

---

4) 한국은행(『주중해외경제동향』, 1990의 여러 권)에 이와 같은 사실이 요약되어 있다.

제협력 구조는 두말할 것 없이, 미국·유럽·일본으로 이어지는 선진국경제, 한국·대만 등 중진국경제, 그리고 사회주의권 후진경제로 구성되는 새로운 국제분업체제이다. 이와 같은 국제분업체계 구성에서 한국은 지정학적으로 다른 신흥공업국 예컨대 싱가포르, 대만, 홍콩보다는 유리한 위치에 있다.

더구나 분업체계 면에서도 한국과 북방 사이에는 두 가지 보완적 분업우위가 있을 것으로 보인다. 첫째로 산업간 분업에서는 북방의 풍부한 자원과 우리의 자본 및 제조기술의 협력체계, 즉 수직적 분업이익이 기대된다. 둘째는 공업 내부에서 북방의 저임금에 기초한 경공업상품과 우리의 중화학공업제품 사이의 분업, 즉 수평적 분업이익이 예상되는 점이 그것이다.

이와 같은 분업체계에서 우리와 북방은 ①자본·기술(경영기법 포함)은 한국이, 노동과 자원은 북방이 공급하는 형태의 분업과 ②우리의 초기 개발과정에서처럼 저노임 바탕의 단순 대량생산 경공업품은 북방이, 그리고 고부가가치형의 상품은 우리가 생산 공급하는 형식의 분업이 현재의 두 경제권이 갖는 분업가능성으로 보인다. 이런 면에서 통일지향형 남북분업도 유사한 형태로 발전할 수 있을 것이다.

이러한 면에서 북한의 경제구조를 살펴보면 [표1]에서 보는 것처럼 중국과 소련보다도 낙후되어 있다. 즉 북한은 군수용 중공업 우선의 불균형 개발을 지속한 결과로 경제구조상의 공업화는 상당하게 진전되었으나, 명령식 계획경제의 지속으로 인민의 경제하고자 하는 욕구가 제약되고 일방적 정보흐름으로 말미암은 비효율과 생산성 저하가 크게 나타나고 있다. 나아가 "자력갱생의 원칙"에 의한 공업화 방향은 결코 잘못된 것이라고 할 수는 없으나 대외교역의 제약으로 국제분업체계가 형성되지 못한 데다가, 선진기술도입 지체와 제품질의 조악으로 인해 현재의 경제구조로는 개방화에 성공할 가능성이 매우 희박한 것으로 알려지고 있다. 더구나 사회간접자본시설 불비와 경영기법 낙후는 북한경제 국제화의 커다란 제약요인으로 작용하고 있다.(이태욱, 「북한경제의 부문별 현황」, 『북한의 경제』, 1990, 169~177쪽)

[표 1] 북한·중국 및 소련의 여건상 차이점

구 분	중 국	소 련	북 한
개혁 단계	2단계(12년)	2단계(5년)	1단계
개방 정책	합영법 경제특구 및 개방구 광역개방	합영법 경제특구 시베리아 자원개발	합영법 경제특구 없음 통제된 개방
정치 개혁	강경개혁파 숙청 보수+온건개혁연합 정치개혁 외면	보수파 제거 작업 강경개혁파의 득세 온건개혁파 주도	부자세습체제 신격화 숭배강화 당독재아성의 요새화
시장 규모	인구12억 빈곤하나 매우 높은 잠재성 및 시장지향성	인구2.8억 빈곤	인구0.2억 최빈곤
부존 자원	풍부 자급자족기능	무진장 미개발상태 자원개발지향성 편중	노동력 이외에 빈약
동서 관계	실용주의 노선	평화공존노선	대남적화통일노선

자료 : 이태욱(1990), 『북한의 경제』, 을유문화사, 231쪽.

결과적으로 북한이 비록 군수용 중공업을 중심으로 공업화를 상당히 진전시킨 것은 사실이나 새로운 국제분업질서에서 경쟁국 수준에 이르기는 어렵고, 중·소와 함께 자본주의국과의 교역에서는 후진 위치에서 개방과 분업이익을 추구할 수밖에 없을 것이다.

이와 같은 조건에서 남북이 통일지향형 경제협력 구조를 구축하고 각각 대내 체제를 정비한다면, 북한의 경공업과 남한의 중화학공업 그리고 북한의 노동력과 남한의 자본기술(경영기법 포함) 협력으로 발전할 수 있을 것이다. 그러나 이와 같은 당위성에도 불구하고 남북이 경제협력을 통한 경제구조 개편과 통일지향형 동질화과정을 걷는 데는 체제의 상이성 때문에 막대한 장애가 있을 것으로 예상된다. 정치적 통일은 말할 것도 없고 경제교류를 통한 남북분업체계 발전 자체만도 현재의 남북경제 제도로서는 제약을 받을 수밖에 없다. 따라서 남북은 각각 경제교류 → 보완·동질화 → 정치적 통일로 가는 길목에서 대내 체제정비가 필요하다. 만일 정치적으로 가능하다면 북한이 남북통일을 지향하고 서로의 경제발전을 도모하기 위해서 소련식 시장경제진입 시책을 수립해 추진해 준다면 더 바랄 것이 없을 것이다.

그것은 곧 시장경제로의 이행을 위한 기본조건으로써 ①토지 이외의 생산수단 사유화 인정 ②인민의 경제활동자유화 추진 ③개인기업의 허용과 자율적인 활동권 부여 ④경쟁원리의 도입 ⑤자유시장가격의 형성 ⑥자본주의형 금융제도형성 ⑦국가개입의 최소화 ⑧개방의 추진으로 요약될 수 있다. 그러나 북한이 이와 같이 급진적으로 시장경제로 이행할 것이라고 기대하기는 매우 어렵다.

[표 2] 북한경제 개혁의 기본 틀

◇ 제1단계 : 기반조성
- 금융제도의 건전화
- 은행제도의 개혁 실시
- 대외경제관계의 정상화
- 토지 및 기업 개혁추진(임대제도만이라도)
- 가격의 단계적인 시장가격제 착수

◇ 제2단계 : 완만한 가격개혁
- 시장가격으로의 단계적 이행
  · 전체제품의 $\frac{1}{3}$에 대해서는 국가의 통제가격을 유지
  · 가격자유화 품목에 대해서는 급속한 가격상승이 있을 경우
  · 가격지도기관의 가격동결조치를 인정
- 중소기업의 민영화 추진

◇ 제3단계 : 시장형성
- 가격자유화 완전추진
- 자유로운 기업활동 촉진을 위한 인프라(infrastructure) 정비
- 임금제도의 도입

◇ 제4단계 : 조정개편기간의 종료
- 경제 각 부문에서의 독점금지
- 북한화의 교환성부여
- 외국자본의 투자 유치를 위하여 우대조치를 마련

자료 : 한국은행, 『주중해외경제동향』, 한국은행 조사제1부, 제90-41호, 21쪽.

우리 남한도 통일지향을 위해서는 스스로의 경쟁력 제고를 위한 혁신적 구조조정은 물론 대내 경제제도 개편이 필요하다. 그 중에서도 ①북한의 토지 국유와 남한의 토지사유화 및 ②북한기업의 사적 경영제 도입 그리고 ③자원 배분의 효율화를 위한 가격·통화제도를 조화하는 것이 가장 큰 과

제이다. 만일 현재 상황을 기초로 정치적 통일이 이룩되었다고 할 때, 이러한 세 측면에서의 혼란은 극에 이를 것이다. 따라서 막대한 비용을 들여서 독일식의 통화제도 개편을 선행하더라도 가격체계와 토지 및 기업의 소유제 상이성에 따른 혼란은 그대로 존재할 것이다. 따라서 남북이 경제교류를 추진하는 동안 북한이 [표 2]와 같은 조치를 취해야, 통일을 위한 경제적 애로가 다소나마 줄어들 것이다.

한편 남한에서는 북한의 대내 개혁이 추진되는 동안 남북경제협력을 가능케 할 보완조치를 취해야 할 것이다. 첫째는 북한의 자존심을 해치지 않을 상품 및 자본(기술포함) 등의 경제교류방식이 무엇인가를 찾아내야 한다. 아마도 북한의 자존심을 해치지 않고 교류할 수 있는 방법은 정부 대 정부의 교류보다는 정부가 정한 일정한 규칙하에서 북한(국가기업)과 우리 민간기업의 자유로운 교류일 것이다. 우리 민간기업이 일정한 원칙하에서 자유롭게 대북거래를 하게 되면, 상품 및 자본거래를 통한 협력이 가능할 것이다. 이것이야말로 북한으로 하여금 개방과 개혁으로 유도하는 최선의 길이 아닌가 판단된다.

이때 우리 정부가 취해야 하는 조치는 민간(기업)의 대북한경제교류에 일일이 정부허가를 받지 않아도 되는 규칙의 제정과 그에 따른 자유거래조치일 것이다. 물론 민간(기업)이 경제교류를 함에 있어서 ①거래 및 결재방법(은행 등) ②결제통화 ③가격(환율)과 품질보장 ④이중과세방지 ⑤투자의 북한보장 문제 등은 우선 거래당사자의 계약에 의존할 수밖에 없을 것이다. 이는 정부대 정부협정이 가능할 경우 다시 구체화시킬 요인이다.

둘째로 정부는 민간(기업)의 대북한 경제교류시의 거래손실 가능성에 대비하여, 손실보상보험제도 설치를 지원할 필요가 있다. 국교가 있는 국가간의 경제교류에 있어서는 정상적인 상업베이스로 손실보상보험제도를 활용할 수 있으나, 대북한관계에 있어서는 이것이 제약될 것이다. 따라서 특례조치를 인정하는 제도도입이 요망된다.

셋째는 대내 경제조치이다. 우리의 통일지향형 대내 경제조치는 결코 통일 지향적인 경우가 아니라도 취해야 할 조치이다. 다만 통일 지향시 더욱 시급하다고 할 수 있다. 그것은 최대한의 경제정의의 구현이다. ①토지공개념의 정착 ②금융실명제의 전면 실시 ③각종 격차시정 등은 대내적 국

민통합 필요성에서나, 남북통일시에 대응하는 체제우위를 지키기 위해서
도 매우 절박하다. 만일 이런 제도가 정착되지 않은 채, 남북교류가 추진되
면 정치·경제·사회적 소외계층은 과거의 대북한 적대감 내지 우월감을 지
닌 계층이라고 할지라도 동요하지 않을 수 없는 것이다. 이것은 분명 대내
의 통일장애 요인이다. 따라서 고성장과 세계경제체제하에서의 우월감에
도취되지 말고 경제정의 실현에 실효를 거둘 수 있도록 개혁하는 데 인색
하지 말아야 한다.

5. 경제체제 및 구조접근의 현실적 한계

1986년 이후 세계경제질서는 소련의 이념변혁으로 탈냉전·탈이념의 화
해시대로 접어들었다. 그것은 1986년 2월 제27차 소련공산당대회를 기점으
로 "새로운 정치적 사고" 즉 "대립물의 통일과 투쟁"에서 통일 우선적 사
고로 전환함을 의미한다. 그리고 이와 같은 사고의 변혁은 사회주의 사회
의 발전제약이 가져다 준 귀결이었다.

그동안 동서가 분리 정립되었던 세계경제 질서도 이제는 전세계가 하나
의 자본축적 체제로 통합되고 있다. 이런 동향은 우리나라에게 있어서도
신사고를 불러 일으켜, 종전까지의 사회주의권에 대한 투쟁적 사고에서 이
제는 동반자적 사고로 전환되는 계기가 되었다. 그것이 곧 북방정책의 실
현이다.

우리 한반도는 이제 지구상에서 단 둘뿐인 분단국으로 남게 되었다. 전
세계가 탈냉전적 화해분위기 시대로 전환되었음에도 불구하고 남북은 결
코 여기에 순응하지 못하고 아직 적대관계를 청산하지 못한 채 남아 있다.
동족상잔의 비극이 남긴 한과 남북한의 반민족적 통치집단이 지닌 정치적
속성이 화해조류를 적극적으로 수용하는데 제약을 가하고 있기 때문이다.
더구나 사회주의 종주국의 이념실현 실패가 빚은 열등감이 유일사상 체계
로 고착된 북한통치집단으로 하여금 더욱 큰 위기감을 야기하여 진정으로
화해와 통일 지향적 타협을 추구하기에는 아직 시기가 이른 것 같다. 그러
나 탈냉전적 세계조류 속에서 화해와 통일의 싹이 보이고는 있다.

우리에게 있어서도 아직은 한국전쟁 1세대가 엄존하고, 정치지배집단은 자기 우월적 일방 통행식 통일 지향성을 지니고 있어서 남북은 쉽게 통일을 예측하기 어렵다. 그러나 세계가 화해와 상호의존적 발전을 지향하고 있는 한, 우리도 최소한 경제적 측면에서는 새로운 국제분업체제내에서의 발전을 추구해야 할 것이다. 새로운 국제분업의 한 축이 사회주의권이라는 사실이 남북교류 내지 통일촉진을 가속시키고 있는 것이 분명하다. 따라서 경제면에서의 남북협력체제 구축은 남북 모두에게 절실한 과제로 제기되고 있다고 할 수 있다.

그 방향은 앞에서 제시된 바 있으며, 그것이 통일지향 내지 20세기말 세계사 흐름에 조응하는 것이다. 그러나 실현은 전적으로 남북 정치권의 수용을 전제로 한다. 그리고 남북 정치권의 수용여부는 각 정권이 얼마나 민족의 요구에 부응하는 민주성을 지니는가에 달려 있다. 현실은 국제적으로나 국내적으로 이해관계에 따라 형성되기 때문에, 통일이 정치집단간의 이해와 일치하지 않는 경우 무망하다. 그러나 두 체제의 국민역량이 민주적으로 결집되면 정치집단도 이를 수용하지 않을 수 없을 것이다.

따라서 통일 지향적 남북경제체제 내지 경제구조개편 방안이 아무리 효율성과 정의에 입각해 있더라도, 정치적 합의 없이는 실행이 불가능하다. 민주적 국민역량의 증대만이 정치적 합의를 불가피하게 할 수 있다. 앞에서도 말한 바와 같이 동서독의 통일도 근본적으로 국민역량이 정치권력으로 하여금 통독을 수용하게끔 만들었기 때문이다. 그것이 곧 민주화임은 더 말할 것 없다.

북한의 통치체제가 45년간이나 개인숭배와 족벌세습제를 지탱할 만큼 고착화되어, 북한인민의 민주화 역량이 잠재하고 있다하더라도 발현하기는 매우 어려울 것으로 예상된다. 이와 같은 상황에서 북한의 개방과 민주화지향 유도는 남한의 자신감에 찬 사고의 전환과 북한의 대한국 제안 수용 및 협력에 이르는 용기가 발현될 때 그 결실을 기대할 수 있을 것으로 생각된다. 국민 특히 우리의 민주통일의지가 강하면 정부권력도 국민의지에 따를 것이며, 이는 민족의 민주화 자주역량에 귀일된다고 하지 않을 수 없다. 따라서 통일 지향적 경제체제와 구조개편에 있어서의 제약 내지 선행조건은 한편으로 두 정부 당사자가 세계사 흐름에 조응하는 신사고를 과감하게 수용하는 것과 다른 한편으로 이를 뒷받침하는 남북한 국민 즉 한 민족전체의 민주역량 배양에 있음을 강조하고자 한다. 세계사 흐름을 효율적으로 이용할 우리 민족의 역량과 가능성에 기대를 걸어본다. 21세기 우리 민족사는 결코 지난날과 같은 비극의 역사가 지속될 수 없고 창조와 번영의 역사로 이어질 확신이 있기 때문이다.

(중앙대학교 학술발표회, 1990. 11. 27)

참고문헌

김태홍(1987),『중화인민공화국의 경제개혁과 산업성장』, 한국경제신문사.
신현준 편역(1990),「소련에서의 사회과학」, 장 라드바니,『페레스트로이카의 전개
　　　와 수용(소련편)』, 새길.
이태욱 편(1990),『북한의 경제』, 을유문화사.
임양택(1989),『소련·동구제국의 정치 및 경제정책의 변화와 산업 및 기술협력에
　　　관한 연구』, 한국경제연구원.
월간 사회와 사상사 편(1990)『변혁기의 세계정세』, 한길사.
학술단체협의회(1990),『사회주의 개혁과 한반도』(제3회 학술단체협의회 심포지
　　　움), 한울.
한국은행(1990),『주중해외경제동향』제 90-37, 39, 41, 42, 43호, 한국은행 조사1
　　　부.
永田實·稻田晃久,『中ンの 經濟改革』, 東京 : 日本經濟新聞社, 1988.
Aganbegyan, Abel(1988), *The Economic Challenge of Perestroika,* Bloomington
　　　and Indianapolis : Indiana Univ. Press.
Bergson, Abram(1978), *Productivity and Social System-The USSR and The*
　　　West, Cambridge Mass. : Harvard Univ. Press.
―――― (1974), "Development under Two Systems" : Comparative Productivity
　　　Growth Since 1950", Morris Bornstein. ed., *Comparative Economic*
　　　Systems" : Model and Case, Home-wood, Illinois : Irwin Press.

Bornstein, Morris(1977), "Economic Reform in Eastern Europe", U.S. Congress, Joint Economic Committee. ed., *East Europe Economy Post-Helsinki*, Washington D.C.: U.S. Gov't Printing Office.

Chenery, Hollis B.(1980), "Patterns of Industrial Growth", *American Economic Review,* Sep. 1980.

──(1975), *Patterns of Development* 1950-1970, London : Oxford Univ. Press.

Dernberger, Robert F.(1986), "Economic Policy and Performance", U.S. Congress, Joint Economic Committee. ed., *China's Economy Looks Toward The Year* 2000, vol. I , Washington. D. C. : U.S. Gov't Printing Office.

Gerschenkron, Alexander(1971), "Ideology as a System Determinant", Alexand Eckstein. ed., *Comparison of Economic Systems*, Berkley, Calif. : Univ. of California Press.

Kuznets, Simon(1973), "Modern Economic Growth : Findings and Reflections", *American Economic Review,* June 1973.

Lowenthal, Richard(1970), "Development vs. Utopia in the Communist Party", Charmers Johnson, ed., *Change in Communist Systems*, Stanford, Calif. : Stanford Univ. Press.

북방정책과 소련·중국의 위상

1. 체제수렴의 지혜

　20세기의 마지막 15년을 남겨놓은 1980년대 중반에, 지난 40년 동안 처절하리만큼 격심했던 체제경쟁에 종말을 예고하는 조짐을 관찰하면서 다시 한번 인류의 지혜에 감탄했었다. 동구 사회주의권이 정치적 독재에 의한 정치경제실패 때문이든, 아니면 사회주의경제체제의 비효율에 의한 경제실패 때문이든 시장경제로의 체제수렴은 그동안 체제경쟁이 빚어낸 엄청난 인류의 비극을 극복할 수 있는 가능성을 보여주고 있기 때문이다. 경제적 승리를 구가한 서구 자본주의권도 그것이 체제의 불완전성 때문이든, 아니면 성공이 빚어낸 확장의 필요성 때문이든 체제경쟁을 지양하는 사회주의권과 정치·경제·사회·문화의 교류증대를 불가피한 역사적 상황으로 수용함으로써 체제 수렴성 공존의 시대를 열고 있기 때문이다.

　우리는 20세기의 마지막 10년을 남겨놓은 지금, 사회주의권의 우(右) 선회와 자본주의권의 대동구권 교류확대에서 국제정치·경제적으로는 두 가지 조류를 인식하고 있다. 동구권의 우 선회에서는 남방정책을, 서구권의 대동구권 교류확대에서는 북방정책을 추진하는 것이 그 예이다. 이점에 있어서는 사회주의권이 우리와의 교류확대를 바라듯 우리나라도 사회주의권과의 교류가 절실하다. 사회주의권이 정치·경제 실패를 만회하기 위한 체제전환과정에서 대서구권과의 교류증대 곧 개방가속이 불가피한 것처럼, 우리도 대동구권과의 화해로 통일가능성을 높이고 교류증대로 수출·투자의 다변화가 절박하기 때문이다. 결국 동구권의 남방정책과 서구 특히 우리의 북방정책은 서로 이해를 같이하는 것이다. 그것이 곧 처절한 경쟁 때문에 빚어지는 인류의 파멸과 우리의 비극을 미연에 방지하고 번영을 약속하는 것이기 때문이다.

이와 같은 체제수렴의 지혜는 1985년 고르바초프의 "노보에 모의슬레니에(신사고)"로부터 시작되었다. 신사고는 "우스코레니에(uskorenie, acceleration)", "페레스트로이카(perestroika, restructuring)", 그리고 "글라스노스트(glasnost, openness)" 정책으로 구체화되었다. 이 신사고정책들이 평공존과 새로운 국제협력(남방정책)을 통한 냉전체제 종식으로 구현되어 가고 있는 것이다. 특히 고르바초프는 1986년 7월 블라디보스토크 연설에서 아·태지역의 긴장완화와 상호협력을 제안(금년 4월 16~19일 소·일 정상회담 및 4월 19~20일 제주도 한·소 정상회담에서도 제의되었으나 일본은 물론 우리도 아직은 선행조건 불충족 때문에 아·태 경제권 구상은 불투명한 상태임)함으로써 우리의 북방정책도 가시화되기 시작했다.

여기에 중국이 1978년 12월 제11기 3중전회의에서 등소평의 신경제발전전략, 즉 낡은 경제의 개혁과 개방방침이 결정된 이후, 1984~1985년 동안 개혁조치가 취해지면서 사회주의권의 남방정책과 자본주의권 특히 우리의 북방정책 가능성이 가시화되었다. 소·중 등 사회주의권은 ①1986년 서울 아시안 게임과 ②1988년 서울 올림픽으로 우리의 경제력이 충분히 홍보되면서 한국을 새롭게 인식하였다. 우리도 1988년 7월 7일 민족자존과 통일번영에 관한 「대통령 특별선언」 및 1988년 10월 7일 「남북한 경제교류의 허용에 관한 시책」을 발표하는 등 북방정책을 개시하였다.

분명히 체제수렴과 평화공존 그리고 개방가속은 지금까지 미증유의 대결구도가 빚어낸 낭비와 소모를 줄이고 번영을 예견케 하는 인류의 지혜이다. 그리고 우리는 이런 세계사의 흐름 속에서 이념보다는 민족이익이 분명히 우선한다는 사실을 다시 확인하고 있다. 참으로 긴 세월, 암흑의 대결을 야기한 악몽 속에서도 인류의 지혜를 되살려 가는 슬기에 다시 한번 감탄하면서, 이제는 또다시 악덕을 저지를 대결 시대가 반복되지 않기를 바란다. 나아가서 무엇이 남방정책과 북방정책의 조화를 이루게 하는가를 살펴보고자 한다.

2. 남방정책과 우리 북방정책의 배경

소련과 중국을 포함한 사회주의권은 거대한 국토와 인구 그리고 무진장한 미개발자원을 보유하고 있으면서도, 혁명 초기와는 달리 1960년대 이후 정치·경제체제의 취약성과 산업자본 그리고 산업화기술 부족 때문에 잠재력을 현재화하는 데 실패하였다. 그리하여 막대한 잠재력을 지니고 있으면서도 한편으로는 개발과 성장실패 특히 소비재생산력 취약으로 상승하는 국민욕구 충족에 실패했다. 다른 한편으로는 체제경쟁 때문에 국방비 부담이 과다하여 성장력이 크게 위축되었다. 특히 동구경제는 1980년대 중반 이후 경제개혁에 따른 과도기적 혼란 즉 ①생산성 저하 ②원자재 부족 ③ 민족분규 및 1990년 하반기 이후 걸프사태로 인한 국제유가상승 등으로 공업생산이 크게 위축되었다. 거기다가 보조금 삭감과 경제체제전환 마찰로 인한 농업생산 감소 등으로 최근에는 ①경제성장 ②물가 ③국제수지 등이 모두 악화되어 자본주의권과의 경제협력 요구 즉 남방정책을 추진하지 않을 수 없었다.([표1], [표2] 및 [표3] 참조)

한편 우리나라도 정치적으로는 1987년 6월 민주화항쟁 이후 가속되고 있는 민주화와 민족통일의 지향을 위해서나 선진자본주의권의 신보호주의 성향 확대로 말미암아 빚어진 교역 및 원자재조달의 제약 극복을 위해서 북방정책이 당면과제로 부상되었다. 첫째로 우리 시대의 가장 큰 염원인 민족분단 극복의 길이 북방정책에 있다는 인식, 즉 남북한이 각각 우의와 교류를 원활히 하고 관계를 정상화한다면 서로 이해와 협조분위기의 조성이 가능하며, 머지않아 통일의 계기가 조성될 것이라는 기대가 확산되고 있다.

둘째는 사회주의권과의 교류정상화가 우리 스스로 아시아의 변방국가라는 인식을 벗고 범세계적 국가로 부상할 것이라는 기대를 가능케 하고 있다. 그동안 우리의 외교는 분단의 특수성 때문에 서방국가에만 한정되었다. 그러나 급진전하고 있는 탈냉전시대의 세계사 흐름에 맞춰 사회주의권과의 외교영역 확대 즉 전방위외교로 한정된 범위 내에서 나마 세계사 주역의 일익을 담당하고자 하는 것이다.

셋째는 자본주의권의 신보호주의, 나아가서 UR(우루과이라운드) 등
개방압력으로 인한 경제적 국제화 제약은 우리나라가 북방교역과 자원
개발로 극복할 수 있다는 가능성을 제시한다. 특히 우리 경제의 국제화
달성에 있어서 무역, 해외투자, 국제협력범위를 넓혀가는 것은 우리가
21세기를 지향하는 필요조건이어서, 이를 북방정책으로 보완할 필요가
절실한 것이다.

[표 1] 공산권 주요국의 경제성장률 추이

(실질, 물적순생산 기준[4], 단위 : %)

	1986	1987	1988	1989	1990[1]
소련	4.1	2.3	4.4	2.4	−3.0
체코슬로바키아	2.6	2.1	2.3	1.7	−2.0
폴란드	4.9	1.9	4.7	0.0	−15.0
헝가리	0.9	3.2	0.3	−3.0	−4.5
루마니아	7.3	4.8	3.2	−9.9	−15.0
불가리아	5.5	5.1	6.2	−0.4	−12.0
유고슬라비아[2]	3.5	−1.1	−1.7	0.8	−6.0
중국[3]	8.3	11.0	10.8	3.9	5.0

주 : 1) 전망치. 단 폴란드와 유고슬라비아는 추정치, 중국은 실적.
　　 2) 사회총생산(Gross Social Product) : 재화의 부가가치에 생산적 투입으로 간주되는
　　　　 서비스부문(운수업, 통신업, 상업, 금융업 등)을 가산한 수치.
　　 3) 국민총생산(GNP) 기준.
　　 4) 물적순생산(NMP : Net Material Product)은 물적생산체계(MPS : Material Product
　　　　 System)에 의한 국민소득 산출기준으로서 도소매, 운수, 보관, 통신부문 이외의 교
　　　　 육, 금융, 국방, 등 비생산적 서비스업 및 감가상각비를 생산에서 제외.
자료 : ソ連東歐貿易會, ソ連東歐調査月報(1990. 10).
　　　 EIU, Country Report USSR 등 각국편 1990~1994.
　　　 WEFA, Centrally Planned Economies Outlook(1990. 10).
　　　 Reuter 및 AP&DJ통신.
　　　 WIIW(비인比較經濟硏究所), Mitgliederinformation(1990. 8).
　　　 WIIW, Forschungsberichte(1990. 10, 12).
　　　 EUROPEAN ECONOMY no. 45(1990. 10).
　　　 IMF, The Czech and Slovak Federal Republic : An Economy in Transition(1990. 10).
　　　 Financial Times(1991. 2. 4).
　　　 日本貿易振興會, 中國 テータ.ファイル '90(1990. 6).

[표2] 공산권 주요국의 물가상승률 추이(소비자물가)

(단위 : %)

	1986	1987	1988	1989	1990
소련	–	1.5	3.0	5.0	8.0
체코슬로바키아	0.5	0.1	0.2	1.4	10.0
폴란드	17.7	26.0	60.0	244.0	600.0
헝가리	5.3	8.6	15.7	17.0	28.9
유고슬라비아	88.0	18.0	194.0	1,250.0	120.0
중국	6.0	7.3	18.5	17.8	2.1

자료 : [표 1]과 같음.

[표 3] 공산권 주요국의 무역수지 추이(교환성통화표시)

(단위 : 백만루블, 소련은 억루블)

	1986	1987	1988	1989	1990
소련	57	74	21	-34	-100
체코슬로바키아	295	-143	-120	60	-536
폴란드	902	1,021	847	220	3,800
헝가리	-440	-371	540	554	950
루마니아	1,917	2,450	2,645	2,777	-1,500
불가리아	-1,095	-431	-1,202	-1,401	-1,062
유고슬라비아	-1,930	-965	-582	877	-4,500
중국	-11,970	-3,770	-7,710	6,600	8,710

자료 : [표 1]과 같음.

다만 우리의 북방정책 수행에 있어서는 아직도 ①폐쇄적인 북한의 자세 변화 여부 ②미국의 동조적 위상견지 여부 ③아·태협력기구(APEC, ASEAN 및 PECC)와의 동조성 유지 등의 제약이 남아 있다. 그러나 이런 정치적·경제적 제약조건을 극복하기 위해서는 소련과 중국의 지원 즉 이들 나라와의 외교 및 경제거래 확대, 북한의 폐쇄정책 변화 및 다른 자본주의권과의 보완적 경제관계 정립이 절실하다. 특히 우리의 대소·대중국 경제교류 확대는 새로운 세계사 흐름에 비춰, 소·중의 남방정책과 우리의 북방정책 필요성을 충분히 입증하고 있다.

3. 대(對)소련·중국 경제교류동향과 전망

최근에 와서 우리나라의 사회주의권 특히 소련 및 중국과의 경제교류는 급격히 확대·다원화되고 있다. 그리고 제주도 한·소 정상회담 결과로 투자 등 경제협력도 급격히 확대될 것으로 보인다. 우선 수출입을 보면 한·소 두 나라는 1986년 교역 개시 이후 연평균 66%의 높은 신장률로 증가하고 있으며, 소련의 투자와 과학기술 우위, 우리나라의 내구소비재 등 소비재 및 자본과 경영기술 우위의 분업구조는 앞으로도 두 나라간의 분업관계가 확대될 가능성을 더욱 높이고 있다.

6공 이후 북방정책 강화에 따라서 가시화된 대소경제협력으로 1986년에는 수출 6천5백만 달러, 수입 6천8백만 달러이던 것이, 1990년에는 수출 5억2천만 달러, 수입 3억7천만 달러로 전년대비 48.3%나 신장됐다. 금년에는 수출입이 15억 달러에 이르고 1995년에는 40~50억 달러 수준으로 늘어날 전망이다.(제주정상회담의 약속이기도 함) 대소교역이 북방교역에서 차지하는 비중도 1986년 8%에서 1990년에는 16%로 확대되고 있다. 또 1989년까지는 수입초과를 기록했으나, 작년에는 소비재 수출증가에 힘입어 1억5천만 달러의 흑자로 반전됐다.([표 4] 참조) 수출상품도 과거에는 비누, 치약 등 생필품 중심이었으나 최근에는 가전제품, PC, 자동차 등으로 다원화되고 있다.

[표 4] 한·소 교역현황

(단위 : 백만달러)

	1986	1987	1988	1989	1990
수출	65	67 (3.1)	112 (67.2)	208 (85.7)	520 (150.0)
수입	68	133 (95.5)	178 (33.9)	392 (120.2)	370 (-0.06)
무역수지	-3	-66	-66	-184	150
수출입 계	133	200 (50.1)	290 (45.0)	600 (106.9)	890 (48.3)

주 : 괄호 안은 전년대비 증가율(%)
자료 : 상공부.

더구나 소련과의 국교재개를 계기로 해서 한·소 경협과 투자는 이미 타결된 30억 달러의 은행차관, 전대차관, 연불수출 그리고 합작투자와 자원개발 등 매우 급속하고 다양해질 것이 확실하다.([표 5] 참조) 거기다가 과학기술협력, 금융관계수립, 해상·항공운송협력, 수산업교역확대, 통신협력 등 여러 분야에서 양국간 교류협력이 활발하게 추진될 것으로 보인다. 다만 경제교류 확대상황의 밝은 전망에도 불구하고 ①양국간의 제도정비 불충분 ②우리의 소련사회와 경제체제에 대한 이해 부족 ③소련내 정치경제의 불확실성 ④소련국민과 기업의 시장경제원리에 대한 이해 부족 ⑤소련의 경화부족과 루불화의 불태환성 등 때문에 교류확대에 많은 제약이 있는 것은 사실이다.

[표 5] 한·소간 경제협력상황

종류		사업내역
30억 달러 경협 자금	은행차관 (10억달러)	산은 등 10개 국내은행과 소련대외경제은행간에 금년중 5억 달러를 제공하기로 계약 체결, 나머지는 1992~1993년중 제공
	전대차관 (15억달러)	TV, 냉장고, 의류, 철근 등 8억달러 상당의 34개 소비재 및 원료를 금년중 지원, 나머지는 1992~1993년중 지원
	연불수출 (5억달러)	라면공장, TDX(전자교환기)등의 프로젝트를 선정, 1992~1993년중 지원
합자투자 및 자원개발		1990년말 현재 현대의 연해주산림 개발등 5개업체 6건의 투자승인, 치타주 우다칸동광, 하바로프스크의 금속 및 유연탄광, 사할린 육상유전 개발, 사할린 야크트 가스전 개발 등 에너지·광물개발사업에 대한 공동참여를 협의중
미타결 현안		어업협정(현재 가서명상태) 항공협정 해운 직항로 개설 한·소 경제과학기술공동위 구성

자료 : 『중앙경제』, 1991. 4. 21. 우리의 소련과의 경제교류가 제주도 한·소 정상회담을 계기로 가시적 신장을 보일 것으로 예상되기는 하나, 그동안은 한·중교역이 훨씬 활발했다. 그것은 거리가 가깝기도 하거니와 문화적 접근성 등이 유리하기 때문인 것으로 보인다. 어쨌거나 한·중교역은 1986년에는 수출이 7억1천만달러, 수입이 6억8천만달러였던 것이, 1990년에는 수출 15억 5천만달러, 수입 22억7천만달러로 그 규모가 대소교역규모보다 훨씬 컸다.([표 6] 참조)

우리나라와 중국과의 교역은 그 규모가 소련보다 크나, 양국간 교역은 두 나라 교역업체의 진출제약으로 대부분 제3국의 중개형태로 이루어지고 있다. 수출품목은 섬유, 철강, 전자 등 대기업주력품목이 주종을 이루고 있으며 수입은 곡물, 원유, 경공업잡제품 등으로 주로 중소기업거래가 대종을 이루고 있다.

한편 우리의 대중국 투자는 1985년 이후 작년까지 61건으로 8천만 달러에 달한다. 그중 41건이 작년에 허가되어 최근 급증세를 나타내고 있다. 건당 투자규모는 130만 달러 정도이고, 투자사업은 섬유, 봉제, 가죽제품 그리고 완구 등이다. 주로 국내 노임상승으로 인한 저임금지역 진출에 국한된 것이나. 피아노, 컬러TV, 전선케이블, 자동차부품 등 기술집약부문이 급격히 증가하고 있어서 국내산업 공동화 가능성이 우려되기도 한다. 지역별로는 역시 산동성과 요령성 등 우리나라와 근접한 지역에 집중되고 있다. 앞으로는 블라디보스토크와 훈춘 경제특구 설치로 이들 지역과 우리 민족이 많이 살고 있는 길림성 등으로 확대될 가능성이 높다.

[표 6] 한·중 교역현황

(단위 : 백만달러)

	1986	1987	1988	1989	1990
수출	714.9	812.7 (13.7)	1,699.3 (109.1)	1,437.6 (-15.4)	1,550.0 (7.8)
수입	680.6	859.2 (26.3)	1,387.4 (61.5)	1,705.4 (22.9)	2,270.0 (33.3)
무역수지	34.4	-46.5	311.9	-267.9	-720.0
수출입 계	1,395.4	1,671.9 (19.8)	3,086.7 (84.6)	3,143.2 (1.8)	3,820.0 (21.5)

주 : 괄호 안은 전년대비 증가율(%)
자료 : 상공부.

그러나 대중교역과 투자에 있어서는 여러 가지 제약이 가로놓여 있다. ①미수교관계로 인한 각종 외교적 불편 ②무역·투자보장·이중과세방지 등과 같은 협정의 미체결로 인한 위험 ③결제방식의 불완전성 및 중국의 많은 외채로 인한 신인도문제 ④민간베이스거래 중심인데도 건당 특별검토에 의한 허가로 교역에 걸리는 시간낭비 등 두터운 비관세 장벽이 개선되어야 할 애로점이다. 그럼에도 불구하고 우리의 대중교역은 지리상의 이점과 교역에 유리한 분업체계 그리고 같은 문화권에 속하는 장점으로 앞으로도 계속 증가될 것으로 예상된다. 금년에는 수출입이 50억 달러를 넘을 것으로 예상되어, 중국의 개방과 우리의 북방정책이 조화를 이루고 있는 것으로 평가된다.

4. 아직도 불확실한 교류확대의 제약

1980년대 초반까지만 해도 상상하기 어려웠던 사회주의권과의 교류가 1985년 이후 체제수렴적 대변혁과 함께 급격히 확대되고 있다. 그로 인해 분단국인 우리에게도 남북의 화해와 공존을 넘어서, 성급하지만 통일에 대한 기대까지도 부풀게 하고 있다. 나아가 UR(우루과이라운드) 등 개방압력으로 인한 우리의 수출입시장 다변화의 절박성과 사회주의권의 경제실패에 따른 교역 및 경제협력 필요성이 절묘하게 조화를 이루고 있다. 그러나 사회주의권의 시장경제에로의 체제수렴과 우리나라와의 교류 및 경제협력 확대가 반드시 기대를 충족시킬 만큼 조건이 성숙된 것만은 아니다.

첫째는 사회주의권 내부의 불안(특히 소련)과 시장경제제도 미정착 등에 수반되는 교역확대의 제약이다. 그것은 사회주의권 내부문제이므로 우리는 참을성 있게 기다리면서 들뜨지 말고 조심스럽게 접근해야 하는 사유가 된다.

둘째로 우리는 우리와 전통적 우방관계에 있는 미국이 동북아지역에서 갖는 정치·경제적 이해와 관심이 앞으로 어떻게 변할 것인가를 주시하지 않으면 안 된다. 비록 냉전이 종식되었다고 하지만 미국은 재정적자와 무역적자에 시달리고 있기 때문에, 한국을 포함한 동북아와의 관계를 안보차원에서 경제협력차원으로 점차 전환할 것으로 예상된다. 따라서 한·미간 경제적 이해를 조정하는 것이 북방정책을 가속화시킬 수 있는 조건이라는 것을 인식해야 할 것이다.

셋째는 우리의 남북관계가 급속한 북방정책으로 손상되어서는 안 된다. 비록 소련과 중국이 우 선회와 함께 그들의 필요성 때문에 우리나라와의 협력관계로 전환되고 있는 것은 사실이나, 아직은 북한과의 유대관계를 포기하기 어려울 것이다. 더구나 우리의 급속한 북방정책이 북한에게 위협으로 인식되면, 남북관계가 냉각될 가능성은 매우 크다. 다만 소·중·일의 대북 영향력이 상존하기 때문에, 북한과의 관계를 어느 정도 조정하는 것은 가능할 것으로 예상된다. 하지만 민족사의 비극이 재현되거나 북방정책에 제약을 가하지 않도록 조심스럽게 정책을 수행하는 것이 필요할 것 같다.

넷째는 현재 우리나라나 일본은 선결문제 미해결로 소련이 제안한 아·태경제협력권 설치에 대해서 선뜻 동의하기 어려우나, 포용력 있는 통상외교방향이 하루 빨리 정립되어야 할 것이다. PECC와 APEC 등에서 우리는 미국을 포함한 아·태국가와는 물론 중·소 그리고 상황에 따라서는 북한도 시장경제체제로 수렴하면 포용할 자세가 필요한 것이다. 그것이 곧 화해와 공존은 물론 경제교류 확대의 길로 가는 길이며, 남북의 긴장완화와 통일 가능성을 높이기 때문이다.

그러나 이런 제약에도 불구하고 세계는 체제수렴의 길로 들어서서 공영의 가능성을 높이고 있다. 특히 사회주의권의 남방정책과 우리의 북방정책은 국제정치·경제정책상 절묘한 조화를 이루면서 더욱 확대될 것이 확실하다. 따라서 21세기의 국제경제질서 개편에서 한국과 소·중은 모두 큰 영향력을 행사하면서, 교류확대와 성장력을 발휘할 것을 기대해도 좋을 것이다.

(1991. 4)

한민족통일의 선결과제

1. 통일기운이 무르익고 있다

지난 5년 동안 우리 눈앞에서 벌어진 세계사의 격동은 기적에 가까운 것이었다. 그 이전까지만 해도 적어도 필자에게는 독일의 통일, 소비에트사회주의공화국연방(USSR)의 붕괴 그리고 세계질서의 화해구도로의 이행은 모두 요원한 것이라고 생각되었기 때문이다. 그러나 1989년 11월 9일 베를린 장벽이 무너지고, 91년 8월 29일에는 소비에트공산당이 해체되었다. 그 이후 세계는 체제 대결적 냉전구도에서 체제 수렴적 화해의 시대로 이행되었다. 좀 과장해서 말하면 이상의 세계가 현실로 전개되고, 체제 경쟁적 냉전의 희생물로 이 지구상에 마지막 남은 분단국인 우리 한국에게도 화해와 통일의 기대를 부풀게 하고 있다.

사회주의체제 붕괴를 계기로 발생한 세계사의 격동, 세계질서의 평화적 재편 그리고 한반도의 통일기운은 상상의 한계를 초월하는 것이었다. 세계는 지금 20세기에 들어와서 세 번째의 질서 재편기를 맞이하고 있다. 지나간 두 번의 세계질서재편은 처절하고 반문명적인 세계대전을 대가로 지불한 것이었다. 제1차세계대전후 전승국인 영·미·불 등에 의한 식민지 재분할적 세계질서재편과, 제2차세계대전후 전승국인 미·영·불 등 서방권과 소련 등 동구권간의 체제 경쟁적 세계질서재편이 있었다. 세계질서재편은 강대국간의 이해관계가 날카롭게 대립되기 쉽기 때문에, 전쟁 없는 세계질서재편은 거의 기대할 수 없었다. 그래서 소연방의 붕괴와 세계질서의 평화적 재편은 필자의 예측능력 범위를 완전히 벗어난 것이었고, 상황예측 능력에 대하여 깊은 회의를 불러일으켰다. 따라서 통일의 선결과제가 무엇인가를 알아보기 전에, 오늘을 사는 지성인이 당면한 지적 회의의 내용이 무엇인가를 밝힘으로써 우리민족의 통일과제를 제시하는 데 따르는 필자의 상황예측능력한계를 밝히지 않을 수 없다.

지금 우리 지성인 좀더 정확하게 표현하면 필자의 지적회의 내지 혼란의 원인은 세계사 흐름에 관한 예측시계가 거의 영에 가까운 데 있다. 1917년 볼셰비키 혁명으로 이 지구상에 최초로 등장하여 72년 동안이나 실험된 제도인 소비에트사회주의공화국연방(USSR)이 발전 특히 경제발전의 제약성 때문에 스스로 붕괴될 것이라고는 예상치 못했었기 때문이다.[1] 솔직히 체제수렴기로 접어든 지금, 냉전의 외로운 섬으로 남아 있는 한반도가 세계사의 흐름에 맞추어 통일을 실현할 수 있는지에 대해 아직은 확신이 서지 않는다. 그렇다고 해서 통일에 대한 열망은 물론 최근의 화해무드와 통일가능성을 부정하는 것은 아니다. 오히려 그 반대이다. 그만큼 한반도 통일을 위한 국제적 조건은 호전되었고, 우리민족의 통일에 대한 열망과 기대는 크지만, 우리의 통일도 독일통일처럼 쉽게 현실로 다가올 것인가는 아직 예단할 수가 없다.

필자의 이런 회의가 진정 회의로 끝나 주기를 바랄 뿐이다. 왜냐하면 지성인의 상황예측능력에 대한 회의가 지성인 스스로에게는 가혹한 지적 탐구와 성찰의무를 부과하는 것일 수 있으나, 한민족통일에 대한 회의는 결코 순기능으로 작용할 수 없기 때문이다. 더구나 민족의 이성을 이끄는 지성인이 역사(통일기대)에 대한 확신을 갖지 못하면, 통일에 대한 국민적 동의와 합의기반을 조성하기 어려울 것이기 때문이다. 따라서 화해의 시대로 접어든 세계사의 흐름 가운데 필자가 갖는 지성인의 두 가지 회의가 오직

---

1) 필자의 상황예측능력 한계인식과는 달리 냉전적 정치관을 견지하고 있는 자본주의·보수이론가 중에는 지금의 세계사 격동 특히 사회주의 붕괴에 대하여 이론적(지적) 예측력과 이에 기초한 정치적 실천의 승리라고 간주하는 사람도 있는 것 같다. 그 결과 인류가 이상으로 그리는 체제수렴적 공존의 세계가 도래했고, 대립적 투쟁은 끝났다고 믿는 이론가도 상당수인 것 같다. '역사의 종언'론을 펴고 있는 F. 후쿠야마가 그 대표적인 예다. Francis Fukuyama, *The End of History and The Last Man*, Free Press(New York, 1992) 참조.

필자만의 세계관에 머물기를 바란다. 왜냐하면 한민족통일의 선결과제 중
의 첫째 과제는 우리 모두가 지금의 세계사 흐름이 필연적으로 우리의 통
일을 약속할 것이라는 확신을 지니는 것이 아닌가 생각되기 때문이다. 만
일 확신이 없으면 기회주의적 의식이 또다시 난무하고 통일에 대한 민족
전체의 기대와 열망을 한데 모으기 어려울 것이다. 따라서 필자부터 현 상
황에 대한 회의를 확신으로 바꿀 수 있도록 역사인식 논리 틀을 재구성하
고 현실을 이끌어 갈 책임과 의무를 느낀다.

비록 지금까지 세계사에 대한 예측능력 한계 때문에 한반도 통일에 대해
서도 회의가 컸던 것은 사실이나, 적어도 통일에 대해서만은 회의를 확신
으로 바꿔야 할 것이다. 미래에 대한 불확실성이 증폭되고 있는 현대사 흐
름 속에서도 우리의 통일은, 비록 시간은 걸릴지 몰라도, 틀림없이 이루어
질 것이고 또 당위성으로 제시되고 있기 때문이다. 그러나 이러한 당위성
과 확실성에도 불구하고 역사적 사건이 일어나기 위해서는 대내외적 조건
이 때를 맞춰 성숙되지 않으면 안 된다. 한반도의 지정학적 조건을 감안할
때, 우리가 원하든 원치 않든, 대내외 상황의 성숙은 절대로 필요한 과제다.

통일을 위한 대외조건은 한반도를 둘러싸고 이해관계를 달리하는 미·일
·소·중의 영향력과 주도권에서 벗어나 대내적으로 자결을 유도할 지역적
분위기를 조성하는 것이다. 아울러 새로운 지정학적 소용돌이에 말려들지
않으려면 밑으로부터 통일을 지향할 수 있는 대내적 힘을 기르는 것이다.[2]
따라서 체제 수렴적 화해의 시대로 이어지는 세계사와 한반도를 둘러싼 지
정학적 조건을 감안할 때 1990년대가 최상의 통일조건을 갖추었다 할지라
도, 남북이 이를 수용할 만한 자결력을 기르지 못하면, 당장의 통일은 기대
하기 어려울 것이다.

그러나 1991년 10월, 남북한이 동시에 UN에 가입하고, 제5차 남북고위
급회담 결과 1991년 12월 13일, 분단 46년만에 「남북사이의 화해와 불가침
및 교류협력에 관한 합의서」가 남북총리간에 서명된 데다가 금년 2월 19일
에 발효되었을 뿐만 아니라, 1991년 12월 31일 북한의 핵개발 가능성 때문

---

2) 리처드 포크스, 「냉전 이후의 한반도 전망」, 브루스 커밍스, 「한반도평화의 장애요
   인」(고려대학교 평화연구소 주최 통일 심포지움 발표논문, 1992년 3월 29일) 참조.

에 남북화해의 걸림돌이 되었던 「한반도 비핵화 공동선언」이 이루어진 것 등은 분단의 벽을 허물 수 있는 획기적인 계기라 평가할 만하다. 더구나 금년 5월 7일, 제7차 남북고위급회담에서 「남북기본합의서」의 이행기구인 ①판문점연락사무소 구성운영에 관한 합의서와 ②군사와 경제·사회·문화교류협력 등 3개 공동위 구성에 관한 합의서의 채택, ③1992년 8월 15일 각 240명씩의 방문단교환 합의, 그리고 ④제4차 남북핵통제공동위원회를 5월 12일에 판문점에서 다시 개최키로 합의한 사실 등은 우리 한반도에도 화해의 봄이 무르익어 간다는 것을 입증한다. 다시 말해서 우리 한반도에도 통일기운이 무르익어 가고 있음을 공포한 것이다. 필자는 최근에 이룩한 통일조건의 지속과 성숙을 기대하는 마음에서, 우리의 근현대사 변동에 비추어 통일의 대내외 조건이 무엇인가를 고찰하고자 한다.

2. 지금이 최상의 국제적 통일환경이다

민족통일의 선결과제를 논의하기에 앞서, 진부하지만 '역사란 무엇인가'를 상기하고자 한다. 이에 대한 답으로 이탈리아의 철학(사학)자 B. 크로체의 역사에 대한 정의를 살펴보면 그는 "모든 역사는 현대사다.…… 역사가 비록 아득한 옛날의 사실이라고 하더라도 현재의 요구와 현재의 상황에 관련되기 때문이다"[3]라고 선언했다. 역사가 반드시 동일한 사건으로 반복되는 것은 아니지만, 현재는 지난 역사의 산물이고 교훈이라는 것을 밝힌 것이다.

우리 민족이 당면하고 있는 통일의 국제적 조건도 지난 역사와 아직은 단절되지 않고 면면히 살아 움직이고 있다. 우리의 근현대 100년은 우리를 둘러싼 열강의 역학논리에 지배된 역사였고, 지금도 동일한 역사논리가 관철되고 있기 때문이다. 그것은 자결역량을 갖추지 못한 민족의 깊은 상처로 남아, '한의 역사'로 기록될 것이다. 그럼에도 불구하고 엄연한 현실은 마음 편하게 역사를 회고할 수 있는 여유를 허용하지 않는다. 열강의 역학

---

3) Benedetto Croce, *History as The Story of Liberty*, Engl. trans., 1941, 19쪽.

논리를 과감하게 극복할 수 있는 지혜와 용기 그리고 힘을 지닌 민족만이 치욕의 역사를 단절하고 영광의 시대를 열어갈 수 있기 때문이다.

그러나 통일을 위한 자결역량 배양의 절박성을 인식하기 위해서 한국 근세 100년이 무엇을 남겨 주었는가를 간단하게나마 상기하지 않을 수 없다. 1876년 강화조약 이후의 우리 역사는 어김없이 열강의 대한정책에 의존해 온 치욕의 역사였다. 1905년 을사조약은 물론 1910년 일본제국에 의한 병탄이 그것이고, 1945년 미·영·소의 얄타밀약에 의한 분단의 비극이 그것이다. 더구나 지금의 남북화해와 통일기운도 사회주의권의 체제붕괴, 북한의 위기고조, 미국의 대내 경제난 등 외생적인 것이지 자주노력의 결과가 아니다. 아직은 우리 민족통일이 열강의 힘의 논리에 지배되고 있으며, 그것이 비록 우리의 자존심을 여지없이 짓밟는 것이고, 또 하나의 한의 역사를 남겨줄 지도 모르나 엄연한 현실이다.

그래서 오늘 우리는 우리의 근현대 100년이 엮어낸 치욕의 역사를 단절하고 영광된 역사를 창조하는 지혜와 용기를 결집하기 위해서 모였다. 지금 개최되고 있는 우리 대학교의 「통일문제 국제학술세미나」도 우리의 역사적 좌표에 비추어 "주변국의 시각"을 주제로 삼은 것이라고 믿는다. 필자의 주제발표 후에 ①제1주제 발표자인 김흥락 교수(웨스트 버지니아 주립대)께서는 미국의 관점을 ②제2주제 발표자인 이종원 교수(동북대)께서는 일본의 관점을 ③제3주제 발표자인 박일 선생(알마타 한국문제연구소)께서는 소련의 관점을 그리고 ④제4주제 발표자인 왕용귀 선생(중국 태평양합작위원회)께서는 중국의 관점을 밝혀 줄 것이다.

네 분의 탁월한 학문적 업적과 경륜 그리고 객관적 시각으로 주변 강대국의 대한시각을 밝혀, 우리 민족이 어떻게 하면 열강의 역학논리를 극복하고 자결적 통일역량을 축적할 수 있는가에 대한 길을 제시해 줄 것으로 믿는다. 필자는 다만, 주변 열강의 역학관계를 종합해서, 무엇이 우리 민족통일을 위한 기본국제질서인가를 모색해 보고자 한다.

구소련 붕괴 이후 펼쳐지고 있는 격동의 세계사는 이념 대신 경제력이, 군인과 정치인 대신 탁월한 경영·경제인이 지배하는 시대로 전환되고 있다. 소련의 영향력 상실로 유일한 강대국은 미국 하나로 좁혀졌고, 국제질서는 경제력을 중심으로 재편되고 있다. 미국을 중심으로 하는 북미경제권

(NAFTA), 독일을 중심으로 하는 통일유럽경제권(EC), 일본을 중심으로 하는 동북아경제권으로의 블록화[4]가 그 예다.

다만 일본을 중심으로 하는 동북아경제권 또는 "신대동아공영권"의 형성은 역내 각 국의 발전수준 격차 및 체제가 상이하며, 미국시장에 대한 의존성이 매우 높기 때문에 정착 가능성에 대한 의문이 매우 크다. 다시 말해서 1930년대처럼 일본이 동아시아를 지배하는 현상은 일어나지 못할 것으로 보인다. 지난날 일본이 지배한 주변국 예컨대 중국과 남북한이 모두 강력한 군사력을 보유하고 있는 데다가, 일본의 침략사 때문에 지금도 대일 경계심을 늦추지 않고 있다. 따라서 일본이 막강한 경제력을 배경으로 "신대동아공영권"을 구성하려는 의도가 있다고 해도, 실현 가능성은 매우 낮은 것으로 보인다. 일본은 대안으로 현재의 국제질서 속에서 지배권을 넓혀 갈 것이 틀림없다. 일본이 동아시아에서 지배권을 넓히기 위해서는 우리 한반도가 통일되는 것보다는 분단된 상태가 더 좋을 것이다.[5] 다만 미국 주도의 국제질서 때문에 일본의 한반도 반통일 정책이 아직은 결정적 역할을 수행하지 못하고 있지 않나 생각된다.

한편 소련과 중국은 체제이행 과정상의 국내 정치·경제적 이유 때문에 현재 우리의 통일에 영향력을 크게 행사하기 어려운 상황이다. 그렇다면 "한반도 평화의 장애요인은 역설적으로 탈냉전이라는 세계구도와 배후에서 작용하고 있는 미국의 패권적 역할밖에 없다. 냉전시기의 봉쇄정책과 패권정책의 동시적 수행이라는 미국의 세계전략은 지금도 계속되고 있는 것이 틀림없다. 소련 대신 제3세계의 소국들이 위협을 가한다는 사실을 명분으로 하여 미국의 세계적 역할이 강조되는 것이 그 예다.…… 따라서 통일을 위해서는 구소련이 붕괴되고 미국이 국내 경제위기에 직면해 있는 지

---

4) 미·독·일 중심의 세 경제권 구분은 단순히 각 경제권의 경제력만을 기준으로 분류된 것이 아니다. 세 경제권은 서로 다른 문화적 배경에 기초하여 냉전 후 비슷한 수준에 도달하였고 자본주의 경제권 내에서의 새로운 경쟁관계(즉 경제전쟁)를 구축하고 있는 데 근거하여 분류한 것이다. D. 버스타인은 미국형(앵글로 아메리카형)을 자유경제의 전형으로, 독일형을 사회민주형 자본주의 경제의 전형으로 그리고 일본형을 유교문화에 뿌리를 둔 중상주의형으로 구분하였다.(Daniel Burstein, *Euroquake*, New York : Simon & Schuster, 1991. 16~17쪽)

5) 브루스 커밍스, '브루스 커밍스에게서 듣는다'(한겨레신문, 1992년 4월 1일, 5쪽).

금이 최상의 기회"[6]라고 제시한 브루스 커밍스 교수의 견해는 매우 현실적 합성이 높은 것으로 평가된다.

사실 국제정세에 비추어 본 한반도 통일의 선결과제는 지금처럼 소·중이 체제붕괴 내지 그 도전에 직면해 있고, 미국이 경제위기에 시달리며, 일본이 미국의 영향권에서 벗어나지 못해 한반도 통일에 깊이 간여하기 어려운 상황이 최상의 조건이라고 말할 수밖에 없다. 따라서 우리가 기대하는 것은 이와 같은 주변 강대국의 정치경제상황이 우리가 통일될 때까지 지속되거나, 더 악화되는 것이다.

그러나 현 상황의 지속은 물론 그 악화 가능성보다는 새로운 국제질서 개편기가 지나면 오히려 개선될 개연성이 더 크다는 것을 외면해서는 안된다. 앞으로 10년 이내에 이와 같은 호기는 사라질지도 모른다. 따라서 우리 민족은 현재의 호기를 놓치지 않고 통일의 열기를 현실로 실현하는 지혜와 용기가 필요하다. 다시 말해서 제5~7차 남북고위급회담에서 이룬 화해의 수준을 넘어 가급적 최단시일 내에 통일의 장을 열어 가야 할 것이다.

3. 민족자결력이 통일의 열쇠다

남북한정부는 사회주의체제 붕괴와 국제적 화해조류 그리고 민족의 통일 열망에 따라, 작년 12월「남북사이의 화해와 불가침 및 교류협력에 관한 합의(서)」에 도달하고 금년 2월 19일에 발효시켰다. 또 지난 5월 7일에는「남북기본합의서」의 이행기구인 판문점 연락사무소 및 군사와 경제·사회·문화 교류협력 등 미흡하나마 3개 공동위원회구성에 관한 합의에 도달하는 등 통일의 기초를 하나씩 다져가고 있다. 분단 46년만에 남북화해의 새시대를 열고, 대결이 아니라 협력하는 민족공존공영의 통일바탕을 마련하기 시작한 것이다. 참으로 감격적인 대사건이 아닐 수 없다.

지금 우리가 통일을 향한 발걸음을 한발자국 나아가고 있는데도, 아직은 통일에 도달하기까지의 길이 결코 수월할 것으로 생각되지 않는다. ①「남

---

6) 위의 글, 참조.

북기본합의서」 내용의 불비 ②법적 성격 즉 조약인가 신사협정인가에 관한 이견 ③합의서정신과 충돌되는 남북한의 관계법령 불비(북한의 사회안전법과 한국의 헌법 및 국가보안법) ④남북 모두 정권차원의 통일문제이용 가능성 ⑤통일방안에 관한 남북한정부의 이견 및 범국민적 합의 불비 ⑥ 남북한 특히 한국 내의 보수파 대 민족진보파의 통일(외교진로 및 방안)에 대한 시각차 ⑦통일정책에 대한 미국의 지원정책의 변동 가능성 등은 물론 ⑧가장 기본적으로는 남북의 신뢰부족 때문에 「남북기본합의서」만으로는 통일이 보장될 수 없기 때문이다. 따라서 통일을 열망하는 전문가 중에는 실천방안으로 「남북기본합의서」의 국회비준 필요성을 주장하는 분[7]도 있고, 국제적 보장장치로 「남북기본합의서」를 UN에 등록하거나 UN안전보장이사회에서의 지지결의를 요청하고 「남북기본합의서」 내용과 충돌되는 국내법의 개정 또는 폐기 등을 주장하는 분[8]도 있다. 모두 통일보장을 위한 심도있는 연구결과라고 믿어진다.

하지만 「남북기본합의서」의 실천이 법적·제도적 장치에 의해서 이행되고 보장되는 것은 사실이나, 그것을 최종적으로 밑받침하는 힘은 남북의 국민적 동의와 합의를 기초로 한 민족 자결력이라는 사실을 강조하지 않을 수 없다. 국민적 동의와 합의는 국가권력행위를 조성하거나 견제하는 최후의 힘이고, 통일정책에 대해서도 정당성의 기초가 될 뿐만 아니라 추진력의 근본이 된다.

국가권력 원천설에 비추어 보면 정부(권)가 비록 정당성을 확보한 경우라도 「남북기본합의서」 실천의 유일한 주체도 아니고 실천력의 원천도 아니다. 정부의 정책추진에 관한 정당성은 국민의 합의와 동의가 있을 때 확보된다. 물론 민족 자결력의 최종배경도 범국민적 자각과 동의이다. 그러므로 민족통일의 선결과제도 정부가 국민적 자각과 동의를 기초로 한 민족의 자결력에 근거할 때라고 규정할 수밖에 없다. 따라서 만일 남북한 전체 민족이 통일에 관한 공통된 자각과 합의에 도달했다면, 앞에서 열거한 8가지의 「남북기본합의서」 실천제약 요인은 물론, 열강의 영향력까지도 충분

---

7) 손학규, 「"남북합의서"의 실천보장에 대한 제안」,『민족통일』, 1992년 1, 2월호, 20~30쪽 참조.

8) 김낙중, 「남북합의서 구체적 실천보장 방도」, 위의 잡지, 같은 호, 31~35쪽 참조.

히 극복할 수 있을 것이다.

그리고 국가(통일)정책에 대한 공통의 국민적 자각과 합의에 기초한 민족 자결력은 남북한 모두 민주주의가 성숙되었을 때 확보될 수 있다. 민주화가 성숙되지 못한 경우 국민의 의사는 정권에 의해서 조작되거나 오도되기 마련이어서, 국민적 합의라는 형식요건을 갖추었더라도 참된 국민적 자각도 아니고, 합의일 수도 없다.

따라서 한민족(평화)통일의 (필요)선결과제는 민족 자결력을 극대화하는 것이고, 이를 밑받침하는 힘이야말로 남북한국민 모두의 참된 자각과 합의를 이끌어 낼 수 있는 민주화의 성숙된 모습이다. 물론 민주화되지 못한 경우에도 통일이 전연 불가능한 것은 아니다. 그러나 비민주주의정부 아래에서의 통일은 전쟁을 대가로 하기 쉽다. 그리하여 정당성이 없는 비민주정권은 통일에 수반될 정권 상실 가능성 때문에, 통일을 거부하기 마련이다. 따라서 힘에 의해서 한 정권이 다른 정권을 굴복시키기 전에는 통일이 불가능하다. 만일 이와 같은 최악의 경우가 예상되면, 패배해서 정권을 잃을 것으로 예상되는 정권은 분단고착에 안주할 것이다. 그래서 우리는 민족(통일)문제에 관한 한 정권 안보적 이용을 끊임없이 경계해 온 것이다.

따라서 민주화가 성숙된 경우는 물론이고 민주화가 다소 지체되더라도 우리는 통일을 향한 단일의사(평화통일)결정을 위해서 국민의사조정에 끊임없이 노력해야 한다. 그러나 불행히도 지금의 우리 국민은 남북(평화)통일에 대한 의견을 결집하지 못하고 있다. 한편은 남북통일을 정력적으로 추진하고 있는 현정권의 정치적 이용가능성을 견제하는 의견도 있지만 다른 한편에서는 남북관계 개선 자체를 견제하는 세력이 있다. 아직도 냉전적 사고의 틀 속에서 벗어나지 못한 많은 기득권익 계층이 그들이다. 이들은 소련 등 사회주의제도의 붕괴를 계기로 해서 북한사회의 자동적 붕괴를 전망하고 남북관계개선 자체를 거부하고 있다.

북한의 경우 이와 같은 보수세력에 해당되는 계층은 노동당 집권층은 물론 거의 모든 국민이 아닌가 생각된다. 북한은 지구상에 남아 있는 유일한 세습전체주의 국가이기 때문에, 아직 북한주민의 평화통일 자각과 방안에 대한 합의기대가 거의 불가능할 것 같다. 더구나 1980년대까지만 해도 북한정권은 적화통일을 목표로 남북접촉에 매우 적극적이고 공세적이었으나, 지금은 정반대의 위치로 바뀌었다. 다시 말해서 사회주의 종주국인 소연방 등 동구사회주의체제의 붕괴로 체제존립에 위협을 느낀 북한은, 현상유지를 통한 체제 내지 정권수호를 당면과제로 인식하고 있는 것 같다. 따라서 북한정권으로 하여금 평화통일을 지향하는 정책기조로 전환시키기 위해서는, 무엇보다도 전근대적인 유일사상으로 경도된 북한주민의 민주적 자각유도가 매우 중요한 과제일 것이다.

다시 말해서 남북 특히 북한주민의 민주적 자각이 성숙되고 이를 기초로 한 평화통일 지향적 의사통일이 가능할 때, 우리 민족의 자결력은 극대화될 것이며 통일기운은 더욱 가속될 것이다. 성숙된 민주제도와 의식하에서 남북국민 모두가 통일자각과 합의를 이루게 되면, 민족 자결력은 커지고 국제적 통일환경이 지금보다 악화되더라도 평화통일이 가능할 것으로 확신한다. 그러나 남북의 민주화 성숙으로부터 국민의 통일에 대한 자각과 단일의 통일의지 결집 그리고 이를 통한 민족 자결력 극대화는, 짧은 시간에 이루어질 성질의 것이 아니다. 따라서 통일을 향한 민족 자결력 극대화는 아무리 국제적으로 통일환경이 긍정적이고 앞으로 더욱 호전될 가능성이 예상되더라도 성급하게 기대하기는 어려울 것이다.

4. 그래도 단계는 밟아야 한다

평화적 통일은 우리 민족의 절박한 숙원이며 과제라는 것은 아무리 강조해도 부족하다. 국제적 여건을 살펴보면, 지금이 최상의 조건을 갖춘 시점이라는 점도 수긍된다. 그러나 평화통일은 국제적 환경 즉 열강의 통일 동조만으로 이룩되는 것도 아니며, 국내적 조건 즉 민족 자결력만으로 이룩되기도 어렵다. 서로가 때를 맞춰 성숙되어야만 무리 없이 평화통일을 이뤄낼 수 있다. 현재의 통일조건을 살펴볼 때 국제적 환경은 매우 우호적인 것으로 인정되지만, 국내적 조건 즉 민족 자결력은 아직도 열강의 통일 동조를 능동적으로 수용할 수준에는 이르지 못하고 있는 것 같다. 그것은 남북한 특히 북한의 철저한 전체주의와 양국 국민의 민주의식 미성숙 그리고 통일에 대한 자각과 합의에 이르지 못한 데 연유한다. 따라서 통일을 하루라도 앞당기기 위해서는 남북한 모두 민주화의 가속이 필요하다. 특히 북한의 경우는 민주화가 더욱 절실하다. 하지만 현정권들의 속성으로 보아 민주화가 단시일 내에 성숙되기는 어려울 것 같다. 역시 일정한 단계와 시간이 필요한 것 같다.

민주화는 국민의 정치적 자각만으로 충족되지 않는다. 더구나 독재 또는 군사정권하에서는 국민의 정치적 자각을 기대하기도 쉽지 않다. 독재 또는 군사정권의 경우, 정권담당자의 죽음이나 국민적 저항에 의해서만 정권 교체가 가능하다. 그러나 국민적 저항은, 민주의식의 성숙과 자각이 클 때만 기대할 수 있다. 악순환성을 지니는 것이다. 그리고 민주의식의 성숙과 자각은 결국 외부적 충격이 가해져야만 빨리 이루어진다. 정권이 비민주적이고 국민의 민주의식정도가 매우 낮은 북한은, 외부적 충격 즉 개방을 통한 민주의식의 주입이 민주화의 가장 확실하고 효율적인 방법일 것이다. 개방은 스포츠, 예술과 같은 문화와 경제협력 등 비정치적인 것으로부터 이루질 것으로 보인다. 스포츠와 예술교류는 무역 등 경제협력보다 지속성이 낮고, 접촉국민의 의식화 정도가 낮다. 따라서 통일지향형 대북 접촉에서는 먼저 경제협력이 효율적이고 확실하며, 남북의 경제적 조건 특히 북한경제의 절박성으로 보아 경제협력이 상호요구를 충족하는 가장 적합한 대상일 것이다.

남북이 모두 경제협력을 통해서 당면한 경제위기 국면을 벗어나고자 하는 필요성은 매우 크나, 경제협력 내용상 모든 부문의 협력을 동시에 수행해 나갈 수는 없다. 더구나 국내외의 조건으로 보아, 당장 통일이 가능하거나 일괄 경제협력이 필요하더라도, 통일비용이 매우 커서 한국경제에 너무 큰 부담을 지울 뿐만 아니라[9] 한반도 전체경제를 재생불능상태에 빠뜨릴 위험성도 있는 것으로 보인다.[10] 따라서 정치적 측면은 물론 경제협력 측면에서도 통일은 단계별로 추진하는 것이 바람직하다.

---

9) 독일통일비용은 10년간 1.3∼1.6조 마르크(8,802억∼1조 832억달러)가 소요되는 것으로 추정되고, 우리나라의 경우 지금 통일되면 1992년 기준으로 10년간 140조원(약 2,000억달러)이 소요될 것으로 추정한 분이 있다. 이상만, 「남북한경제통합의 비용과 전략」, 『신동아』, 1992년 5월호, 248∼249쪽 참조.

10) 허동찬, 「북한경제의 실태」, 『계간 북한연구』, 1992년 봄호, 126∼146쪽 참조.

더구나 남북관계가 7차의 남북고위급회담을 개최하는 동안 「남북기본합의서」는 물론 「남북비핵화공동선언」 그리고 「남북기본합의서」의 이행기구인 연락사무소와 공동위원회구성에 합의하는 수준에 도달했으면서도, 남북한 사이에는 물론이고 남쪽만도 국민적 합의와 동의를 얻은 통일된 통일방안을 수립하지 못한 것은 통일추진에 상당한 걸림돌이 되고 있다. 6공화국 정부는 「한민족공동체」 통일방안을, 민주당은 「공화국 연합제」 통일방안(91년 9월)을, 북한은 「고려연방제」 통일방안을 제시하고 있다. 세 통일방안의 내용이 각기 다르지만, 단계별 추진방안을 선택한 점은 모두 같다. 그러나 남북한간의 통일방안 합의는 지난할 것으로 보인다. 남북은 확신을 지니되 인내심을 가지고 통일방안합의에 노력을 기울이지 않으면 안된다. 그때까지는 남쪽만이라도 통일방안 합의를 서둘러야 할 것이다. 여야는 물론이고 공청회 등을 통하여 재야국민의 의사를 묻고 국민적 합의와 동의를 얻을 때, 통일방안의 위상이 높아지고 추진의 정당성이 보장될 것이다. 이것은 절차의 정당성을 확보하는 길이기도 하며, 통일방안의 단계적 추진절차와 함께 한민족통일을 위한 중요과제 중의 하나이다.

그러나 한민족통일의 선결과제의 핵심은 남북을 바라보는 의식의 대전환이다. 하루빨리 냉전적 사고방식에서 벗어나고 대승적 자세로 전환하는 한편, 국내적으로는 민주화를 성숙시켜야 한다. 이미 붕괴된 소련 등 동구 사회주의 국가는 물론이고 남북 사회경제 발전수준으로 보아, 남북한 체제경쟁이 끝났다고 판단될수록 북한을 민족공동체 안으로 포용하여야 한다. 승자의 포용력이 약하고 냉전적 사고방식에서 벗어나지 못하면, 정치·경제·사회적 통일비용은 엄청나게 커질 수밖에 없다. 따라서 너그럽고 여유있게 북한의 개방과 개혁을 유도함은 물론 북한경제 수준을 적어도 우리의 80%선까지 끌어 올린 후에야, 통일비용을 크게 절약할 수 있을 것이다.

결국 한민족통일의 선결과제는 냉전적 사고방식에서 벗어나는 의식의 대전환을 바탕으로, 남북 모두 내부 민주화를 빠르고 효율적으로 성숙시켜 나가야 한다는 점이다. 북한의 민주화기대가 낮은 반면 우리는 상대적으로 높은 수준의 민주화를 달성했다고 해서 우리조차 탈냉전 의식과 민주화추진을 지체시킬 수는 없다. 6공화국이 들어선 이후, 언론·출판·자치 면에서는 상당히 민주화되고 있으나, 정치·경제·사회 각 부분의 민주화는 아직도 초보단계에 머물러 있다. 예컨대 엄연히 국회가 구성되어 있고 여야가 통일에 대해서 초당적 자세를 견지할 수 있음에도 불구하고, 권위주의적인 정치관행이나 정권유지의 목적으로, 민족의 장래가 걸려 있는 통일문제를 국회에서 논의하지 않는 것은 분명히 민주주의에 역행하는 것이다. 설사 특정합의서의 경우 법적 성격 때문에 비준절차를 취하는 것이 적절하지 않다고해도, 논의조차 거부하는 것은 설득력이 없다. 이런 수준의 민주주의라면 통일방안에 대한 국민적 합의와 동의가 불가능할 것이다. 또한 정부의 권위가실추되는 경우 정부당국간의 통일관련 합의도 자칫, 국민적 저항에 부딪칠우려가 있고 추진력의 약화는 물론 일관성조차 보장받기 어렵게 될 것이다. 뿐만 아니라 정권이 바뀌면 구 정권에 의해서 결정된 통일방안도 특별한 여건의 변동이 없어도 폐기·변경될 개연성을 갖기 때문이다.

따라서 이미 정권의 정당성이 확보되어 있고 당당한 정치능력을 갖췄다고 판단되는 한, 통일문제 같은 민족사적 과제에 대해서는 대의기관인 국회 차원의 논의를 회피할 아무런 이유도, 정당성도 없는 것이다. 그런데도불구하고 어찌해서 논의조차 회피하면서, 통일관계를 정부만의 전유물로인식하고 정권의 업적평가 대상으로 삼음으로써, 민주화를 역행하고 질책을 받는지 참으로 이해할 수 없다. 따라서 민주화에 대한 신념이 있고 참으로 민족통일의 대업을 성취코자 한다면, 통일정책에 대해서도 형식적이고절차적인 기회균등 차원뿐만 아니라, 보통 국민(사회)의 의사수렴을 위해서 민주화의 최대한 균질화를 유도하여야 한다. 정치·경제·사회가 균질화될 수 있는 균형있는 사회, 공정한 사회, 게임의 규칙이 지켜지는 사회 등실질적인 기회가 널리 부여되는 민주주의의 성숙이 평화통일을 위한 선결과제 가운데 으뜸이 되기 때문이다.

지금 우리는, 사회주의체제 실패라는 격동의 시대를 맞아 냉전체제의 세계사가 전쟁 없이 화해구도로 이행하고 있음에도 불구하고, 지구상의 마지막 분단국으로 남아 있다. 이제 또다시 세계사의 격동이 비록 불확실한 미래를 잉태한다고 하더라도, 우리민족에게는 평화통일의 기운이 넘치고 있음을 감지한다. 따라서 우리는 이 기회를 성숙된 민주역량과 무한한 지혜와 용기를 지닌 국민의 힘으로 통일을 쟁취하는 기회로 승화시키지 않으면안 된다. 그것이 곧 우리민족의 소명이다. 비록 세계사의 격동에 대한 상황

예측능력 한계 때문에 필자 같은 옅은 지성인이 깊은 지적 회의와 혼란을 겪고 있으나, 민족통일에 대해서만은 열린 민주사회질서 구축으로 지적 회의와 혼란을 극복하여 확신의 시대를 열어갈 수 있기를 바란다. 그럼으로써만 구한말 이후 열강 의존적 우리의 근현대 100년이 남겨준 치욕의 역사를 단절할 수 있기 때문이다.

(충남대학교 통일문제 연구소 주최, 통일정책 세미나 1992. 5)

제**3**장

경제위기의 대응철학

위기와 진화의 철학

국가활력 회복을 위해서

정경유착 근절은 한국 사회경제의 대약진 계기

위기와 진화의 철학

1.

세계는 지금 적과 동지로 나뉘어 싸우던 이데올로기 대결시대가 끝나고 하나의 체제로 통합되고 있다. 사상에 따라 인간집단을 적과 동지로 나누고 서로 반목하며 상대방을 제압하려는 대결의 시대에서, 다양성 속에서 조화를 추구하는 자유(시장)주의 체계를 기초로 세계가 통합되고 있는 것이다. 어쩌면 개인의 정치·경제적 자유와 인격 그리고 물질적 부의 향유를 인간 삶의 가치로 삼는다면, 우리 인류는 현재 최선의 상태에 있다고 주장할 수 있을지 모르겠다.

그러나 인류역사는 결코 단선적인 진보만을 계속하는 것이 아니다. 삶의 가치보다 더 근본적인 삶의 터전이 위협받게 되면, 개인의 자유와 인권 그리고 물질적 부를 희생해서라도 인류의 존립기반을 확보해야 할 상황도 올 수 있다. 따라서 르네상스 이후 인류가 추구해 왔던 인간의 가치추구 기회가 왔다고 해서, 곧 인류의 이상향이 되고 진보가 정지되는 것은 아니다. 현대과학문명이 이룩한 위대한 기술적·경제적 성공은 인류 삶의 터전인 생태계 즉 지구환경을 무참하게 파괴해 가고, 개인자유와 인권의 최대한 보장은 극단적인 개인자유로 대변되는 개인주의와 쾌락주의를 최고의 가치로 인식하는 도덕성 붕괴를 야기하고 있다. 극단적인 물질적 부의 추구는 세계를 새로운 경제주의 시대로 내몰아, 이데올로기 대결시대에서 경제전쟁시대로 바꾸고 있기 때문이다.

그럼에도 불구하고 우리는 인류전체의 삶의 터전인 생태계(지구환경) 파괴 및 인간 서로간의 가치를 부인하는 도덕성 파괴의 위기보다 개인적 자유와 쾌락을 제약하거나 물질적 부의 향유를 제약하는 정치·경제적 위기를 더 절박한 것으로 인식한다. 우리는 자연을 오로지 생산수단과 소유의 대상으로만 인식해서 야기된 생태계 파괴의 반이성으로부터 깨어나는 것보다, 각 국의 경제적 승리를 추구하는 카오스(chaos)를 극복하는 것이 더 절박하기 때문이다. 이성보다는 감성, 먼 것보다는 가까운 것을 더 절박하게 인식하고 감지해서 대응하는 인간 인식의 한계를 절감한다. 그러나 그것이 현실이며 더 절박하게 감지되니 어쩌랴.

2.

오랫동안 우리가 매우 다양하게 사용하고 있는 위기(crisis)개념은 아직도 속류적 개념범주(俗流的 概念範疇)를 벗어나지 못하고 있다. 위기란 "사회 또는 유기체가 직면한 환경의 변화과정에서 적응하지 않으면 생잔(生殘)할 수 없는 전환점(turning point)의 상황"을 의미하는 것은 틀림이 없다. 인식능력을 보유하고 있는 유기체나 조직의 의사결정과정에서 보면, 새롭게 변화하는 환경에 적응하지 않으면 도태 또는 열위로 뒤쳐지는 상황(situation) 또는 사태가 곧 위기인 것이다. 따라서 한 사회 또는 유기체가 새롭게 변화하는 상황에 적응하여 스스로 생존하고 존립가치를 추구한다면, 위기는 진보를 향한 기회인 셈이다.

새로운 조건에 적응하는 과정에서 나타난 한 사회 또는 유기체존립의 불안정성을 위기라고 인식할 때, 그 유형은 두 가지로 나뉜다. 하나는 특정의 변화된 상황·정책·문제 등의 현실 부적성이 한 사회 또는 유기체존립에 대하여 야기하는 불안정성으로 정의되는 실체적 위기(substantial definition)개념이다. 다른 하나는 특정의 상황·정책·문제 등과는 무관하게 수많은 요인이 한 사회 또는 유기체의 특정상황 예컨대 기존 국제질서·통치체제·특정 생물종의 존립기반 등을 불안정하게 만드는 발전과정상의 위기(procedural definition)개념이다.

이 두 개념의 위기는 어느 것이나 변화된 환경조건이 반드시 기존 사회 또는 유기체의 적응변화를 요구하며, 적응에 실패하면 존립 자체가 불가능하거나 열위의 위치로 퇴화하게 된다. 따라서 위기의 극복은 반드시 진보(progress)를 의미하게 되며, 진보가 진화적(evolutional)이어야 하는지 아니면 창조적(creative)이어야 하는지에 대해서는 아직 명확한 법칙이 없다. 그러나 지금의 인류사로 보면 창조적 위기극복보다는 진화적 위기극복현상만이 실재하는 것으로 인식되고 있다.

한 사회 또는 유기체가 "외부적 관계에 대한 내부적 관계의 부단한 조절을 통하여 적응하고 대응하는 것"이야말로 생물과 사회진화의 대표적인 예다. 그리고 지금까지의 자연과학과 사회과학에서는 이에 대한 끊임없는 비판에도 불구하고 아직은 우세한 진보과정 이해구도로 자리잡고 있다. 그 대표적인 학자들은 적자생존이론을 편 자연과학자 C. 다윈과 사회철학자 H. 스펜서이다.

이처럼 위기개념의 속류성과 이론의 불철저성에도 불구하고, 위기가 새로운 환경에 적응하기 위한 진보의 기회라는 것이 틀림없고 비록 진화적인 것이기는 하나 존립 개연성을 부여한다는 점에서 보면 결코 퇴보의 가능성 때문에 불안해 할 필요는 없을 것이다. 왜냐하면, 위기를 인식하고 적응능력을 배양할 기회는 어떤 유기체 또는 사회에도 부여되고 있기 때문이다. 위기는 위기 자체 때문이 아니라, 기존 유기체 또는 사회가 새로운 환경으로부터 존립기반을 저지 받지 않도록 결심하고 행동하는 적응의지와 역량을 얼마나 충분하게 갖추고 있는가가 위기의 전환여부를 결정하기 때문이다. 인간에게 있어서는 새로운 환경에 대해서 이를 얼마나 정확하게 인식하며, 얼마나 신속하고 충분하게 적응하려 하는가의 의지와 결단이 위기전환력을 좌우하기 때문이다. 그것은 정치·경제·사회·문화의 어떤 부분, 어떤 실체의 적응적 진보과정상의 위기전환 국면에 있어서도 다름이 없다.

3.

일반적·철학적 위기개념과 내용 그리고 그 성격에 비추어 볼 때, 경제적

위기는 한 사회 내부의 대표적 생산활동 주체인 기업이 기존의 조달·생산·
판매 등의 경영방식으로는 새로이 변화된 사회경제환경에서 정상이윤을
획득하는 이윤추구활동이 불가능하거나, 그것이 국민경제의 대외지급 능
력제약 또는 신인도 저하를 유발하고 국제거래를 약화시킬 때 인식된다.
기업의 정상이윤추구활동이 불가능한 경우는 총체적 초과공급(총체적 과소
소비 또는 총체적 과잉투자로 인한 경쟁심화)의 경우와 부분적 초과공급(부
분적 과소소비 즉 수요이동 또는 과잉공급 즉 신기술채택기업의 속출로 인한
경쟁실패)때문에, 이윤율이 하강할 때 인식된다. 이를 우리는 경기하강 또
는 후퇴 그리고 심한 경우 공황이라고 부른다.

　지금까지의 경기하강 또는 공황대응책으로는 기존기업이 채택한 기술을
존치시킨 채 국민국가의 경제정책상 제품판로(수요)확대와 가격인상을 유
발하는 총수요를 증대시키거나, 임금·이자 등 총비용 절감책과 실질실효환
율을 인하시키는 등의 정책을 들 수 있다. 그러나 국민국가의 경제정책상
수요환기책이나 비용절감책 그리고 실질실효환율인하정책은 무차별적인
것이어서, 모든 기업이 이 정책으로 변화된 사회경제환경에 적응하고 정상
이윤율을 얻을 수 있을 만큼 이윤율 하강경향을 반전시킬 수는 없다.

　모든 기업이 변화된 사회경제환경에 적응하고 이윤율 하강경향을 반전
시키고 존립기반을 다지기 위해서는 새로운 환경변화가 야기한 생산요소
와 제품의 상대가격(relative prices), 그리고 질(質)적 변화에 적응하여야 한
다. 그것은 곧 최소의 비용과 최저가격으로 제품을 생산하고 판매할 수 있
는 새로운 공정과 공법으로 새로운 질의 제품을 생산하는 변화를 추구하는
것이다. 그리고 우리는 이를 기술혁신이라고 부른다. 기술혁신은 경영기법
까지 포함하며 서비스 분야에도 같은 원리가 적용된다.

　따라서 개별기업은 무엇이 기술혁신을 유도하는가와 기술혁신의 방향이
어떤 것이어야 하는가에 대하여, 언제나 주시하고 있지 않으면 안 된다. 기
업의 기술혁신을 유인하는 근본요인은 생산요소와 제품의 상대가격 및 질
의 변화와 수요이동이다. 예컨대 자본비용(이자율)이 노동비용(임금)에 비
하여 상대적으로 싸면 기업은 노동을 기계 등 장비로 대체하는 공정(법)변
화를 추구해야 한다. 이때 염두에 두어야 할 것은 성장하는 경제에 있어서
는 언제나 임금수준(비용)이 상승하는 경향이 있는 반면에 소득과 저축증

대에 따라 이자율은 하강하는 경향이 있으므로, 장기적으로는 자본집약적 공정(법)변화추구를 게을리할 수 없다는 사실이다.

다음에 제품의 상대가격 변화 및 질 변화 그리고 수요이동도 각 개별기업 중 어떤 기업이 생산요소의 상대가격변화에 민감하게 적응했는가에 따라, 경쟁제품의 상대가격 및 품질 변화, 그리고 수요이동을 유발한다는 사실이다. 결국 각 기업의 기술혁신여하가 제품의 상대가격과 질을 유리하[싸]게 변화시킬 수 있고, 그것이 수요이동을 가져온다는 것을 인식하고 대응하는 것이야말로 위기극복을 위한 최선의 길인 셈이다.

나아가 기업의 위기대응과정에서 특히 유의해야 할 점은 그것이 곧 상대가격변화에 적응하는 과정이기 때문에 원천적으로 점진성을 띤다는 사실이다. 다시 말해서 평균적으로는 혁신도 진화적 성격을 지니는 것이다. 다만 개별 기업인의 위치에서 보면 기존 기술로 생산하는 공정도 일정기간 정상이윤을 보장하는 성향을 지니기 때문에, 경쟁적 혁신에 둔감 할 수밖에 없는 기간이 있기 마련이다. 그러나 다른 기업의 경쟁적 혁신에 위기감을 느낀 특정의 기업인이 혁신을 가속시키는 경우, 비용절감과 싼값으로 새로운 제품을 개발할 수 있는 기업의 출현이 비진화적인 것으로 인식될 수도 있으나 결국 이 기업도 끊임없이 혁신을 추구한 결과이기 때문에 국민경제 전체로 보면 진화적인 것으로 인식할 수밖에 없다.

결국 이런 의미에서 위기는 진화적 진보의 기회이고 전환점이다. 결코 재생산질서 전체의 붕괴현상이거나 계기는 아닌 것이다. 그것은 오히려 혁신을 위한 끊임없는 긴장(stress)이며 진화의 단서이다. 그리고 기술혁신은 끊임없이 이 긴장에 대응하는 과정이며, 상대가격을 변화시키고 또 그에 적응하는 과정이다. 따라서 필자는 우리 정부는 물론 기업에게 위기가 결코 퇴보의 계기는 아니며, 우리 기업들도 모두 이를 충분히 인식하고 적응할 수 있는 역량을 지니고 있기 때문에 위기야말로 진보의 기회라는 사실을 강조해 둔다. 우리 기업의 혁신적 자세에 기대를 건다.

(충남대 경영대학, 1993. 10)

국가활력 회복을 위해서
- 자산계층에게 고함 -

1.

사람은 생물 가운데 높은 사고력과 사회성을 지닌 동물이다. 사람만이 스스로 생활조건을 개선하고 창조하며, 사회성을 지키기 위하여 질서유지 규범을 만들어내는 힘을 지니고 있다. 사람만이 현실상황을 사고력에 의하여 인식하고 장래를 예측하며, 현실과 장래가 인간의 삶을 악화시킬 것으로 예상될 때, 이를 고쳐나가는 힘을 지니고 있다. 그러나 사람이 창조력과 사회성을 발휘하는 힘은 단순한 사고력과 사회성향에서 생기는 것이 아니다. 사람의 창조력과 사회성은 모든 다른 생물처럼 개개인과 그 종족의 유지·발전 그리고 이를 떠받쳐주는 사회를 지키고자 하는 생존본능과 이기심에 뿌리를 두고 있다. 이러한 이기심이야말로 어쩌면 인류발전의 기본동기일지도 모른다. 사람에게 이기심이 없다면 잘 살고자 하는 욕구와 노력도 기대할 수 없을 것이기 때문이다.

하지만 사물의 존재와 운동법칙에는 절대선과 절대악도 존재하지 않는다. 모든 사람에게 이익을 주거나 모든 사람에게 손해만 끼치는 존재나 현상은 거의 찾아 볼 수 없다. 인간의 창조성과 사회성을 발휘하게 하는 이기심도, 다른 측면에서는 끊임없이 사람과 사회간의 갈등과 마찰을 유발한다. 다행이 수많은 사람과 계층 그리고 국가는 서로의 역할을 보완하는 조화력을 보유하고 있기 때문에, 이기적 행동이 빚어내는 갈등과 충돌을 극복하고 끊임없이 인류문명을 진보하게 하고 개체의 삶을 풍요롭게 한다.

따라서 이기심과 조화력이야말로 발전의 동력이며, 발전을 확산시키는 바탕이다.

우리는 이와 같은 평범한 사실로부터 일상적 사고경향과 행동양식에 대해서 다시 생각해야 할 점이 있음을 발견한다. 하나는 우리의 현실생활에서 그렇게도 부도덕시했던 이기심을 무조건 죄악시할 수만은 없다는 사실이다. 또 다른 하나는 당연한 생각과 행위라고 해서 절대선 혹은 절대악일 수 없다는 점이다. 따라서 우리는 이기심을 무조건 죄악시해서도 안되지만, 절대선으로 인식해서도 안 된다. 필요한 것은 이기심과 그 조화력이며, 그럴 때만 이기심이 정당화된다는 것을 인식하지 않으면 안 된다.

그러나 현실적으로 보통사람들은 이런 원리를 거의 인식하지 못할 뿐만 아니라 그럴 필요도 거의 없다. 설사 이런 진실을 인식했더라도 많은 사람은 생활을 통해서 습득한 관습에 따라 행동하기 때문이다. 더구나 현실상황이 어떤 것인가를 감지하고 미래를 내다보며, 그것이 소망스럽지 못할 때 대응력을 갖추는 사람은 매우 적기 때문이다.

그러나 한 사회를 이끌고 가는 정치가와 기업인 그리고 학자집단 등 이른바 사회지도층은 반드시 이런 원리를 터득해야 하고, 현실인식과 예측력 그리고 대응력도 갖추지 않으면 안 된다. 그들의 인식력과 행동방식이 개개인은 물론 사회전체 나아가서 인류문명수준을 결정하기 때문이다. 정치가는 정치가대로 그들의 통치력을 발휘하기 위해서, 기업인은 기업인대로 그들의 성장을 위해서, 그리고 지식인은 지식인대로 지적 호기심을 충족하고 진리를 발견하기 위해서는 이기심과 그 조화력이 필요하기 때문이다. 이들을 자극하는 동기도 역시 이들 집단을 구성하는 각개인의 이기심인 것은 틀림이 없으나, 이기심의 발휘가 결국은 사회와 인류발전과 조화를 이룬다는 것은 매우 흥미로운 일이다.

따라서 우리는 인간이 이기적이라는 사실만으로 인간의 이성을 의심하지 않는다. 이기심 뒤에는 이를 조화시키는 또 다른 균형인자가 내재하기 때문이다. 어쩌면 이성과 감성의 팽팽한 긴장이 인류문명발전의 계기를 마련시키는 힘일지도 모르기 때문이다. 그럼에도 불구하고 한 사회의 지배층에게는 이를 단순하게 이해하고 자기목적(이기심 충족)만을 위해서 행동하는데 그쳐야 한다고 말할 수는 없다. 지배층이 지니는 영향력이 사회구성원 개개인의 생각은 물론 행동양식을 결정하여, 한 사회와 국가 그리고 인류문명발달을 좌우하기 때문이다. 특히 자본주의사회에서는 자산가계층의 사상과 역할이 그 사회와 국가의 장래를 결정하기 때문이다.

2.

자본주의사회의 자산가는 보통 생산활동(기업경영)을 통해서 부를 축적하는 계층이다. 농사를 짓거나, 광산을 개발하거나, 제조업을 경영하거나, 금융·보험업을 비롯한 생산적 서비스업을 경영한 결과 이윤을 축적하고 배당으로 부를 축적하게 된다. 따라서 물적 생산활동과 기업서비스업을 경영해서 얻은 부에 대해서는 당연히 축적의 정당성이 부여된다.

기업경영 이외에 부를 축적하는 경우는 임금과 급료소득자인 노동자와 기타의 급료소득자가 열심히 일해서 생산성을 높이고 그 대가로 소비액보다 더 큰 임금과 급료를 받고 건전한 소비생활로 저축을 늘려서 축적하는 경우이다. 물론 이렇게 해서 늘어난 저축을 여러 가지 형태의 수익 금융상품으로 운용하거나, 실물투자(법으로 금지된 투기제외)를 통해서 자산을 늘려간다. 이런 축적의 예도 당연히 정당성이 인정된다.

사유재산제도가 인정되는 자본주의사회에서 많은 부를 소유할 수 있는 또 다른 기회는 조상으로부터 법이 정한 절차와 세금 등 대가를 지불하고 남은 재산을 상속받아 이를 생산적 활동에 활용해서 축적하는 경우이다. 물론 혈연적 관계가 없이도 법이 정한 절차에 따라 타인으로부터 증여를 받아, 이를 생산적으로 활용해서 축적하는 경우도 여기에 속한다. 이런 예의 재산소유원천은 모두 불생산적인 것이지만, 적법절차에 의한 소유권의 이전이기 때문에 모두 정당성을 인정받게 된다.

따라서 자산가가 재산을 소유했다는 사실만으로 사회로부터 질시를 받을 수도 없거니와 받아서는 안 되고 또 부정한 것으로 매도되어서도 안 된다. 오히려 이런 경우는 사회경제의 발전을 위하여 장려되고, 성공의 예로 칭송되어야 한다. 왜냐하면 생산활동을 통한 축적은 개인적 이기심의 추구와 사회적 발전이 조화를 이뤄 인류의 생활조건을 개선하고 발전을 이끌기 때문이다. 따라서 기술혁신을 통한 생산성 향상과 새 상품의 개발로 끊임없이 기업의 경쟁력을 높이고, 이로부터 초과이윤을 얻어 축적하고 자산가가 되는 것은 개인적으로도 선이고 사회적으로도 선이기 때문에, 긍지와 확신을 갖고 축적활동을 할 수 있고 또 그렇게 할 수 있도록 제도와 사회사상이 정착되어야 한다.

뿐만 아니라 기업경영을 하지는 않았지만 열심히 연구개발하고 일해서 생산성 향상과 새로운 상품개발 기여로, 높은 임금 또는 급료를 받아 축적하는 것도 개인적 이기심과 사회경제발전이 조화를 이루게 하는 대표적인 예다. 따라서 이런 축적에 대해서도 긍지와 성공으로 칭송되는 제도와 사회사상이 정착되어야 하고, 개인적으로도 긍지와 자부심을 지녀야 하고 지닐 수 있다. 다만 상속과 증여에 따른 부의 소유는 정당성은 인정되지만, 개인이 생산적 활동을 통해서 축적한 것이 아니므로 개인적으로는 물론 사회적으로도 칭송되거나 성공으로 인식될 수는 없다. 그렇다고 스스로 부끄러워해서 불생산적으로 사용해서는 안 된다. 그것은 소유의 정당성마저 부인되는 사유가 되기 때문이다.

지금까지 우리는 축적의 정당성이 인정되는 부의 원천이 무엇인가 또 그것이 보호되어야 한다는 사실도 파악했다. 자산가계층은 그들의 이기심과 사회적 발전이 조화를 이루면서 축적하는 길이 무엇인가를 인식했다. 어쩌면 당연한 논리이기 때문에, 사실은 내용을 설명할 필요가 없을지도 모른다. 그러나 현실은 이를 충분히 알고 있으면서도, 극단적인 이기심의 발현 때문에 불공정하고 불생산적인 방법으로 축적함으로써 사회경제발전과 조화를 이루지 못하는 경우가 많다. 그 결과 사회적으로도 그 정당성을 인정받지 못할 뿐만 아니라 매도의 대상이 되어, 마치 축적 자체가 죄악시되는 것이 요즈음의 사회통념이다.

사실 생산적 활동을 통한 부의 축적이 정당성을 인식받지 못하고 자산가가 매도의 대상이 된다면, 그 사회의 생산적 활동은 위축될 수밖에 없고 사회경제적 발전도 지체될 수밖에 없다. 따라서 자본주의체제가 여러 가지 모순을 지니고 있으면서도, 지금까지 인류발전단계에서 차선의 제도로 검증되고 있는 한, 이런 사회인식과 사상이야말로 하루 빨리 시정되어야 할 과제이다.

그럼에도 불구하고 생산적 활동을 통한 축적도 정당성을 인정받지 못하고 매도의 대상이 되고 있는 것은, 불생산적 축적과 위법·부당한 축적의 예가 많았기 때문이다. 따라서 지금부터는 모든 기존 자산가를 포함하여 앞으로 축적욕구가 강한 사람일수록 생산적 활동을 통해서 개인적 이기심과 사회적 발전을 조화시키면서 축적하는 청부사상(淸富思想)을 신조로 삼아야 한다.

그러기 위해서 기업가 등 모든 자산계층은 첫째로 공정경쟁과 생산적 활동 그리고 기술혁신을 통해서만 축적하는 자세를 견지해야 한다. 그것이 곧 우리가 당면한 경제전쟁기에 우리 사회경제가 경쟁력을 얻고 세계적 경쟁에서 살아 남아 선진기틀을 조성하는 유일한 길이기 때문이다. 둘째로 생산적이고 정당한 과정을 거쳐 축적한 부라도 반드시 법과 사회적 통념에 비춰 부정한 것으로 인정될 수 있는 탈세·조세회피·부당이전 등의 행위를 해서는 안 된다. 탈세·조세회피·부당이전 등은 정당한 축적마저 매도의 대상으로 만들고, 축적동기(이기심)를 말살시켜 사회경제발전을 지체시킬 수 있기 때문이다. 셋째로는 위와 반대로 자산가일수록 부동산투기·정경유착·불공정거래·자금의 퇴장·퇴폐서비스업 등 불생산적이거나 반생산적(半生産的)인 사업을 통해서 축적해서는 안 된다. 불생산적인 축적은 물론 이와 같이 반생산적인 사업을 위해서 큰 자산가가 축적자산을 투자하는 것은 삼가하고, 적은 자산가로 하여금 투자할 수 있는 기회를 부여하는 것이 소망스럽다. 물론 예외가 없는 것은 아니다.

사회사상이 축적을 성공은 물론 보편적인 삶의 가치로 인식하는 것은 바로, 축적이 생산적이고 정당성을 지닐 때이다. 그리고 그것은 자산가 스스로가 정당하고 생산적인 활동을 통해서 축적할 때만 정착될 수 있다. 그러나 지금의 우리 사회는 축적의 정당성을 지니지 못한 자산가가 많은 것으로 인식되어, 부의 축적 자체를 죄악시하는 반자본주의사회사상이 상당히 팽배되어 있다. 이제 자산가가 축적의 정당성을 확보함으로써, 반발전적 사회경제사상을 바로잡아 주어야 할 책임이 크다. 물론 부의 축적 자체를 백안시하는 대중의 잘못된 사회사상도 고쳐야 한다. 다만 그에 앞서 자산가의 현실인식과 대응을 촉구한다.

3.

세계는 지금 이념 대결적 체제경쟁을 마감하고 경제전쟁기로 접어들고 있다. 이 전쟁에서 이기고 세계의 선진국으로 발돋움하기 위해서는 생산적이고 정당한 경제활동을 통하여 축적한 자산을 또다시 생산적인 데로 집중 투자하지 않으면 안 된다. 정당하고 생산적인 축적을 했다고 해서 그들이 축적한 자산을 비생산적 부문에 투자하거나, 사치부문 또는 불요불급한 소비에 충당해도 좋다는 것은 아니며, 사회적 책무를 다하는 것은 더욱 아니다. 비자산가인 대중은 생산적인 부문에는 물론 비생산적인 부문에도 배분할 자금축적이 없기 때문이다. 따라서 정당한 축적을 한 자산가야말로 끊임없이 혁신과 성장을 위해서 그 재산을 투자하고 이익을 올려 자산축적을 가속해야 한다. 이렇게 하는 것만이 근대적 자본가정신을 발휘하는 것이고, 발전의 주체이며 대중에게 선망의 대상이 되는 최대의 선을 행하는 것이기 때문이다. 또한 그것만이 개인적 이기심과 사회의 발전을 조화시키는 최선의 길인 것이다. 잘 버는 것만이 선이 아니고, 잘 쓰는 것도 선이라는 점을 명심하여야 한다.

(『민족정론』, 1993. 10)

정경유착 근절은 한국 사회경제의 대약진 계기

1.

최근 비자금 정국으로 야기된 정경유착의 정치, 경제, 사회, 문화적 부조리와 비효율 그리고 부도덕성은 우리 국민의 자존심을 여지없이 짓밟는 비극을 초래했다. 11월 1일, 노태우 전대통령이 검찰에서 5,000억원의 비자금을 조성, 통치자금으로 쓰고 퇴임 후 이를 반납하지 못한 채 1,800여억원의 자금을 남겼다는 진술을 함으로써 소문이 사실로 확인되었기 때문이다. 지난 11월 16일 저녁에는 노태우 전대통령이 11월 1일 진술한 5,000억원 비자금 가운데 2,500여억원이 통치자금이라기보다는, 특정 국책사업 등을 특정 재벌에게 도급해준 대가로 개인적 부를 축적했다는 부패혐의로 구속되는 처절한 모습을 보였다.

노태우 전대통령은 법률적으로나 경제적으로나 전혀 합법성을 지니고 있지 않은 부패자금을 이른바 통치자금이라고 하는 용어로 분식했었다. 법적으로는 죄의식, 도덕적으로는 부도덕한 감정으로부터 벗어나고자 하는 정서적 모습을 보여 당당하지 못하고 초라함까지 내비쳤다.

우리는 이 사건에서 두 가지 안타까움을 느낀다. 하나는 어찌해서 국가의 원수가 스스로 부패의 늪에 빠지도록 우리 정치사회가 부정부패의 불감증에 젖어 있었는가에 대한 부끄러움이다. 다른 하나는 이런 현상을 일찍이 예견했음에도 불구하고 무엇이 그 척결을 가로막고 있었는가에 대한 우리 스스로의 무능에 대한 부끄러움이다.

사실 용어야 어떻든 정경유착(政經癒着)으로 인한 정치, 사회, 경제의 부패상이 우리 정치사회에 비집고 들어온 것은 해방 이후부터이다. 그리고 관행화되어 권력형 부조리로 자리잡았는데도 죄의식과 도덕성 불감증에 걸려 있었다. 때문에 정경유착의 부조리가 우리 사회경제의 비효율과 부도덕성을 야기하여 발전력을 약화시키고 있다는 우려는 이미 널리 알려져 있었다.

1950년대에 자유당에 의해서 저질러진 중석불(重石弗)사건, 1962년 군사쿠데타 집단에 의하여 저질러진 증권파동, 새나라 자동차파동, 워커힐사건, 3분폭리사건 등이 모두 그 예였다. 1978년에는 서슬이 퍼렇던 유신정권 치하에서 벌어진 압구정동 현대아파트 특수분양사건, 금융기관대출의 재벌기업 내지 대기업 편중사건 등 이루 헤아릴 수 없이 많은 부패가 빚어졌었다.

모두 직업 공무원에 의하여 저질러진 증뇌물 관계가 아니고, 막강한 정치권력에 의하여 저질러졌던 권력형 부패상이었다. 때문에 이를 우리는 정경유착 또는 특혜정치 특혜경제라고 일컬어 그 폐해와 함께 이를 치유하지 못하면 비극적 사회경제의 후퇴를 야기할 것이라고 예견해 왔었다. 그러나 이와 같은 정경유착의 고리를 영영 단절하지 못한 채 전대미문의 전직대통령 구속이라고 하는 비극을 초래했으니, 이것이야말로 1905년 국권을 일본한테 빼앗긴 치욕적인 을사조약과 다를 바 없는 것이라고 부른다면 과장일까? 그것은 결코 노태우씨의 개인적 치욕에 그치는 것이 아니고 경제적 선진국 대열에 들어서고자 하는 우리 민족의 자긍심을 여지없이 짓밟았기 때문이다. 따라서 우리는 정경유착, 또는 특혜정치 특혜경제의 부패경제에 대한 인과와 그 극복방향을 모색하지 않으면 안될 절박성을 느낀다.

2.

원래 정경유착이라는 말은 학문적으로나 법적으로 개념과 내용이 명확히 정립되어 있지 않다. 따라서 구체적인 사례가 끝없이 불거짐에도 불구하고 정치권 또는 상대주체인 재벌 등 경제권에서는 어디까지가 특혜이고 어느 것이 정경유착인지 불감증에 젖기가 쉽다. 반면에 사법처리의 대상이 된다면 형법상의 증수뢰죄에 해당되므로 정경유착이라기 보다는 부정부패라고 표현하는 것이 더 적절할 것이다. 그리하여 사법적 차원이라기보다 초법률적인 정치차원 내지 윤리적 차원의 것이라면, 그 개념과 내용을 명백히 정의할 필요가 있다.

대체로 전자의 경우는 개념과 내용이 상당히 명백하기 때문에 당사자들도 도덕적 비윤리 수준을 넘어서 죄의식을 강하게 느낄 것이다. 그러나 후자의 경우 즉 초법률적인 정치차원의 권력형 비리 내지 윤리적 차원의 비리수준에서는 자칫 관행으로 인식하여 죄의식을 느끼지 않고 항간의 파렴치한과 마찬가지로 재수 없게 걸렸다고 생각하는 경향이 짙다. 때문에 나쁜 행위를 나쁘다고 인정하지 않고 부정의와 부도덕성에 의한 질서파괴와 비효율을 유발하는 개연성이 커져도 감지하지 못하는 매우 큰 부작용을 야기한다. 지난 11월 1일, 노태우 전대통령이 5,000억원의 비자금을 통치자금이라는 말로 호도하여 암암리에 자기는 죄인이 아니라는 냄새를 풍긴 것도 그 예이다. 이것이 오히려 솔직하지 못한 전직대통령의 처절한 모습이고 우리를 더 슬프게 만든 것이다.

따라서 필자는 정경유착의 개념을 잠정적이나마 명백히 정의한 후 대책을 제시하고자 한다. 특혜의 정치·경제와 정경유착은 거의 같은 유(類)의 개념이다. 유착이란 말 속에 "직접, 간접의 특혜"가 포함되는 것으로 이해하고, 유착을 자전(字典)적 의미에서 일단 "한 기관(器官)이 생리적으로 보면 아무런 관계가 없는 다른 기관(정치와 경제는 한 사회의 두 측면이기는 하나, 정치는 강제적으로 재화와 용역의 이전거래를 야기하는 힘의 기구이고, 경제는 자유의사에 의한 평등한 거래를 야기하는 기구라는 의미에서 각각 다른 중추원리가 지배하는 기관으로 이해하는 것임)에 대하여 조직적으로 결합하는 것"으로 정의하고자 한다.

정경유착을 위와 같이 잠정적으로 정의할 경우 제일 먼저 구분되어야 할 것은 정치와 경제의 담당 주체가 분화되어야 한다는 점이다. 예컨대 중세 이전처럼 정경일체시대에는 정경유착이라고 하는 개념이 생길 수 없다. 그러나 근대사회에 와서는 정치는 정치인이 그리고 경제는 기업인이 운영함으로서 운영주체가 엄연히 구별되어 있다. 따라서 이들간의 거래에는 합법

성을 지니지 않는 한 반드시 부정의하고 비효율적인 배타적 특혜를 주고
받는 일이 생길 수가 있을 것이다.

특혜의 정치·경제 또는 정경유착이 발생하기 위해서는 특혜의 수수집단
또는 개체간에 반드시 어떤 행위가 양자에 대하여 다같이 이익을 얻을 수
있어야 한다. 그래야만 생리적으로 아무런 관련이 없는 두 개의 집단이 결
합할 수 있게 되기 때문이다. 다시 말하여 특혜를 받는 쪽만 이익을 보고
주는 쪽은 손해를 보아 이해의 합이 제로(零)가 되거나 마이너스(負)가 되
면 정경유착 또는 특혜수수라고 하는 배타적 부정의성 거래가 발생하지 않
을 것이다.

그러나 비자금 정국으로 알려진 전직대통령의 부패사건은 이제 순수경
제적으로나 법률적으로 보면 정경유착을 넘어서서 증뇌물관계로 격하되는
추세에 있다. 해방 후 50년 동안 정치권과 재벌간에 벌어진 유착관계가 반
사회성의 심화로 형법상의 범죄수준으로 현실화되고, 정치관행이라고 하
는 도덕적 불감증으로부터 벗어나고 있는 단계임을 반증한다. 이렇게 되면
노씨 비자금 사건은 이제 정경유착이라기보다는 뇌물경제학 즉 Bribe-
nomics 수준으로 현실화되는 것이다.

권력형 비리 내지 정치자금 수수라고 하더라도 그것이 불법적 뇌물성으
로 인식되면, 뇌물수수는 어느 나라에서도 범죄를 구성하고, 이에 대한 법
적, 사회적 응징도 날로 가혹해지고 있다. 수년 전만 해도 뇌물을 예외적,
일탈적(逸脫的) 경제행위로 간주해서 정치경제적으로는 물론이고 그다지
큰 사회적 관심의 대상이 되지 않았다. 그러나 지난 1월 스위스 다보스에
서 열린 세계경제 포럼에서는 뇌물경제학을 주요 의제로 올릴 만큼 전세계
가 정치권의 뇌물 때문에 홍역을 앓고 있다. 이태리의 머니뽈리떼, 영국 국
방상의 구속 등으로 전세계가 관심을 갖기 시작한 것이다.

뇌물은 원래 주고받는 경제주체들의 자발적 합의에 의해서 이루어지고,
앞에서 설명한 것처럼 둘다 이익을 볼 때만 일어나는 것이다. 따라서 여기
에도 경제법칙상의 수요·공급법칙이 작용한다. 결국 정경유착이나 뇌물경
제는 형사상 물리적 처벌이나 도덕적 교화만으로는 해결하기 어렵다.

정부가 ①금융의 조달 배분권을 장악하고 비시장적으로 배분(시장이자
율 이하로 이자율을 통제하거나 신용을 할당하는 등)하고, ②경제주체가 되어

특정의 경제재, 예컨대 공단조성 등 사회간접자본을 생산 공급하되 시장원리에 의해서 공급하지 아니하는 경우에는 필연적으로 이권이 발생하기 마련이다. 이 경우 수혜자는 보조금을 받게되므로 은밀한 뒷거래가 발생한다.

한편, ③특정의 경제행위에 대한 정부의 규제가 있고, 이 규제의 해제(인허가)가 이권 및 특혜를 발생시키는 경우, ④특정 정부사업을 특정업체에 독점적으로 부여(낙찰 도급)하는 경우에는, 그 특혜 수혜자가 탈세를 하는 것과 같은 이익을 받게 된다. ⑤직접조세포탈의 경우에는 말할 것도 없다. 따라서 수혜자와 정부권력담당자 간에는 은밀한 거래가 발생하기 마련이다. 그리고 정치, 사회적으로는 모두 공평하지 않거나 국민적 부정의감을 불러일으킨다. 경제적으로는 무엇보다 비효율을 초래하기 때문에 커다란 문제를 야기한다.

물론 비효율은 뇌물의 성격에 따라서 상당히 다르다. 규제완화를 부탁하는 뇌물은 수익자부담원칙이 적용되는 직접세적 기능을 하기 때문에 사회적 비효율이 발생하지만, 그 크기는 금융의 할당, 특정사업의 특혜도급 등 사회간접자본 분양, 임대의 사회적 비효율(다른 업체의 기회균등을 저해하는 경향이 크기 때문에)보다는 크지 않다. 후자의 경우가 자유경쟁을 저해하고 독과점을 유발하기 때문에 재화와 서비스 시장가격을 높이고, 생산량을 줄이는 사회적 비효율을 크게 야기하기 때문이다.

흔히 독과점 및 특혜에 의한 시장지배력을 장악한 기업은 품질개선과 가격인하를 통하여 시장을 장악하기보다는 정경유착에 수반하는 비경제적 힘을 배경으로 해서 시장을 통제한다. 따라서 투자분위기와 생산성을 낮추고 세계적 경쟁력도 약화시킨다.

한편 기업측의 정경유착과 뇌물기금으로 조성되는 자금의 유형을 보면 ①납품가격 조작방법이 있다. 10억원어치 물품을 납품 받고도 장부와 세금계산서에서는 15억원으로 기록해서 회사돈 5억원을 빼돌리는 것이 그 예이다. ②또 다른 방법은 회사공금을 은행에 예치하지 않고 사채시장이나 외환, 부동산, 증권 등에 투자해서 높은 이자나 시세차익을 챙기는 것이다. ③증시 활황을 틈타서 물타기 증자나 기업합병 등으로 한꺼번에 수백억원을 빼돌리는 방법도 동원된다. ④재벌총수가 위장 계열사를 운영해서 마련하는 경우도 있다.

기업의 이와 같은 비자금 즉 뇌물자금 마련방법은 어느 것 하나도 불법이 아닌 것이 없다. 장부조작의 경우는 반드시 탈세를 동반한다. 또 사채시장이나 외환 및 부동산, 증권 등에 투자해서 높은 이자나 시세차익을 챙기는 경우는 금융시장 등을 교란해서 자금의 효율적 동원과 배분을 저해한다. 모두 건전한 거래를 차단하고 생산적 자원의 운용과 사회적 정의감을 박탈한다.

나아가 이렇게 조성해서 제공된 뇌물 내지 비자금을 받은 정치권과 공무원은 애써서 생산적 활동을 하고 벌어들인 소득이 아니기 때문에 소득 또는 돈의 중요성을 인식하지 못한다. 다시 말해서 쉽게 번 돈은 쉽게 쓰기 마련이고 돈의 가치도 애써 번 돈보다 작게 느껴진다. 그리하여 증뇌물과 정경유착으로 조성된 비자금 등은 비효율적으로 함부로 쓰기 마련이다. 부정한 정치인, 고급공무원, 기업인 등도 강·절도, 갱, 마약거래자 등과 마찬가지로 불안을 없애고 자기과시를 위하여 자금을 비생산적으로 낭비하는 것처럼 행동하기 쉽다.

따라서 정경유착이나 뇌물이 관행적으로 되어있는 부패정치경제는 그 성장력과 경쟁력이 약화될 수밖에 없다. 과거의 고도성장이 자칫 이와 같은 뇌물정치경제가 경제적 비효율을 초래하기보다는 오히려 윤활유 역할을 한 것으로 착각하게 할 가능성도 충분히 있다. 그러나 그것은 분명히 착각이고 상대적 성장력 및 경쟁력 약화를 인식하지 못한 것뿐이라는 사실을 상기할 필요가 있다. 더구나 최근의 우리 경제가 직면하고 있는 개방체제하에서는 경쟁력 강화가 매우 절박한 상황임을 감안할 때 정경유착의 고리를 끊고 거래를 공정화하고 효율화함으로써 경쟁력을 강화시키고 사회정의를 되살려야 한다고 하는 것은 아무리 강조해도 지나치다고 할 수 없다. 나아가 전직대통령의 부패 때문에 손상된 국민적 자긍심을 되살리기 위해서도 부패정치의 고리를 완전히 단절하는 것이 절박하다.

3.

정경유착과 뇌물정치경제가 사회경제의 정의감과 경쟁력을 약화시키기 때문에 이를 제거함으로써 효율을 극대화하고 정의감이 살아나는 사회를 만들기 위해서는 그 인과를 다시 한번 새겨둘 필요가 있다. 비자금 정국 등 뇌물 수수가 발생하는 근본 원인 즉 정당하고 효율적이지 못한 비경제적 즉 정치적 거래를 발생시키는 원인은 크게 다섯 가지였다.

①정부가 금융자금의 조달, 배분권을 장악하거나, ②사회간접자본 등 정부가 주체가 되어 경제재를 생산, 공급하는 경우, ③인허가 등의 정부규제를 해제하여 특정 기업에게 특혜를 주는 경우, ④특정 사업권을 특정 업체에게 배분하는 경우, ⑤탈세 또는 절세 등의 명목으로 직접 정부세입을 감소시키는 기업행위를 눈감아 주는 경우 등 매우 다양하나 핵심은 정부권력이 민간의 자유로운 경제행위를 제약하는 데 있다.

이 다섯 가지 요인의 강도가 말단 공무원에서 대통령에 이르기까지 뇌물 액수의 다과를 결정하는 것이다. 후진국일수록 금융시장 등을 장악하고 정부기업을 많이 보유하며 정부에 인허가 등의 독점권과 그것을 장악하는 직책의 공직이 많다. 반대로 선진국일수록 경제활동은 자유로워지고 공무원의 독점적 인·허가권은 거의 없거나 작다. 따라서 정경유착 또는 부패의 정도도 작다.

이 점이 근절할 수는 없다 하더라도 정경유착 내지 부패를 최소한으로 줄일 수 있는 방향을 제시해준다. 금융 등의 자금조달 및 배분권을 정부가 장악하고 사회간접자본 등을 더 많이 정부가 공급하며 인·허가권이 강하면 강할수록, 그리고 조세권이 비공개되고 재량권이 강하면 강할수록 정경유착과 부정부패는 심화되게 마련이다. 더구나 이와 같은 제도를 방치하고 정경유착과 부패 부정행위를 적발하고자 한다면 그 자체가 또한 정경유착 내지 부정부패를 유발하기 마련이다. 그 예가 사정권이 강하면 강할수록 사정담당자가 더 부패하는 경우이다.

따라서 부정부패를 일일이 적발해 내느라고 막대한 감시비용을 치르는 것보다는 차라리 공공서비스 업무를 불가피한 경우 예컨대 환경보전, 공정 경쟁질서의 확보, 외교, 국방, 치안, 교육 등으로 한정하고 다른 분야는 시장경제의 원리에 맡겨 개방하는 것이다. 정부의 자금조달 및 배분권과 사회간접자본시설 생산 공급, 인·허가권, 재량적 사업권 및 조세권을 필요한 최소한으로 줄이는 것이 가장 근본적인 방법이다. 그것이 곧 정치권력 및 중앙권력의 분권화이다.

　이와 같은 제도적 장치를 기초로 해서 정치권 및 경제계의 도덕적 윤리의식을 높이는 작업도 병행하여야 한다. 그러나 앞에서 제시한 제도적 장치를 완화시키지 않고 정치 및 경제계의 도덕적, 윤리적 면만 강조해서는 실현을 확보할 수 없다. 정경유착 및 증뇌물로 발생하는 수익도 그것이 발각되어 징벌되는 비용의 크기보다 크다고 느낄 때에는 끊임없이 정경유착 등 부패유인이 생기기 때문이다. 따라서 정경유착과 부정부패의 발생소지를 근원적으로 제거한 다음에야 정치권 및 경제계의 도덕적 윤리의식이 효율을 발휘할 것이다.

　정치권 및 경제계의 도덕적 윤리의식을 높이는 기본적 방향은 단순히 도덕성 교육만으로는 불충분하다. 여기에는 반드시 응징을 통한 사후 비용을 높이는 역사적 청소작업이 따라야 한다. 해방 후 우리나라는 불행히도 그런 계기를 여러 번 놓쳤다. 비록 경제적인 것은 아니나 해방 후 친일세력에 대하여 이를 철저히 청산한 일이 없다. 자유당 말기의 장기집권세력에 대하여도 수괴급을 제외하고는 너무 관용했다.

　더구나 군사쿠데타 정권의 부도덕성과 비정통성에 대하여도 김재규 개인이 박정희 전대통령의 저격이라고 하는 내부적 응징은 있었을 망정 국민적 응징의 역사는 없다. 12·12와 5·18을 야기한 제2의 군부 쿠데타에 대하여 아직도 응징을 망설이고 있다. 여기에 동조한 재벌그룹의 부도덕성과 비효율성에 대해서는 경제의 혼란을 야기한다는 이유로 이번에도 그 응징이 유보될 개연성을 지니고 있다.

　부정부패와 정경유착에 대한 우리의 짧은 비응징의 역사가 지속되는 한 아직도 그것을 통하여 얻는 수익이 응징에 의하여 발생하리라고 예상되는 비용보다는 훨씬 클 것으로 예상하기 쉽다. 이러한 상황에서는 도덕성을 강조해도 개선의 희망은 매우 약하다. 이른바 육군사관학교를 졸업하고 군의 간성으로 성장한 장군이 대통령까지 되어서도 군전력보강사업까지 희생시켜 가면서 부패의 늪에 빠진 도덕적 불감증 등을 유발하는 경제적 유인이 큰 상황 하에서는, 도덕성 강조만으로는 치유가 불가능하다. 따라서 철저한 응징의 역사를 기록한 다음에야 도덕성의 재무장이 부정부패 및 정경유착을 단절할 수 있을 것이다.

덧붙이고자 하는 것은 비록 지금은 정치, 경제, 사회에 상당한 혼란을 야기할지라도 전직 대통령을 구속한 지금도 정치권의 혼란을 야기한다는 이유로 대선자금의 공개 등을 포함하여 이 사건을 축소하거나 공개를 꺼려서는 안 된다. 더구나 권력에 기대어 거금의 정치자금 및 뇌물을 제공하고 특혜자금, 인허가, 사업권을 따내고 불생산적인 방법으로 축적한 기업에 대하여도 경제의 운용에 주름살을 준다는 이유로 응징을 유예해서는 안 된다.

만일 이와 같은 현상이 또다시 반복된다면 이번 비자금 파동을 계기로 개발독재형 경제체제를 극복하고 제3의 경제도약을 하지 않으면 안 될 우리의 입장에서 볼 때 더 없는 기회를 상실할 것이다.

나아가 정경유착과 부정부패 축소를 위한 정부기능 최소화작업을 추진하기 위해서는 반드시 담당 부처의 기구와 인원 축소를 병행하여야 한다. 기구와 인원이 있으면 필연적으로 권한을 확대하고자 하는 속성이 뒤따르기 마련이다. 이것을 우리는 만지면 만질수록 커진다고 하는 파킨스 법칙이라고 하며 이를 줄이기 위해서는 기구와 인원축소를 병행하지 않으면 안 된다. 정부의 개혁의지와 결단력에 기대를 걸어본다.

(『자유공론』, 1995. 11)

제4장

경제학의 장래와 정치경제학적 발전이론

경제학의 장래

한국 자본축적과정의 정치경제학적 과제

민족경제론의 역사적 전개과정

경제발전에 대한 사회경제학적 접근

경제학의 장래

1.

학문을 직업으로 선택한 사람에게는 자기가 이룩한 학문적 업적을 평가·
인정받을 때 최대의 기쁨을 느낀다. 개인의 학문적 업적이 새로운 이론 틀
의 준거기준(paradigm)을 설정했거나, 그 이론을 통하여 현상(실)의 설명이
가능하고 장래에 대한 예측력을 높이는 한편 현상이나 예측된 미래상황이
바람직하지 않을 때 이를 개선시킬 수 있는 대응력(정책대안) 등 현실적합
성(relevance)을 제시하는 경우이면 스스로도 성공을 의식할 뿐만 아니라
최대의 학문적 기여로 평가되지 않을 수 없다.

따라서 학자가 이룩한 학문적 업적이 이러한 네 가지 조건을 갖추었다고
평가되거나 믿을 수 있으면 장래에 대한 확신을 지니게 된다. 반대로 확신
이 도전받으면 생명을 걸고 지키려고 한다. 때로는 학문적 확신이 종교적
인 믿음으로 굳어지는 경우도 있다. 먼 훗날 학문적 확신이 허위로 판명될
지라도 믿음을 형성한 당시 생각의 흐름에는 변화가 없다. 확신을 불러일
으킨 이론체계와 내용이 먼 훗날에도 현실적합성을 지니게 되면 더 말할
필요가 없을 것이다.

우리의 근대사에서는 조선후기의 실학과 그 이론 틀을 형성한 사상가들
의 믿음이, 바로 개인적 긍지와 역사발전관에 비추어 보아 확신을 갖게 한
범주로 판단된다. 특히 다산(茶山) 정약용(丁若鏞)은 당시 사회를 풍미한 성
리학이 공허한 관념적 학문인데 반하여, 그의 학문 즉 실학이 사회발전법

칙에 부응함은 물론 새로운 학문의 준거기준을 제시하는 것으로 믿은 것이 틀림없다. 다산의 학문(실학)이 너무도 적확하게 근세사와 학문발전관에 부합하기 때문에 그의 믿음에 더욱 머리가 숙여질 수밖에 없다. "뒷날의 성인을 기다려도 미혹함이 없다(百世而俟聖人而不惑)"는 뜻의 기다림을 담은 그의 호 사암(俟菴)[1]이, 언뜻 보기에는 오만성을 느끼게 하는 것이나 사실은 그만한 긍지를 느끼기에 충분한 것으로 판단된다. 다산은 비록 선구적 삶을 살았으면서도 당대에는 전혀 빛을 보지 못하고 시대착오적인 권력에 짓밟혀 무참하게 희생된 선각자이지만, 어떤 성인에게도 그의 학문을 질책받지 않으리라는 뜻의 호, 사암을 즐겨할 만한 확신을 갖기에 충분하다고 믿어지기 때문이다.

그러나 다산이 그의 학문에 확신을 지녔던 것과는 달리, 다산경제학상을 수상하게 된 필자는 평가받을 만한 학문적 업적도 없고 스스로의 이론 틀도 갖고 있지 못하기 때문에, 필자의 이론에 대한 확신도 지니지 못하고 있다. 더구나 신고전파종합이론(neoclassical synthesis)의 경제학이 세계사 발전에 결정적 역할을 해왔고 1950년대부터 1970년대 중반까지 약 25년간에 걸쳐 광범한 합의를 이뤄 확신을 불어넣었으나, 지금은 현실적합성의 결여(lack of relevance)와 학자들간의 의견 불일치(perpetual disagreement) 때문에 현대경제학에 대한 확신을 지니기 힘들게 되었다. 하물며 천학의 필자야, 더 말할 나위가 없다. 따라서 지금 우리는 향후 경제학의 진로에 대해서 확신을 갖기 어렵고, 경제학이 독립적 학문으로 계속 발전할 수 있을 것인가에 대한 의문까지 제기되고 있는 상황이다. 그 첫째는 경제학의 지속적 발전에 대한 의문 때문이다. 둘째는 역사적 상황변화에 따른 경제이론의 발전가능성에 대한 의문이다. 셋째는 분석기법한계에 대한 의문이다. 넷째는 이론적용시점(때)의 현실인식과 대응시점간의 괴리극복에 대한 의문 때문이다.

다시 말해서 사회경제는 다산시대보다 월등히 발전했고, 다산실학의 기본대상이었던 경제학도 매우 정치하고 다양해진 이론 틀을 갖추었음에도

---

1) 정약용의 호는 다산(茶山)·삼미(三眉)·여유당(與猶堂)·사암(俟菴)·자하도인(紫霞道人)·탁옹(籜翁)·태수(苔叟)·문암일인(門巖逸人)·철마산초(鐵馬山樵) 등 매우 다양하다.

불구하고 장래에 대한 믿음은 다산에 이르지 못하고 있는 것이다. 그것을 단순히 지적·사회경제적 수준 차 때문이라고 외면해 버리기에는 지금의 경제학이 너무나 많은 한계점을 내재하고 있는 것이다.

2.

현대경제학은 신고전학파 종합이론을 중심으로 해서 1970년대 중반까지 약 25년간에 걸쳐 경제학자들 사이에 광범한 의사합의(consensus)가 형성되었었다. 장기적으로 경제주체의 합리적 행동과 가격기능의 시장 청산력이 균형을 달성시킬 것이라는 고전학파사상을 수용한 것이다.

1930년대 대공황 이후의 경제상황에서와 같이 고전학파의 이론으로 설명할 수 없는 초과공급에 의한 단기적 시장불균형현상 즉 비자발적 실업현상에 대해서는 케인스학파의 이론을 접목시켜 해결한 것이다. 그러나 1970년대 중반부터 나타나기 시작한 스태그플레이션현상을 계기로 신고전파 종합이론의 설명력 등 현실적합성에 의문이 커지자 경제학자들간에 형성되었던 의사합의가 깨진 것이다.

그 후 새 고전학파, 새 케인스학파 등의 이론개발이 지속되어 매우 정치하고 난해한 이론이 무수히 전개되고 있으나 현실적합성이 떨어져서 아직은 광범한 의사합의에 도달하지 못하고 있다. 반면에 경제학이 학자들 스스로도 이해하기 어려울 정도로 난해하며 현실에서 응용할 수도 없는 학문으로 변모되는 감을 지울 수가 없다. 자연과학이 하나의 학문적 준거기준을 형성하고 의견을 접근시켜 가는 것과는 달리, 경제학은 아직 합치점을 찾지 못한 채 표류하는 학문으로 인식되고 있는 것이다.

그러나 경제학은 어차피 자연현상에 비해서 극히 불안정한 인간행동을 규명하는 학문이므로 다양한 이론적 대결은 불가피하다. 나아가 하나의 논리준거기준을 형성하기도 어렵다. 다만 이런 사실이 오히려 새롭고 폭 넓은 학문틀 형성의 계기가 된다는 인간지혜에 믿음을 지닐 수 있을 것이다. 최근의 경제학 동향을 보면 시장실패의 원인을 설명하려는 새 케인스학파 (New Keynesian)의 연구가 새로운 경제학논리준거기준으로 등장할 가능성을 보이고 있다. 이것이 성공할 경우 경제학자들 사이에 다양한 이견을 보였던 생각의 흐름은 크게 좁혀질 것 같다. 물론 미시경제학의 고전적 방법론과 중심개념은 아직도 상당한 현실적합성을 지니는 것으로 인정되고 있기 때문에, 의사합의상태가 지속될 것으로 보인다. 따라서 경제학의 지속적 발전에 관한 의문은 갖지 않아도 될 것으로 판단된다.

더구나 동구 현실사회주의체제의 붕괴와 시장체제화를 계기로 해서 세계경제가 급속하게 통합되고 자원고갈 및 환경문제 등과 같은 상황변화도 현대경제학을 체제 대결적 이념 논쟁 때보다 유용한 학문으로 변모시키고 있다. 나아가 상품과 자본 그리고 인력의 국제적 이동은 물론 환경문제해결을 지향하는 분야가 경제학의 새 지평을 열어 갈 것으로 보인다. 여기에 광범한 의사 합일적 학문의 준거기준을 형성하고 있는 자연과학의 기술발전 및 가격기능을 통한 효율적 자원배분보장이 인류의 비관적 전망을 덜어 줄 것으로 보인다. 특히 기업이론 및 경제발전이론 등 지금까지도 이론 틀 형성이 매우 빈약한 분야에서 경제학의 발전이 기대된다. 따라서 역사적 상황변화에 따라 경제이론의 새 분야 발전가능성에 대한 의문도 좁혀질 것으로 믿는다.

그러나 경제학의 기본골격을 이루고 있는 경제주체의 합리성(rationality)에 대한 의문은 오히려 증폭될 가능성이 크다. 인간이 과연 합리성을 보장할 만큼 이성적인지, 아니면 감성적인지에 대한 인식은 철학만큼이나 오랜 숙제이기 때문이다. 경기변동이 과연 바람직하지 않은 것인지, 반대로 인간의 경제적 이성의 상실을 반전시키는 계기를 만들어 주는 바람직한 것인지에 대해서도 아직은 확신을 지닐 수 없기 때문이다. 세계가 단일 시장화한 지금은 각 국의 경제정책목표가 완전고용과 형평보장으로부터 벗어나고 경쟁력확보에 두어야 하는 것인지와 아닌지에 대한 의문도 증폭되고 있기 때문이다. 따라서 새로운 경제학의 지평은 인간이 엄밀한 의미에서 합리적인 것만은 아니기 때문에, 인간행동본질을 규명하는 원리가 과연 무엇인지에 대한 데까지 연구분야는 확대될 것으로 보인다.

경제학에 사회학·인류학·심리학의 이론을 접목시켜 지금까지 경제학이 가정해온 합리성을 근사합리성(near-rationality)이라는 새로운 개념으로 확장하고 있는 것은 매우 고무적이다. 그 대표적인 학자는 버클리대학의 아커로프(George Akerlof) 정도지만, 인간의 이성에 대하여 오랫동안 논쟁을 펴온 동양사상의 연구가 깊어지고 서구경제학에 접목되면 경제학은 분명히 새 지평을 열을 수 있을 것으로 보인다. 따라서 이 연구가 성공하면 현대경제학이 지닌 고도의 추상성과 분석적 차원에서 현대경제학보다 유연하고 경험적이며 현실성이 중시되는 학문으로 정착될 가능성이 높다. 경제학의 발전가능 연구분야는 세속적인 것과 고도의 철학적인 분야까지 포괄하는 종합학문으로 발전하고, 연구분야의 불확정성여부에 대한 의문도 해소될 것 같다.

나아가 과학기술의 혁신적 발전은 현대경제학의 분석기법을 획기적으로 변화시켜 현실적합성을 크게 높여 줄 것으로 전망된다. 사실 지금까지의 경제이론은 인간의 연산능력한계 때문에 대부분의 경제모형을 조작이 편하고 분석이 용이하며 이해하기 쉬운 선형관계에 한정시켰었다. 그러나 초고성능 컴퓨터의 등장으로 비선형모형과 게임이론 등을 충분히 활용할 수 있기 때문에, 앞으로의 경제분석기법으로 보편화될 수 있을 것이다. 그 결과 컴퓨터를 이용해서 이론을 보다 더 정교화해도 조작불편과 난해도는 줄어들 수 있을 것이다. 뿐만 아니라 게임이론과 컴퓨터의 발전은 한 방향으로만 움직이지도 않고 의사의 합일성을 찾기도 힘든 인간행동에 대한 최적의 결론을 찾아내는데 결정적인 역할을 할 수 있을 것으로 보인다. 따라서 현대경제학이 당면하고 있는 분석기법의 한계도 극복될 수 있을 것이라는 확신을 가져도 좋을 것 같다.

그러나 비록 경제학에 한정된 것은 아니지만 현실적합성이 매우 높고 학자집단간은 물론 일반인에게까지도 의사합일을 이끌어 낸 이론이라고 할지라도, 현실적용에 있어서는 매우 높은 장벽이 도사리고 있다. 이른바 상황파악과 대응책(정책)마련에 따르는 시차 즉 내부시차 및 대응책 시행에 수반되는 시차 즉 외부시차의 극복난 때문에, 끊임없이 변화하는 정치·경제·사회·문화·환경에 적응하면서 인간행동을 소망스런 방향으로 이끌기는 매우 힘들기 때문이다. 흔히 경제이론의 대가이고 덕망도 높으며 추진력을 갖춘 대학자도 정책시행책임자가 될 때, 그의 정책이 반드시 성공한다는 보장을 받기 어려운 것은 바로 이들 시차가 주요원인의 하나인 것으로 인정되고 있다.

그럼에도 불구하고 경제학을 포함한 거의 모든 사회과학에 있어서 상황인식과 대응 일치성 즉 "때(just in time)이론"은 거의 황무지에 가깝다. 그래서 고도의 정치성을 지닌 이론가보다 직관력(intuition)이 뛰어나고 발빠른 결단력과 대응력을 지닌 동물적 감각의 전문가·기업가·정치가 등의 판단(professional judgement)이 앞서는 경우가 많은 것이다.

따라서 다른 사회과학과 함께 경제학이 당면하는 과제는 현실인식과 대응행동에 있어서 때를 놓치지 않고 대응할 수 있는 인식·행동론의 기초를 닦는 것이다. 만일 시적합성(time relevance)인식·행동론과 결단 및 행동력이 없으면 경제분야는 물론 인류발전에 확신을 지니기 어려운 시대에 직면할 수밖에 없을 것이다. 거대기업의 경제적 효율성문제 등 일상의 경제정책은 물론 자원·인구·환경문제, 가공할 만한 인류파멸의 무기경쟁문제 그리고 성장에 수반된 인류의 반이성화 문제 등을 인식하고 대응방법을 찾으며 결단을 내리는데 있어서 시적합성을 잃을 때 결코 성공할 수 없기 때문이다. 이들 문제해결에 대한 탁월한 경제이론 틀이 정립되지 않으면 경제논리는 경제외적 논리에 함몰되고, 경제문제 해결은 어려워 질 수밖에 없다.

그러나 다행히도 인간행동의 불규칙성과 감성적 행동양식을 포함한 근사합리성 개념이 도입되고 고도의 과학기술발전이 현실인식과 대응력 모색에 있어서 시적합성 이론의 체계화를 가속시킬 가능성은 충분히 있다. 더구나 인간지혜와 결단력이 이를 뒷받침할 가능성도 내다보인다. 따라서 경제학의 지평은 지난날 보다 훨씬 넓어지고, 현대경제학의 약점이 충분히 보완될 수 있으리라는 기대도 결코 작은 것은 아니다.

이와 같은 필자의 생각은 1991년 3월 16일자 영국의 『이코노미스트(The Economist)』지가 앞으로 100년 동안의 경제학의 장래에 대하여 상당한 낙관론을 펴고 있는 것과 맥을 같이 하는 것이다. 인류의 미래에 대해서는 누구도 섣불리 예측할 수 없지만 인류가 생활하는 데 필요한 자원의 희소성과 이로 인해 비롯되는 경제문제 연구의 필요성은 의연히 남아 있을 수밖에 없다. 때문에 경제학은 분명 하나의 학문영역을 의연히 지켜나갈 것으로 보인다. 다만 끊임없이 변화하는 인간집단의 생각의 흐름과 정치·사회·문화적 변화에 대응할 수 있는 학문적 발전에 대

한 무한한 인간의 지혜 그리고 확신이 문제해결의 단서가 될 것이라는
점은 언제나 진리로 인식되기 때문이다.

3.

현대경제학이 당면한 여러 과제가 조만간 해결되고 현실적합적 이론체
계를 갖추는 한편 시적합적(時適合的) 이론 틀이 구축되어 학자들간의 의
사일치를 이룬다고 해도, 과학과 가치판단이 반명제적(反命題的)이라는 관
점에서 경제학이 과연 과학의 범주로 발전할 수 있을 것인가는 여전히 하
나의 문제로 남을 것이다. 특히 정치·경제·사회·문화에 커다란 영향을 미
치는 개인적 혹은 집단적 생각이나 그 흐름(사상)을 경제학에 포괄시킬 수
있는가가 아직도 의문이기 때문이다. 우리는 지금까지 사상은 반명제성을
지니기 때문에 경제학의 범주에서 제외시키는 소극적 자세를 견지해 왔다.
그러나 앞으로도 그럴 수 있는가는 의문이며, 그것이 경제이론의 현실적합
성을 높일 것인가도 아직은 판단하기 어렵다. 그런 면에서 최근 일단의 미
국경제학자들이 경제학에 기대라는 심리요소를 접목하는 경향에 희망을
걸어도 좋을 것 같다. 따라서 오직 해결할 수 있는 방법이라고는 경제학의
다양성을 인정하고 경제학자 집단간의 의사불일치가 오히려 현실적합적이
라는 역설을 허용하는 것이라고 판단된다.

그런데 우리 경제학 연구수준을 여기까지 확대하면 또다시 확신 없는 미
래에 부딪치게 된다. 그럴 때마다 경제학범위를 터무니없이 확대하고 욕심
을 부리는 것이 아닌가 하는 생각이 앞선다. 경제학에 새로운 이론 틀의 준
거기준을 설정하고, 설명력과 예측력 그리고 대응(정책)력을 고루 갖춘 현
실적합적 이론정립을 기대하는 것도 과욕인 것으로 생각된다. 어쩌면 사물
의 운동법칙은 물론 경제학이론도 변증법적 발전을 지속하는 것이 본질인
지도 모르기 때문이다.

그런 면에서 보면 현대경제학이 당면하고 있는 과제가 새 이론 발전의
계기이고, 새 차원의 발전이 또다시 모순을 야기하여 또 다른 차원의 발전
을 일으키는 것이 오히려 자연스러울지도 모른다. 따라서 다산이 지녔던

실학사상이 당대의 사회발전에 확신을 불어넣은 것도 끊임없이 발전하는 역사의식에 대한 확신이고, 지금도 그런 뜻의 확신을 지닐 수 있을 것이라는 생각은 해볼 수 있을 것 같다.

그럼에도 불구하고 현대경제학이 학문적으로 성숙해 가는 과정에서 이론화, 전문화, 정치화되어 대중이 접근하기 어려워지는 것이 어쩌면 당연한 귀결인지도 모르나, 현실적 유용성을 높이는 것은 매우 시급한 과제임이 틀림없다. 만일 이것이 가능한 이론체계를 구성하는데 성공하고 경제학자 집단내의 의사일치가 이뤄지면 경제학은 앞으로도 계속 발전할 수 있다는 확신을 지녀도 좋을 것이다. 그것이 곧 다산의 실학사상을 꽃피우는 길일지도 모른다. 그러나 필자는 우리나라 경제학의 정립 및 발전 기여도에 대하여 평가받을 만한 학문적 업적도 없고, 필자의 경제학 수준에서 학자 집단간의 의견일치를 이끌어낼 만한 경제학연구 역량도 없다는 점에서 다산경제학상 수상을 정말로 감사하지만 부끄러워하지 않을 수 없다.

(『한국경제신문』, 1993. 10)

한국 자본축적과정의 정치경제학적 과제
-한국경제의 발전과 전망-

1. 발전과 자본운동

1930년의 대공항 이후 경기변동에 대한 케인스 경제학적 처방이 보편화되면서, 자본주의 세계경제는 파국적인 공황을 극복할 것으로 인식되었다. 그리하여 학문적으로도 경제변동론에 대해서는 큰 관심을 기울이지 않았다. 그러나 1960년대말의 달러체제 동요와 1970년대의 석유파동이 일어나자 이런 기대와는 달리, 자본주의 경제는 또 하나의 심각한 경기후퇴(스태그플레이션)를 경험하게 되었다. 선진국은 성장률 둔화와 자본축적의 침체, 그리고 1930년대 대공황 이후 최고 수준의 실업에 시달려 왔다. 물론 일본과 같은 예외도 있으나, 세계경제상황이 나빠짐에 따라 일본경제도 계속 수축압력을 받지 않을 수 없었다.

브라질, 싱가포르 그리고 한국과 같이 수출주도형 개발도상국은 수출시장의 상대적 축소와 수출상품가격하락 압력을 비롯해서 국제금융체제의 동요와 보호무역주의 장벽에 부딪치자 경기하강 압력을 넘어서 자립적 국민경제권 형성 자체에 또다시 의문이 제기되었다. 다만 1985년말 이후 이른바 3저 즉 유가하락, 달러가치 하락, 국제금리 하락 현상에 힘입어 세계경제의 회복기미가 보이면서, 향후 경기가 상승 국면으로 진입할 수 있으리라는 기대감을 가지게 되었다.

그러나 자본주의 경제의 순환변동에 대한 영구적인 극복가능성과 20세기 후진국의 자립적 발전에 대한 의문은 아직도 풀리지 않고 있다. 특히 전후 고원경기(高原景氣)의 퇴조, 다국적기업의 발흥, 국제금융체제의 동요, 석유파동, 신흥개발도상국의 부분적 성공과 자립성 제약 등은 자본주의 경제발전의 불확실성과 심각한 순환성 그리고 불균등성에 대한 문제제기의 중심과제가 되었다.

그런데도 근대경제학은 이에 대해 문제도 제기하지 못했을 뿐만 아니라 적절한 이론적 해답을 주지 못했다. 그래서 자본주의의 발전 법칙과 동력이 무엇인가를 비롯하여, 변동요인 및 인과관계와 국민경제의 상호관계를 지배하는 원리를 설명하고 예측하여 처방을 구하는 데 대한 다른 논리의 설정이 요구되었다. 물론 다른 논리가 요구된다고 해서 반드시 새로운 것일 필요는 없다. 기존의 어떤 경제학체계 가운데에서, 최근의 자본주의 경제현상에 대해서 설명력과 예측력 그리고 실천력을 제공할 수 있는 것이면 충분한 것이다. 이러한 요구에 따라서 재해석되고 있는 분야의 하나가 이른바 정치경제학이다. 정치경제학파로는 ①후기케인스학파 ②신리카아도학파 ③근본주의 경제학파(fundamentalists) 등을 일컬을 수 있을 것이다.

정치경제학의 이론체계 가운데 공통점의 하나는, 자본주의 경제분석의 논리적 중핵을 자본의 운동에 두고 있다는 점이다. 이들은 "자본은 바로 자본주의사회에서 가장 지배적인 힘이기 때문에, 그 순환은 자본주의 경제분석[1]에서 중심적 위치를 차지한다"라고 주장한다. 그리고 자본의 개념과 성격을 "자본은 스스로 가치를 증식시키려는 가치이기 때문에, 본질적으로 하나의 과정, 즉 가치를 생산하고 가치를 재생산하는 과정이다. 바꿔 말하면 자본은 자기 스스로를 자본으로 재생산하는 과정에 있는 가치이며, 과정에 있기 때문에 운동의 상태에 있다"(Fine & Harris, 1979, pp.3~4)라고 규정한다. 따라서 자본운동(the motion of capital)은 가치증식운동을 본질로 하는 자본(가)의 성격과 형태를 의미한다.

그런데 자본운동은 다음과 같은 두 가지 개념의 형태로 진행되며, 그 목적은 이윤추구이다. 즉 "자본운동은 자본일반(capital-in-general) 또는 개별자본(individual or many capital)[2]이 잉여가치(이윤 : 역자)를 증식하는 과정"

---

1) 원문에서는 "생산양식(mode of production)"으로 쓰고 있다. 이하 변형해서 쓰기로 한다.

2) 자본일반은 자본과 노동관계에서만 파악되는 자본이고, 개별자본은 상업자본, 산

이다. 그리고 자본운동은 으레 자본의 잉여가치 증식과정에서 스스로 그 크기가 커지기 때문에, 자본축적과정이라고도 한다. 이 "자본축적과정이 자본주의 경제의 가장 중요한 동력이며, ……이 축적과정은 결코 진공 속에서 일어나는 것은 아니다. (개별자본간 : 역자)경쟁의 강제력 때문에 불가피하게 일어난다."(Fine & Harris, 1979, p.69)

그러나 자본주의 발전의 동력인 자본운동 또는 자본축적과정은 가치증식의 본질 때문에 "사회적 총자본에 대한 이윤의 절대량이 증가하지만, 그와 동시에 이윤율의 하락을 초래한다." 다시 말해서 "계속적으로 고도화하는 자본장비율[3]은 ……일반적 이윤율의 하락으로 나타난다."(Marx, 1972, p.213) 물론 이와 같은 자본과 자본운동개념의 사용 그리고 자본운동법칙에 대해 의견을 달리하는 이론들은 많다. 하지만 근대경제학이 갖는 현실경제현상에 대한 분석과 대응이론의 무력성 때문에, 이와 같은 정치경제학의 논리기저에 대한 재해석의 필요성은 더욱 강조되고 있다. 다만 이들 근본주의적 정치경제학파가 강조한 자본의 역할과 운동의 중요성은 높은 추상성을 가지기 때문에, 그 중요성은 그대로 인정하되 그 개념을 현실세계의 구체적인 차원으로 끌어내릴 필요가 있다.

"주기적인 공황의 원인이 무엇인가에 대한 의문은 간단히 대답할 수 있다. 실제로 투하된 자본은 생산될 뿐만 아니라 생산을 수행한다. 지출로 취급되는 투자는 번영의 원천이며, 투자의 증가는 기업을 성장시키고 더 많은 투자를 자극한다. 그러나 한편으로 모든 투자는 설비의 증가이며, 투자가 행해짐과 동시에 기존 설비와 경쟁하게 된다. 투자의 비극은 그것이 유용하기 때문에 공황을 야기하는 것이다. 많은 사람들은 이 이론을 역설이라고 생각할 것이다. 그러나 역설적인 것은 이론이 아니라 자본주의 경제의 실체이다."(Kalecki, 1939, pp.148~149)

칼렉키(Kalecki)가 사용한 자본개념은 이윤추구를 목적으로 하는 구체적인 투자이다. 그래서 앞에서 인용한 정치경제학자들의 자본 또는 자본운동개념과 같이 추상성이 높은 것은 아니다. 그러나 추상적 개념의 자본이든

업자본, 금융자본으로 분화한 것과, 이들 분화된 자본(기업)간의 경쟁관계에서 파악되는 구체성을 지니는 것들이다.

3) 원문은 "유기적 구성"이나 이하 변형해서 쓰기로 한다.

구체적인 개념의 투자이든 자본주의 발전의 동력이 자본 또는 자본운동이라는 점은 동일하다. 그리고 자본주의 경제는 자본운동이 가져오는 성공 때문에, 스스로 발전을 제약하는 요인을 생성시킨다는 것도 같은 비중으로 이해되고 있는 것이다.

이와 같은 관점에 반해서 발전을 사회체제 전체로 이해하고, 발전의 요인을 다원적으로 보는 이론도 있다. 그러나 이들 학자들이 내세우는 여러 발전요인 가운데 어떤 것이 기본적인가에 대해서는 정치경제학파와 거의 견해를 같이하는 것으로 해석된다. 그들은 사회경제체제[4]의 발전이 "총체적인 사회경제체제의 상향운동"(Myrdal, 1977, p187)이기 때문에, 비록 자본주의사회라고 할지라도 자본운동 하나만이 유일한 발전요인이라고 주장하지는 않는다. 발전은 곧 한 사회구성체의 종합적인 운동의 결과인 것이다.

다시 말하면 자본주의 사회경제에는 구체적인 사회구성체에서 작용하는 일반논리, 즉 자본운동을 동력으로 하는 생산양식에 변화가 생기고, 이어서 상부 사회구성체가 형성되고 변화하는 것이다. 그리고 사회구성체는 각 시기와 국민국가 등 지역에 따라서 여러 가지 생산양식이 복합적이고 계층적으로 접합된 형태로 존재한다. 이런 성격의 사회구성체가 때로는 발전성을 가질 수도 있고, 때로는 정체성을 띨 수도 있다.

그러나 한 사회구성체의 변화발전 특히 경제성장을 가져오는 기본적인 요인 또는 동력이, 자본주의 경제에서는 자본 또는 자본운동이며 그 구체적인 형태가 자본축적과정이라는 것은 비록 경제결정론적인 관점에 서지 않더라도 부인하기 어렵다. 왜냐하면 물적 기초의 향상 없이는 사회발전이 기대되기 어려운 데다가, 자본운동이 경제적 재생산과 함께 사회적 재생산을 수반하기 때문이다. "자본운동은 경제적 재생산과 사회적 재생산운동을 동시에 한다. 경제적 재생산은 가치의 생산·교환·분배 및 소비과정과 직접적으로 관련된 관계이고, 사회적 재생산은 정치적·계급(사회)적 관계들의 형성관계이다." 그러나 다행스럽게도 "자본주의의 경제적 운동법칙에 관한 연구가 계급관계 전체의 사회적 재생산을 사상하고도 이루어질 수 있다는

---

4) 사회경제체제는 사회구성체로 이해할 수 있다. 그리고 그 구성요소는 상부구조와 하부구조로 나뉘어 있음을 이해하기 바란다. 여기에 대해서는 Holesovsky, 1977, pp.17~25를 참조하라.

사실은 중요하다. ……왜냐하면, 노동력 상품의 재생산은 자본주의에 필수적이며 그것은 사회적 재생산과 경제적 재생산 사이의 직접적인 매개체이기 때문이다. ……경제적 재생산 분석은 ……위의 두 조건들이 어떻게 자본의 총체적인 순환과정을 통해 이루어지는가를 보여주기 때문이다."(Fine & Harris, 1979, pp. 94~95)

물론 자본순환과정이 야기하는 경제적 재생산운동과 사회적 재생산운동에 있어서, 자본운동이 경제적 재생산과정을 통하여 사회적 재생산과정을 변화시키는 일방성만을 가지는 것도 아니다. 이 점이 곧 현대경제를 다시 해석하고 설명해야 하는 기본 이유 가운데 하나이다. 그러나 자본주의의 경제적 운동법칙에 관한 연구가 자본운동의 사회적 재생산관계를 사상하고 경제적 재생산관계만으로 가능할 뿐만 아니라, 사회경제 전체의 운동원리를 터득하게 한다는 것은 대단히 유용한 것이다. 따라서 이 논문에서도 자본운동이 귀결하는 두 측면 가운데 사회적 재생산관계에 대한 논의는 제외하고자 한다. 그러므로 이 글의 주제를 자본운동의 성격과 유형이 어떤가를 살펴보는 데 한정하는 한편, 이를 한국경제의 현실에 적용해서 우리 경제 발전과정의 성격을 구명함과 동시에 그 발전을 전망하는 데 그치고자 한다.

2. 자본운동과 경제변동

1) 자본운동의 기본성격과 경제변동

자본운동은 자본일반으로서의 운동과 개별자본으로서의 운동으로 구분된다. 자본일반의 운동양식은 가치생산과 교환·분배영역을 둘러싸고 직접생산자 계층과 생산수단 소유자 계층간의 대립관계를 규정하는 경제적·사회적 재생산관계이다. 개별자본의 전형적인 운동양식은 구체적인 새 가치를 생산하여 스스로 가치를 증식(재생산)하는 산업순환과정의 경제적 재생산 형태이다. 그리하여 개별자본운동은, 화폐(전불비용)→(노동과 원료·설비 등)→생산자본→(증식된)상품자본→(증식된)화폐의 형태를 취한다.

뿐만 아니라 개별자본운동의 전체는 생산·교환·분배 및 소비를 총체적으로 지배한다. 다만 개별자본운동과정에서 생산은 그 자체를 규정할 뿐만 아니라 다른 구성요인을 지배하기 때문에, 기본적인 의미에서 경제의 총과정을 결정한다고 말할 수 있다. 그렇다고 자본운동과정상의 여러 관계가 교호적 영향을 미치지 않는 것은 아니다. 이 말은 생산·교환·분배 및 소비·투자가 서로 영향을 미치지만 생산 없이는 교환·분배 및 소비·투자가 없다는 것을 의미하기도 한다. 물론 교환·분배 및 소비·투자과정을 경시한다는 의미는 더욱 아니다. 하지만 개별자본운동에서는 생산영역이 우위성을 가지고 총체적인 경제과정에서 순환한다는 점에 유의해야 한다.

그런데 개별자본의 재생산과정에서 노동과 원료·설비를 투입하여 새로운 가치로 증식된 상품을 생산하는 활동은 생산영역이고, 화폐를 받고 상품을 판매하며 투입상품(노동력 포함)을 구입하는 활동은 교환영역이다. 이 과정에서 생긴 잉여가치를 직접 생산자 계층과 생산수단 소유자간에 배분하는 과정(이는 생산과 교환영역에서 모두 생긴다)이 분배과정이다.

어떤 형태의 자본이거나 어떤 운동과정에 있거나 간에, 자본운동의 기본적 성격은 이윤 즉 잉여가치의 추구이다. 자본운동과정에서 이윤이 창출되지 않거나(가치대로 교환이 이루어지지 않기 때문에), 가치이윤이 가격이윤으로 실현되지 못하면 자본운동은 수축 내지 정체된다. 경제변동은 자본운동과정에서 이윤창출에 변동이 있거나, 기대 또는 실현의 가격이윤율이 진폭을 보일 때 생긴다. 따라서 운동 중의 자본은 잉여가치 창출의 감소, 즉 가치이윤율의 하락을 극복하고자 하는 한편, 기대 또는 실현가격이윤율[5]의 저하도 상쇄시키려는 방향으로 운동하기 마련이다. 특히 경제관계 내면을 살펴볼 때 개별자본 운동과정에서는 이와 같은 자본운동의 본질이 철저히 발휘된다.

자본운동과정에서 가치이윤율과 가격이윤율 저하를 막아 보려는 자본의 재생산과정은 두 가지로 이루어진다. 하나는 자본운동과정에서 스스로 가치이윤율과 가격이윤율 저하 경향을 저지하고 경제의 수축변동을 억제하

---

5) 가치이윤(율)과 가격이윤(율)의 개념과 관계에 대해서는 Fine & Harris, 1979, pp.22~24 및 Rosdolsky, 1977을 참조하라.

려는 운동형태이다. 자본운동과정 밖에서 이윤율 감소 내지 저하를 저지하
고자 하는 것은, 상부구조가 자본운동의 동조자적 성격을 지녔기 때문이다.
이와 같은 자본운동상의 성격은 자본일반으로도 불가피하지만 개별자본운
동과정에서는 더욱 치열하다.

자본운동과정 중 생산영역에서 가치이윤율이 감소 또는 저하하는 이유
는 자본이 노동력의 사회적 필요노동시간 이상으로 실제노동시간을 연장
할 수 없거나, 일정한 실제노동시간에서 차지하는 필요노동시간의 비중이
커질 때 발생한다. 또 하나는 잉여가치량이 일정하더라도 자본의 유기적
구성이 고도화될 때 가치이윤율이 저하하게 되는 경우이다. 이것을 흔히
이윤율 저하경향법칙이라고 부른다. 이런 경우는 상품이 가치대로 교환되
어 가격이윤율을 실현한다고 하더라도 가격이윤율 자체가 저하하게 되며
자본운동은 수축 내지 정체될 수밖에 없다. 그 반대도 성립된다.

운동과정 중 자본이 잉여가치를 생산했음에도 불구하고 실현가격이윤율
이 감소 또는 저하하는 경우는 교환영역과 분배영역에서 발생한다. 만일
교환영역에서 유효수요의 과부족 상태가 나타나면, 생산영역에서 생산된
상품은 초과수요 또는 수요부족현상과 함께 가격의 상승 또는 인하가 수반
되기 마련이다. 그 결과 상품은 가치대로의 교환이 이루어지지 못하거나
가치실현이 불가능하고, 실현가격이윤율은 상승 내지 저하된다. 그에 따라
자본운동은 확대 내지 정체되며, 이런 현상을 우리는 호황 또는 불황이라
고 한다.

분배영역에서의 이윤율 증감은 자본가와 노동자계층간의 실현가치 배분
과정에서 발생한다. 따라서 분배영역의 이윤(율)은 실현가격이윤(율)의 크
기 여부에 관련된다. 그리고 분배영역의 이윤율 결정은 기본적으로 생산관
계의 산물이지만, 분배과정 내에서 독립적으로 결정되는 것으로 이해되기
도 한다. 후자의 논리에 한정되는 분배론 학파는 후기케인스학파와 신리카
아도학파이다. 이들은 실현된 가격영역이 노동자계층과 자본가계층간의 세
력에 따라 배분된다고 설명한다. 따라서 임금과 이윤의 배분은 상충(trade-
off)관계에 있는 것이다.(Sraffa, 1957 ; Robinson & Eatwell, 1973, pp.189~
190, pp.193~195)

이와 같은 분배과정에서 임금 몫의 분배분이 커지면, 이윤율은 저하된

다. 따라서 자본운동은 수축될 수 있고, 이윤율이 마이너스가 되면 자본 증식은 정지되고 공황에 도달하게 된다. 이런 현상이 일어나기 위해서는 잉여가치가 발생하지 않거나, 가치실현이 불가능하여 가격이윤이 없거나 마이너스일 때에는 물론 전체 가격이윤이 임금 분배분으로 많이 배분되어 자본이윤이 없을 때 등이다. 이 가운데 전체 가격이윤이 임금 분배분으로 배분되는 현상은 노동력의 사회적 필요노동량이 증가하거나 노동조합 등 노동자계층의 교섭력이 강화된 경우 등이다.

이처럼 자본운동이 지속됨에 따라 "자본축적은 필연적으로 이윤율 저하경향과 상쇄요인들로 하여금 서로 모순된 방향으로 발전하게 된다. 즉 순조로운 축적을 불가능하게 하기 때문에 공황이 발생하는 것이다. 반대로 공황은 이러한 자본축적과정에서 생기는 두 가지 상반된 모순을 해결해 주어 자본구성을 재편성하고 자본운동을 지속시킨다. 자본구성의 재편성은 불변자본과 가변자본 구성요소들이 가치감소(devaluation) 없이 교환가치감소(depreciation)를 가능하게 하고, 상대적 가치이윤을 증가시킬 수 있게 한다. 더구나 공황이 실현이윤율이 하락하기 전에 자본의 교환가치 감소에 의하여 촉진되면, 자본의 교환가치 감소과정이 진행되어 가격이윤율 저하경향은 상쇄되고, 자본운동은 지속될 수 있다."(Fine & Harris, 1979, pp.84~85) 이 점이 정치경제학적 자본운동의 분석 틀이고, 경제변동론의 핵심이다.

2) 자본운동의 제 형태

지금까지 우리는 자본주의 경제의 재생산과정에서 동력역할을 하는 자본(운동)의 기본성격과 유형, 그리고 경제변동의 인과에 대하여 고찰했다. 자본(운동)은 최대이윤을 추구하지만, 이를 위해서 스스로 가치를 창조하고 자본을 증식하는 과정에서 자본장비 등 자본의 유기적 구성은 고도화되나 가치이윤율은 저하하는 모순적 경향이 있음은 물론 가격이윤율도 끊임없이 변동한다. 가치이윤율의 저하경향과 가격이윤율의 변동은 자본이 존립하는데 제약을 가하는 기본모순이다.

따라서 자본은 공황에 의한 자본 재편성과정에 도달하기 이전에 끊임없이 가치이윤율의 저하경향과 가격이윤율의 변동을 상쇄하고자 하는 자기

존립운동을 심화한다. 자본의 이윤율 저하경향을 상쇄하고자 하는 자본운동은, 자본순환과정 안에서 스스로 존립을 지향하는 성향과 자본순환과정 밖에서 자본존립을 밑받침하는 것으로 대별된다. 앞의 것은 다양한 자본운동의 자기속성이며, 뒤의 것은 자본운동의 사회적 재생산과정에서 나타나는 국가의 개입이다.

이 가운데 우선은 강렬한 이윤추구 지향성을 갖고 있는 자본운동이 자본순환과정 내부에서 어떤 형태로 이윤율 저하경향을 상쇄하는가를 고찰하고자 한다.

가. 생산영역의 우위성-분업과 자본장비율의 제고

자본주의 경제에서의 생산은 임금노동제 아래에서 이루어진다. 임금노동제에서는 필요노동시간을 초과하는 노동시간이 자본의 잉여가치(이윤)가 된다. 따라서 이윤을 얻는 기본요소는 절대적으로나 상대적으로나 초과노동시간에 의해서 잉여가치를 창출하는 데 있다. 잉여가치창출을 감소 내지 저하시키지 않기 위해서는 절대노동시간을 늘리거나 상대적으로 필요노동시간을 줄여야 한다. 그러나 절대노동시간의 연장은 노동력의 재생산과 사회적 제약으로 일정한 한계를 벗어나기 어렵다. 다만 공황 등의 자본운동 재편성과정에서 산업예비군이 급증할 때 일정한 수준까지 절대노동시간을 연장할 수 있다.

그리하여 자본은 일반적으로 상대잉여노동시간의 연장(즉 생계비 감소와 기술향상·노동심화)을 보편화시킨다. 그것은 곧 자본장비율을 높여서 자본의 유기적 구성을 고도화하거나 생산과정은 물론 교환과정을 전문화하는 경향이다. 다만 생계비 감소에 의한 필요노동시간의 감축은 전근대적 소비재 생산부문의 자본제화가 이행될 때는 이를 보장하기 어렵다. 그리하여 자본운동은 노동심화 지향을 위한 자본의 유기적 구성의 고도화와 생산의 전문화를 가속화한다. 이것이 곧 자본장비율의 제고 및 분업과 협업이다. 이 가운데 분업과 협업의 가능성은 사회적·기술적 협업과 분업의 발달 정도에 의존한다. 그 현상은 개별자본운동과정에서 산업간 생산가치와 교환가치가 일치하지 않으면 가치이윤율과 가격이윤율도 불일치하므로, 이것이 같아지도록 산업간 자본과 노동을 이동시킬 때 생기는 것이다.

저발전 단계의 자본운동과정에서는 산업간의 가치이윤율과 가격이윤율 격차가 크지 않기 때문에, 분업과 협업의 수준도 낮다. 그러나 고도발전 단계에 이르면, 그 격차가 커지기 때문에 기술향상과 전문화를 통한 분업과 협업의 수준은 높아진다. 그리하여 산업화의 수준이 높아질수록 산업도 세분화·다양화되어 전문성을 가지게 되며, 노동유형도 여기에 따라가게 된다. 그러므로 자본주의 발전속도가 빠른 사회에서는 노동력이 산업발전에 따라 적응할 수 있도록 전문교육을 심화시켜야 한다. 만약 여기에 시차가 생기면, 가치이윤(율)은 저하할 수밖에 없는 것이다.

자본이윤율 저하경향을 상쇄하기 위한 상대적 노동시간 연장운동 가운데, 산업의 전문화와 함께 일어나는 것은 기술향상·자본장비율의 제고이다. 이것은 기계·장비·장치 등의 시설투자를 늘려, 동일 노동시간으로 보다 많은 가치를 창출하려는 노동심화과정이다. 자본운동의 본질적 성격은 가치생산과 이윤율 저하경향을 상쇄하고자 하는 자본장비 등 전불비용의 증대 과정이라고 규정할 수 있다.

그러나 이윤율 저하경향을 상쇄하기 위한 기술개발 투자의 증대는, 유기적 구성의 고도화를 유발하여 장기적으로는 다시 이윤율 저하경향으로 작용하게 된다. 따라서 이윤율 저하경향을 지속적으로 상쇄하기 위해서는, 지속적인 기술개발과 혁신 또는 효율화 투자가 일어나야 한다. 이 과정에서 자본주의는 동태적인 성장을 계속하는 것이다. 만일 지속적인 기술개발과 투자가 일어나지 않으면, 이윤율 저하경향은 상쇄될 수 없고 자본운동도 정체될 수밖에 없다. 이것이 곧 공황이다. 이 공황에서도 자본가치구성이 재편성되고 이윤율 저하경향이 상쇄되지 않으면 공황은 파국적일 수밖에 없다.

나. 자본운동의 극대화 명제-자본의 집적과 집중

자본운동의 본질은 가치이윤(율)은 물론 가격이윤(율)을 저하시키지 않고 극대화하는데 있다. 그러나 가치이윤이 창출되고 저하되지 않았다고 해도 그것이 가격이윤으로 전화되기 위해서는 시장에서 가치대로 판매되어야 한다. 다시 말하면 개별자본이 생산한 상품의 개별가치는 시장평가(가격)와 일치하여야 한다. 그러나 총수급이 일치하더라도 개별상품간에는 가치실현을 위한 시장판매과정에서 가격경쟁[6]을 하지 않으면 안 된다. 그리하여 개별자본간에는 상품의 판매 즉 가치실현 과정에서 생산가치에 상응하는 가격 또는 그 이상의 가격을 실현하고자 하는 치열한 경쟁을 벌이게 된다. 이것이 교환과정에서 자본축적을 촉진하는 경쟁과정이다.

그런데 경쟁의 승패는 상품가치 즉 필요노동시간의 감소를 통한 상품가격의 저렴화에 의해서 결정된다. 이것은 기술진보 즉 수확체증을 통해서 달성되고, 기술진보는 거꾸로 자본축적을 필요로 한다. 이와 같은 개별자본의 경쟁은 다른 개별자본의 시장가치 실현을 불리하게 하고자 하는 공격성을 가질 때도 있지만, 다른 개별자본이 유리한 위치에 서게 될 때 방어하고자 하는 성향도 있다. 어떤 형태든 개별자본간에 경쟁이 일어나면 임금률과 이윤율은 균등화하는 경향을 갖게 된다. 여기서 말하는 임금률과 이윤율의 균등화 경향은 자본과 노동의 완전가동성이 전제되는 것이므로 경향성과 높은 추상성을 갖는다. 따라서 현실과 반드시 일치하지는 않는다.

그리고 경쟁력은 개별자본의 축적가능성에 의해서 제약된다. 결국 축적은 전후방성을 갖는 셈이다. 그리고 개별자본축적의 원천은, 첫째 개별자본 이윤의 지속적인 재투자이다. 이 과정이 자본의 집적(accumulation)이다. 둘째 원천은 자본의 생산과정 밖에 유리되어 있는 화폐적 자본(금융자금 등)[7]을 개별자본의 생산과정에 유입시키거나, 다른 개별자본을 합병하는 것이다. 이 과정이 자본의 집중(concentration)이다. 두 가지 축적 유형 가운데 전자는 이윤의 재투자라는 점에서 가치와 가격이윤 실현제약 때문에 장기간을 요구한다. 반대로 후자는 고도의 금융제도와 국가권력의 개입여부에 따라서 그 속도가 대단히 빨라질 수 있다. 어느날 갑자기 재벌이 되거나, 외자에 의한 성장이 가능한 후진국의 기업이 그 예이다. 그리고 이 축적과정에서 탈락한 자본은 소멸된다. 이것이 독과점 또는 경제력 집중의 본질이다. 그러나 이 과정은 다시 이윤율을 저하시키고 공황에 이르는 모

---

6) 가격경쟁은 동종 상품간에도 있지만 다른 상품간에도 생길 수 있다.
7) 화폐적 자본은 국민경제 내부의 것일 수도 있고 국제자본일 수도 있다.

순을 유발한다.

다. 생산과정에서의 자본분파

가치증식 즉 이윤추구를 목적과 본성으로 하는 자본이 가치를 증식시키는 영역은 모든 생산과정이다. 따라서 개별자본순환은 생산과정을 중심으로 해서 일어난다. 하지만 상품, 화폐경제를 특성으로 하는 자본주의에서는 생산영역의 자본순환이라고 하더라도, 교환과정의 화폐로 생산수단과 노동력을 포함한 투입물을 구입하는 데서부터 출발한다. 그리고 생산된 상품을 판매하고 증식된 화폐를 획득하는 과정을 걷는다[M-C(MP, LP)... P... C′ - M′]. 이런 과정에 있는 화폐는 비록 화폐지만 직접 가치증식과정에 참가하기 때문에 산업자본이라고 한다.

산업자본의 순환과정에서 가치증식활동 초기에 필요한 화폐량을 산업자본가가 충분히 조달하는 경우는 드물다. 더구나 개별산업자본간의 경쟁과정에서 생산가치를 가치대로 또는 가치 이상으로 실현하기 위해서는 다른 개별자본을 필요노동투입보다 줄여야[원가절감] 한다. 즉 기술개발과 자본투입을 증대시켜 노동생산성을 높여야 한다. 결국 자본집적 또는 집중을 요구하게 된다. 자본집중과정은 이윤의 재투자가 아니므로 여타 개별자본을 합병하거나, 생산영역밖에 유리되어 있는 화폐를 유입시켜야 한다. 물론 다른 개별자본을 합병시킬 경우 이윤으로의 재투자가 불가능하면, 외부로부터의 화폐유입을 필요로 한다[Mm-C(MP, LP)... P... C′ - M′]. 산업자본의 요구에 따라서 대부되는 자금을 대부자금, 이자부 자금 혹은 금융적 자본이라고 한다. 이런 자금은 전기에 생산된 가치분배 중 소비 후 잔여분이 개인 또는 신용기구에 의해서 집적된 것으로 생산영역 밖에 유리된 것이다. 이 자금도 생산영역에 투입 순환되는 동안에는 자본이다. 그러나 순환이 끝나면 화폐가 초기 차입액보다 커져서 대부자에게 상환되어야 한다. 커진 만큼의 화폐이자는 생산잉여가치(이윤) 중의 일부 또는 전부일 수 있다. 이것은 산업자본과 금융자본간에 이윤이 분할되는 것을 의미한다. 따라서 일정규모의 자본이 창출한 잉여가치 배분에 있어서 금융자본 투입에 따라 이자가 지급되면 금융자금 투입이 없을 경우보다 이윤율은 떨어진다.

그럼에도 불구하고 산업자본이 금융자금의 투입을 필요로 하는 것은, 앞에서 언급한 이유 이외에 금융자금이 산업생산과정에 재투입되어 경쟁력이 약한 여타 개별자본을 흡수하여 축적과 자본집중을 가능하게 해주기 때문이다. 그 결과 개별자본은 경쟁에서 이길 수 있고 이윤율균등화는 물론 이윤율 저하경향을 상쇄할 수 있다. 자본순환과정이 끝났을 때, 금융자본에 대하여 이자분 만큼의 가치분할은 불가피하지만, 확대재생산이 가능하기에 자본운동의 위축 또는 소멸을 극복해 주는 결정적 요소라고 하지 않을 수 없는 것이다. 한편 금융자본은 다수의 산업자본가에게 자금을 공급할 수 있는 데다가 약정기일에는 자금회수를 요구하여 생산과정 중에 있는 자본운동을 정지시킬 수도 있기 때문에 산업자본을 지배하는 성격을 갖게 된다. 이자부 자본은 근대 이전에도 존재했으나 산업자본이 존재하지 않았으므로 금융자본의 성격을 가지지 못했다. 그러나 산업자본발전 이후에는 금융자본이 산업자본을 지배하는 성격을 갖기 때문에 흔히 금융독점자본주의단계라고도 한다.[8]

그러나 화폐 가운데는 어떤 상품을 구매하여 가치증식(가공, 노동투입) 없이 동일한 상품을 비싼 값으로 판매함으로써, 원래 투입한 화폐량보다 큰 화폐를 얻는 교환과정에 속하는 것도 있다(M-C-M′). 이와 같은 화폐는 화폐량을 증가시키기는 하지만 가치를 증식시키는 것은 아니다. 그렇다고 해서 교환 즉 유통과정의 화폐가 유통비용을 절감하고 산업자본이 생산부문에 더 많이 전불되도록 하여 잉여가치 생산에 간접적인 기여를 한다는 것을 부인하는 것은 아니다. 따라서 상당한 정도의 유통은 반드시 필요하다. 이런 화폐를 상업자본이라고 한다. 그러나 상업자본이 과도하게 비대하거나 산업자본으로부터 독립성이 과도한 수준에 이르면, 산업자본의 가치생산을 종속시켜 잉여가치를 전유함으로서 생산위축, 즉 공황을 유발할 수가 있다. 따라서 자본주의 발전과정에서 상업자본의 과도한 비대는 바람직하지 않으며, 가치증식과정 외에 있기 때문에 실제로 비대해지기도 어렵다. 그러나 역사적으로 보면 상업자본은 전근대사회에서부터 존재했다. 산

---

8) 금융자본의 산업지배 성격은 독일의 경우(지점은행주의)와 미국의 경우(단위은행주의) 각각 다르다. 이에 대해서는 Hiferding, 1981과 Sweezy, 1956, pp.265~269를 참조하라.

업자본이 상업자본의 전환에 의해 형성될 수 있었다는 것은 상당한 의의를 갖는다.

자본운동과정에서 개별자본은 상업자본, 산업자본 및 이자부자본 또는 금융자본 등의 여러 형태로 분파된다. 이러한 자본분파는 모두 산업자본의 이윤율 저하경향을 상쇄시킬 수 있는 범주 내에서 존립하고 또 확대될 수 있다. 그러나 산업자본이 이윤율 저하로 존립할 수 없는 상황에 이르면, 상업자본과 금융자본도 존립이 어렵다. 따라서 자본의 분파 역시 이윤율 저하경향을 상쇄하기 위한 자본운동의 한 형태라고 보아야 할 것이다.

3) 자본운동과 정부 및 국민국가

자본운동은 이윤추구과정에서 유발되는 이윤율 저하경향을 극복하기 위하여, 자본순환과정 내부에서 이윤율 저하경향에 대한 끊임없는 상쇄운동을 병행한다. 그것은 ①분업과 협업 ②자본의 집적과 집중 ③기술개발과 자본분파의 다양화 등이다. 그러나 이러한 자본운동의 자율적 조절역할은 일정한 한계가 있다. 만일 사회의 경제적 자유가 급격히 신장하여 필요노동시간 이상의 초과노동을 거부한다든지, 자본의 집중과정에서 필요한 자금을 생산영역 내에서 조달할 수 없다든지, 공황이 격렬하여 상품의 가치실현이 불가능할 만큼 유효수요가 부족한 경우에는 자본순환 내지 운동자체가 수축될 수밖에 없다.

자본운동과정의 모순이 자본순환과정 자체에서 극복되고 이윤율 저하경향을 상쇄할 수 있는 한 자본운동은 스스로 지속될 수 있다. 따라서 정부의 역할은 자유로운 자본운동 특히 경쟁을 보장할 수 있는 사회체제를 유지하는 데 그친다. 이렇게 자율적 자본축적과정이 가능하고 정부가 자본운동에 대하여 중립적인 단계는 자유방임 자본주의이다. 그러나 경쟁적 자유방임주의가 보장되는 경우는, 자생적 진보를 해온 영국과 미국 등 극소수 국가에서도 18세기 중엽에서 19세기 중반까지 약 1백여 년에 불과했다. 사실이 기간은 자본주의 경제발전의 정착기에 해당된다. 반대로 그 이후는 경쟁적 자유방임의 자본운동이 제약되었다는 것을 뜻하므로 자본운동의 일반논리에 비추어 보아 자율적 자본축적과정이 불가피하게 제약되었다.

이처럼 자본축적이 상당히 진전되고 자본의 집적과 집중이 심화되며 임금노동제가 확립되면, 노동관계와 생산영역 내에서의 화폐조달 그리고 상품가치실현 등에 제약이 따른다. 그리고 자본순환과정 내부의 상쇄운동만으로는 이윤율 저하경향을 억제할 수 없다. 그러므로 자본운동의 지속을 보장받게 하기 위해서는 자본순환과정 밖에서, 자본운동이 빚는 모순을 극복해 주어야 한다. 이런 요구는 자유방임주의가 자본의 집적과 집중을 심화시켜 독점자본주의로 이행했을 때 더욱 심화된다. 독점자본주의는 공황시에 금융자본과 상업자본이 붕괴하여 산업자본과의 경쟁을 가열화하고, 노동자계층의 초과노동 거부의 강도도 심화된다. 잉여가치를 취득하는 지배적 형태가 이자이기 때문에 이윤율 저하경향은 더욱 가속화되고, 그 상쇄요인의 작용은 이윤율 저하경향을 극복할 수 없게 한다. 따라서 이와 같은 자본운동과정의 제약요인을 자본순환과정 이외에서 부분적으로 해결해야 할 필요성이 생긴다. 이 역할을 담당해 줄 주체는 정부이다.

정부는 자본운동이 재생산한 사회체제이므로 정부를 재생산하는 모체인 자본운동을 유지하는 역할을 담당하지 않을 수 없다. 따라서 정부는 본질적으로 계층성을 갖게 된다. 그리고 그 특성은 첫째로 국가가 사적신용을 대신해서 금융관리를 담당함으로써 자본축적과정에서 발생한 이윤율 저하경향을 상쇄시키고 자본축적을 조절하는 것이다. 그 방법은 통화관리와 신용배분 및 이자율 조절이다. 둘째는 조세와 재정지출을 통한 자본운동의 이윤율 저하경향 상쇄이다. 그 방법은 개별자본에 대한 조세부담 경감과 보조금 지급 및 사회간접자본의 조성·공급이다. 셋째는 노동자계층의 경제적 자유에 대한 한계설정이다. 넷째는 개별자본운동의 직접적인 경쟁제한이다. 경쟁제한의 방법은 인허가와 특허 등이다. 이 가운데 가장 일반적이고 지속적이며 광범한 것은 정부의 통화관리와 신용할당이다. 사실 통화관리와 신용할당이야말로 자본운동의 이윤율 저하경향을 상쇄시켜서 자본축적을 지속하게 해주는 지주라고 해야 할 것이다. 이런 면에서 볼 때, 금융의 관점은 단순히 유동성 조절이라는 표현에 그쳐서는 안된다고 생각한다.

그런데 여기에서 유의해야 할 대상은, 20세기 후진국처럼 식민지 지배를 받으면서 자본주의 순환과정에 편입된 연유로 사회구성체가 여러 가지 생산양식으로 접합된 경우이다. 다시 말해서 식민지 반봉건적 사회구성체를 벗어나지 못한 나라의 발전이행에 관한 문제의 이해이다. 이들 나라의 자본운동은 원래 식민지 반봉건성 때문에 자율적 축적력을 갖지 못한다. 식민통치가 종식된 후에도 상당 기간 식민지 반봉건 사회구성체는 유지될 수밖에 없다. 그런데도 고도 발전단계에 있는 선진자본주의 자본 즉 다국적 기업과 국제통화체제의 순환과정에 편입되어 있기 때문에 국가간 개별자본운동에 있어서는 자본운동의 일반법칙에 지배된다. 사회구성체는 전형적 자본주의 생산양식의 것이 아닌데도, 자본운동은 전형적인 자본순환과정을 걸어야 하는 모순관계에 서는 것이다.

이런 경우 개발도상국의 자본운동이 안고 있는 과제는, 첫째 사회구성체를 자본주의적으로 해체 재편성하거나 전혀 다른 사회구성체로 이행하는 것이다. 둘째, 일단 자본주의적 사회구성체로의 전환이 선택되었다면 자본운동의 모체[9]가 되는 자본을 형성하는 것이다. 셋째는 선진자본주의권과의 자본운동관계에서 자본의 종속 또는 불균등 발전을 단절하는 것이다.

그러나 이와 같은 과제 중에서 20세기 후진국의 사회구성체 선택은 대개 후진국 자신의 의사와는 관계없이 이루어진다. 그 중 자본주의 경제질서로 잔류할 경우, 사회구성체는 근본적인 해체·재편성 없이 식민지 반봉건적이든 기타의 것이든 접합된 사회구성체로 머문다. 뿐만 아니라 후진사회가 선진사회와 맺는 자본운동관계에서는 대내적인 자율적 자본운동력의 성숙 없이는 종속 내지 불균등발전을 단절할 수가 없다. 따라서 후진국의 지속적 발전을 기대하기가 어렵다. 후진국의 발전은 거의 접합 사회구성체와 종속 내지 불균등 자본운동관계 속에서 자본운동의 모체를 잉태시키고 성장시키는 데 그친다.

이런 조건 속에서 개발도상국이 자본운동을 시동시킬 경우 자유방임적 성숙과정을 걷기는 힘들다. 첫째로 자본운동의 모체가 열악한 데다가, 이를 자유방임적 과정에서 성장시키려면 개별자본이윤의 재투자에 의존할 수밖에 없기 때문이다. 이 경우에는 선진국 자본운동의 역사적 경험이나

---

9) 자본운동의 모체는 자본이다. 식민지배를 경험한 나라의 경우 식민모국의 자본이 철수하고 나면, 자율적 재생산 능력을 가진 민족자본은 대단히 열악하거나 거의 없다. 따라서 식민지를 경험한 국민국가의 자본운동에서는 자본운동 모체인 민족자본을 육성하는 것이 선결과제이다.

원리로 보아 긴 시간이 걸릴 수밖에 없다. 결국 여기에만 기대해서는 영원히 후진국으로 남을 우려가 있다. 둘째 이유는 선진국 개별자본과의 경쟁에서 후진국은 경쟁할 자본도 없고, 있다고 하더라도 종속성을 벗어나기 힘들다는 점이다. 따라서 자유방임으로는 자본운동의 자율성 확보가 거의 불가능하게 된다.(이대근, 1985, pp.346~373) 이 때문에 후진 자본주의국가 정부는 선진국 정부가 독점자본주의단계 이후 개별자본의 이윤율 저하경향을 상쇄하기 위하여 취했던 국가독점자본주의 정책과 거의 같은 정책을 취하게 된다. 그리하여 개발도상국의 개발과정은 흔히 국가(독점)자본주의 성격을 띤다. 우리나라의 경우도 예외가 아니다.(박현채, 1985, pp.310~345)

그러나 개발도상국 정부가 선진국가(독점)자본주의 정부와 같이 ①통화관리 및 금융과 ②조세와 정부지출 그리고 ③노동관계를 통제하고 ④경쟁제한적 정책운용을 꾀하는 것은, 선진국의 성숙자본운동이 갖는 이윤율 저하경쟁에 대한 상쇄목적과는 성질이 기본적으로 다르다. 식민지시대의 지배적 자본은 식민모국으로의 철수가 불가피하고 자본운동은 일시적으로 정지상태에 이를 수밖에 없다. 그러므로 개발도상국의 국가독점성은 자본순환과정에 들어올 자본실체를 국가독점력이라고 하는 자본순환과정 밖의 통제력을 통해 창출하는 데 기본목적이 있다.

그러나 자본이 상당수준으로 축적된 후에는 자유방임과 해외자본·시장의존적 자본주의 시대의 자본운동처럼 국가통제가 계속되면 오히려 이윤율 저하경향을 촉진하는 경우가 있다. 왜냐하면 개별자본이 상당히 형성되면, 국가개입은 개별자본의 경쟁억제를 강화하게 되기 때문이다. 또한 경쟁억제가 강화되면, 개별자본의 유기적 구성 고도화에 따라 비효율이 가속화되고 이윤율이 저하하는데도 자본구성은 재조정되지 못한다. 자본의 가치 감가는 물론 가격감소를 통한 이윤율 상승으로의 반전이 불가능하게 된다. 결국 자본축적은 저지되고 성장은 둔화된다. 그러므로 국가는 자본운동과정의 성격에 비추어 그 역할에 현실적합성을 부여하는 것이다.

이제 지금까지 고찰한 자본운동의 제 유형과 성질 등을 기초로 하여 20세기 개발도상국의 전개과정을 한국경제를 중심으로 고찰하고 그 발전을 전망하고자 한다.

3. 한국의 자본운동

1) 한국자본운동의 성격

인류역사상 발전(근대화) 의지는 자본주의 이행과 맥을 같이하고 있다. 서양에 있어서는 18세기 영국의 산업혁명과정으로부터 출발하였다. 한국의 경우는 1886년 일본 자본주의의 강제에 의한 개항기로부터 출발한다고 보아야 할 것 같다. 물론 영·정조(英·正祖) 때의 실학이 근대성을 띠지 않은 것은 아니지만, 인식수준에 그치고 실현에 옮겨지지 않았기 때문이다. 이처럼 우리나라의 근대화는 다른 20세기 후진국처럼, 선진 자본주의의 식민정책에 의하여 자본주의권에 편입되면서 시작된 것이다. 그러나 이것이 곧 자본주의적 자본운동의 시동이라고 말할 수는 없다. 그래서 한국사회의 성격 및 자본운동 단계의 규명을 위한 논의는 아직도 일반적으로 일치된 결론을 얻지 못하고 있다. 그것은 식민지배에 의해서 자본주의권에 편입되어, 생산양식은 상당히 자본주의적 성격을 가진 데 반하여 사회구성체는 접합양태의 성격을 가졌기 때문이다.

그리하여 동북아시아 제국의 사회경제 성격에 대해서는, 한국과 중국(만주) 등의 경우처럼 식민사회경제운동에 따른 모순을 파악하고 실천방안을 모색하기 위한 방향으로 1930년대 이후 그 논의가 진전되어 왔다. 그 대표적인 예가 이들 나라의 성격이 식민지·반봉건사회, 또는 반식민지·반봉건사회라는 규정이다. 그러나 비록 사회구성체는 식민지·반봉건적이라고 할지라도, 생산양식은 자본주의라고 하는 주장으로 대립되었다. 일본의 경제학자 가지무라 히데오(梶村秀樹)는 식민지·반봉건사회의 성격에 대한 두 가지 유형의 설명을 다음과 같이 밝히고 있다. "첫째, 일본 제국주의하의 조선은 적어도 1930년대 이후에는 '식민지·반봉건'이라는 특수성을 지니고 있지만, 사회구성체로서는 명백하게 자본주의 사회구성체였다고 하는 설명이 있다. 둘째, 해방 전의 중국에는 '반식민지·반봉건 사회구성체'라는 특수한 사회구성체가 존재했다고 주장되는 것이다. 이 견해의 차이는 조선과 중국 양국의 세계사적 위치, 구조적 실체의 차이와도 관련되어 있다. 그러나 문제는 단지 사실에 대한 견해 차이만이 아니다. 일반적으로는 사회구성체론으로 간주하지 않는 경우가 많지만 그 이론적 견해를 천착해 가면, 식민지사회도 기본적으로는 자본주의 사회구성체라는 공식 견해와 식민지·반봉건 사회구성체로 보는 실용주의적 견해의 두 유형으로 분류된다. 요컨대 구식민지의 사회구성체에 대한 이론은 아직 확립되지 않았다."(梶村秀樹, 1984, p.425)

이와 같이 한국 사회경제의 성격에 대해서는 아직 논의가 진행 중에 있어서 결론을 내리기 어렵다. 그러나 한편에서 한국이 비록 식민통치하에 있었지만 "1930년대에 이미 자본주의 생산양식의 자본운동과정에 들어섰다"는 주장도 있고, 최소한 "1960년대부터 후진국 개발과정에서 나타난 일반적 성격과 같이 국가독점자본주의 생산양식의 성격을 보인 것"이 틀림없다는 주장 등이 있는 것은 한국 자본운동의 배경이 어떤가를 이해할 수 있게 한다. 그러나 이에 반하여 한국자본주의에 대한 1960년대 이후의 성격에 대해서도 한편에서는 앞에서 말한 바와 같이 "국가독점자본주의"라고 규정하는가 하면, 다른 한편에서 "주변부자본주의"라고 규정(박현채, 이대근, 1985)하고 있어서 역시 한국자본운동의 성격이 어떤 것인가를 이해하기 어렵게 하는 것은 틀림이 없다.

필자가 이 논쟁에 참여하기에는 좀더 시간을 필요로 하지만, 분명한 것은 1930년대 이후의 한국 사회경제가 사회구성체로 보아서는 식민지·반봉건적이었고, 해방 후(시기는 다소 이견 있음)에는 주변부자본주의적이었다는 점에 동의한다. 그러나 생산양식으로 보아서는 해방 이후는 물론 1930년대 이후 이미 자본주의적 일반논리가 지배하는 사회가 아니었나 생각된다. 이는 적어도 해방 이후에는 우리 경제가 자본운동과정에 들어섰다는 것을 의미한다. 따라서 한국의 자본운동은 해방 이후 최소한 1950년대부터 고찰해야 할 것으로 생각된다.

이런 면으로 보아 한국의 자본축적운동이 최소한 해방 이후 또는 1950년대부터 시작되었다면, 해방 이후 1961년까지는 사회구성체로 보아 식민지·반봉건성이 내재한 자유방임에 가까운 자본운동기라고 해야 할 것이다. 반면에 군사정권에 의해서 경제개발이 시작된 1962년 이후는 한국 자본운동이 외자와 해외시장에 의존하면서 정부 주도에 의해서 이룩되었다. 따라서 사회구성체로는 접합적인 주변부자본주의의 성격을 가지지만, 생산양식은 국가독점자본주의라고 해야 할 것이다.

즉 현재의 한국 사회경제 구성은 아직도 전자본주의적인 요소 즉 소농제의 온존과 소작제 및 부재지주의 대량생성 등과 자본주의적인 요소, 그리고 다른 국가와의 자본운동관계에서 볼 때 종속적인 불평등교환·불균등발전·정치적 압력의 과중 등이 복합되어 있는 접합 사회구성체에 머물고 있다. 그러나 지배적인 경제순환은 생산수단의 사유제 및 임금노동제를 포함한 상품경제의 보편화를 기초로 해서, 자본이 잉여가치 즉 이윤추구를 목적으로 가치증식과정에서 자본운동을 전개하고 있다는 점에서 자본주의적 경제순환이라 할 수 있는 것이다.

그리고 자본운동의 실체인 자본의 상당 부분이 1960년대 중반까지는 유통부문에서 작용하고 있었다는 점에서 상업자본주의 성격이 강하게 내재했다. 그 원인은 해방 이후 미국 원조물자가 대량으로 유입되면서, 이를 가공·유통하는 과정에서 자본축적이 진행되었기 때문이다. 물론 지금까지도 이와 같은 축적 성향은 상당히 높다. 그 예는 다음(2) 투자동향과 자본운동의 한계)에서 고찰하는 바와 같이 유통 및 유흥·오락부문에 대한 과다투자가 될 것이다. 1970년대에 오면서 가치증식의 지배적인 형태는 생산부문에서 일어나고 있다. 따라서 이 이후는 산업자본주의단계에 들어섰다고 해도 좋을 것이다.

그러나 1962년 이후 경제개발과정에서 추구된 국가의 경제에 대한 간여는 자본운동의 모체를 배양하고 가치이윤=가격이윤을 극대화시키는 데 있었다. 그리고 자본축적을 가속화하기 위한 것이기는 하나 ①내·외자 조달의 정부보증과 금융의 통제 ②재정정책의 경제개발활용 심화(1980년대에는 비경제적 지출증대) ③인허가 등의 제도적 장치에 의한 개별자본운동의 경쟁제한(1980년대에는 완화되고 있으나 아직도 지배적) ④직접생산자 계층의 경제적 자유제한에 의한 필요노동시간의 연장과 제약 등 후진국적 국가독점자본주의 성격이 철저하다고 말할 수 있다.

그러나 한국자본주의 성격이 국가독점자본주의이기는 하나, 성숙된 선진국의 경우와는 그 성격이 같지 않다는 것은 앞(2. -3) 자본운동과 정부 및 국민국가)에서 살펴본 바와 같다. 다시 말해서 식민지·반봉건 사회구성체

속에서 거의 모체가 없는 자본운동을 전개하려면, 자유방임으로는 그 성취 기간이 너무 길뿐만 아니라 주변부성을 극복할 수가 없다는 점에서 일단 긍정적이었다. 그러나 1970년대 후반부터는 외자에 의한 생산부문의 과잉 투자로 시장구조가 생산영역 우위에서 유통영역 위주 즉 판매자 시장에서 구매자 시장으로 전환했다는 점(가치증식의 생산양식에서는 언제나 생산영역이 우위이다)에서 자본구성을 재편성하지 않으면 안될 단계에 이르고 있다. 다시 말하면 우리나라 자본구성은 국내적으로는 물론 국제적으로도 초기 자본운동 모체(자본)형성과정에서는 효율성이 문제되지 않았었다. 왜냐하면 이 단계에서는 가격이윤율이 가치이윤율보다 크기 때문에 자본의 비효율성에도 불구하고 초과이윤을 실현할 수 있었기 때문이다.

그러나 시장구조가 유통영역의 위주로 전환하면서 비효율적 자본은 가격이윤실현(즉 가격이윤율 < 가치이윤율)이 불가능하게 되었다. 그럼에도 불구하고 국가독점력이 비효율적 자본운동을 보호한다면 오히려 자본의 교환가치 감소를 억제하여, 유기적 구성의 고도화를 낮출 수가 없고 이윤율 하락을 방지할 수가 없다. 결국 자본축적력은 약화되고 성장은 둔화될 수밖에 없다. 특히 그동안의 국가독점력 행사는 자본운동과정에서 철저한 자본의 집적과 집중을 유발했다. 그 가운데 자본의 집중이 가속화되어, 독과점 및 경제력집중을 초래하고 자원의 비효율화는 물론 소재·부품을 생산하는 중소자본의 성장을 제약하거나 몰락시켰다. 그 결과 산업조직의 격차 심화에 대한 국민의 반감이 대단히 커져 경제적 자유를 요구하는 목소리가 높아지고 있다.

한국경제의 국가독점자본주의적 발전과정에서 나타난 또 하나의 두드러진 반성장요소는 과도한 외자의존과 해외시장의존이다. 이 가운데 국민, 기업 그리고 제도와 질서가 국제규범에 이르지 못한 상태에서 과도한 외자에 의존할 경우 민족자본운동의 축적력을 약화시키고 분배의 격차를 심화시킨다는 것은 너무도 잘 알려져 있다. 산업의 국제화 심화과정에서 부품과 소재의 과다한 해외의존은 자본운동에서 해외자본과의 경쟁력을 약화시키는 결정적인 요소이다. 따라서 한국자본운동의 성격에서 볼 때 그 진로는 아직도 큰 파동이 있을 것으로 예상하지 않을 수 없다.

이런 면에서 보자면, 한국자본운동의 현 단계는 자본운동의 자율화를 보장함으로써 자본구성을 재편성하고 효율성과 경쟁력을 강화하는 것이 주요과제로 되고 있다. 또 자본운동과정의 문제점과 실천과제를 인식하는 데 있어서 빼놓을 수 없는 것은 자본운동의 모체가 되는 투자동향과 그 성격이다.[10] 따라서 다음에서는 한국자본운동의 성격을 결정하는 투자동향과 성격을 분석하고자 한다.

2) 투자동향과 자본운동의 한계

자본운동은 생산양식과 발전성을 규정하는 동력이다. 그러나 자본운동이 사회경제적 관계를 규정하는 개념인데 반하여, 그 구체적인 실체는 투자이다. 투자의 원천적인 구성은 자본운동의 자율성을 가늠하는 지표이고, 투자율과 구조는 가치생산과 실현능력의 지표이다.

이런 인식에 기반을 두고 그동안 한국자본운동에 있어서 투자의 원천을 살펴보면, 초기에는 외채 중심이었으나 1970년대 이후에는 투자에서 외자가 차지하는 비중이 점차 감소했다. 그러나 경제규모와 투자율이 커지면서 연간 외채증가의 절대액은 급격히 증가했다. 그것이 자본운동과 국민후생에 어떤 영향을 미치는가에 대해서는 그동안 많은 논의가 있었다. 긍정론과 부정적인 논의가 팽팽하게 맞서기도 했으나 지금은 그 양이 과도하다는 점 때문만은 아니지만 부정적인 관점이 우세하다. 과다한 외채가 상환능력의 한계에 비추어 한국경제의 대외신인도에 나쁜 영향을 미친다는 것은 두말할 것 없다. 뿐만 아니라 성장력을 약화시키고 분배격차를 심화시킨다는 것도 분명하다. 특히 그동안의 논의를 보면, 성장력 제약에 대해서는 많은 논의가 있었으나, 분배격차 심화의 유발성에 대해서는 큰 논의가 없었다. 그러나 이론 면에서는 물론이고 실증적으로도 분배격차 심화유발은 재론의 여지가 없다.(전철환, 1983) 따라서 이미 논의가 심화되었던 외채의 자본운동 역기능에 대해서는 더 이상의 논의를 하지 않기로 한다.

---

10) 자본운동의 관점으로 보아 한국자본운동과정을 고찰하기 위해서는 자본일반 수준의 자본축적과 노동관계, 그리고 개별자본수준의 이윤변동과 축적동향을 고찰하여야 한다. 그러나 자료미비로 이 연구는 차후로 미룬다.

[표 1] 기간별 주요국의 투자증감률

(단위 : 기간중 연평균, %)

	1971~1974		1975~1979		1980~1984	
	경제성장률	고정투자 증가율	경제성장률	고정투자 증가율	경제성장률	고정투자 증가율
한 국	9.1	10.6	10.0	19.8	4.7	3.8
일 본	5.3	4.4	4.7	4.4	4.3	2.6
대 만	10.0	16.0	10.1	10.8	6.4	3.8
서 독	3.1	0.2	2.8	3.5	0.9	0.8

자료 : U.N. Statistical Yearbook(1985) 및 한국은행, 산업연관표 각 연도.

다만 여기에서는 한국경제의 수준에 비추어 보아, 투자동향과 구조가 자본운동에 어떤 영향을 미칠 것인가를 고찰하는 데 그치고자 한다. 먼저 우리나라의 투자동향을 보면 1971년에서 1974년까지는 고정자본 투자 증가율이 연평균 10.6%였으나, 1975년에서 1979년간에는 19.8%로 급증하다가, 1980년에서 1984년 동안에는 3.8%로 급격히 수축되었다.([표 1] 참조) 투자증가율이 1980년대에 와서 급격히 감소한 것은 2차 석유파동에 의하여 세계경기가 나빠진 데에 연유하는 것이다. 그러나 1971년부터 1974년까지 유사한 조건에 있는 나라이면서도 고정투자증가율이 한국보다 훨씬 높았던 대만이 그 이후 성장면에서나 국제수지면에서 한국보다 더 좋은 성과를 얻었다는 점에서 볼 때 투자증가율 둔화를 우려하지 않을 수 없다. 다시 말해서 같은 개발도상국이면서도, 대만은 자본운동의 축적 성향이 대단히 강하다는 사실을 말해준다. 이처럼 축적성향이 강하면서도 자본순환기구로 볼 때, 자국 저축으로 투자를 충당함으로써 자립성이 대단히 높은 것은 큰 교훈이 된다.

반대로 한국은 투자증가율 감소에도 불구하고 투자원천의 조달에 있어서는 아직도 해외저축에 의존한다는 점을 더욱 우려하지 않을 수 없다. 선진국인 일본과 서독은 물론 대만까지도 국내저축으로 투자수요를 충당하고 남는다는 점을 타산지석으로 삼아야 할 것이다. 따라서 앞으로의 외채증가를 줄이기 위해서 국내저축률 제고시책이 크게 요구된다는 점은 아무리 강조해도 지나치다고 할 수 없다.([표 2] 참조)

[표 2] 최근의 국별 투자구성 비교

(단위 : 연평균, %)

	한 국		일 본		대 만		서 독	
	80~84	84	80~84	84	80~84	84	80~84	84
[경제성장 및 투자율]								
경 제 성 장 률[1]	4.7	7.5	4.3	5.8	6.4	10.3	0.9	2.7
고정투자증가율[1]	3.8	5.6	2.6	5.7	3.8	4.4	0.8	0.8
설비투자증가율[1]	-0.5	15.5	7.1[2]	..	5.6	5.1	1.0	-0.7
한계고정자본계수[1]	5.9	4.3	7.7	5.6	4.1	2.5	20.2	7.5
고 정 투 자 율	30.8	30.9	29.9	28.0	27.2	21.8	21.1	20.2
국 민 저 축 률	23.6	27.3	31.4	31.6	32.0	33.8	22.8	23.8

주 : 1) 1980년 불변가치 기준.
　　 2) 1980, 1983년 평균.
자료 : 한국은행, 「경제통계연보」(1985)에서 작성.

더구나 각국의 발전단계가 한국의 현 단계와 같았던 1인당 소득 2천 달러 대를 달성한 시기를 중심으로 해서, 투자동향과 구성을 고찰하는 것은 한국자본운동의 미래를 전망하는데 대단히 유용할 것이다. 우선 한국, 대만, 일본 및 서독을 대상으로 해서 1인당 실질 GNP가 2천 달러를 달성한 시기를 보면, 한국은 1984년, 대만은 1977년, 일본은 1958년, 그리고 서독은 1948년경이었다.

이 시기의 투자증가율[11]을 보면, 한국은 다른 3국보다 훨씬 낮을 뿐만 아니라, 이들 나라의 경우 설비투자 증가율이 경제성장률보다 높았다. 더구나 고정투자율이 높은 데도 국민저축으로 투자자금을 조달할 수 있었다는 점도 이들 나라가 모두 자본운동 면에서 자립성이 강했다는 것을 보여 준다.([표 3] 및 [표 4] 참조)

한편 투자의 구성 면에서 보아, 한국은 설비투자 비중이 다른 3국보다 낮아서 생산영역의 자본운동력 제고가 열악했다는 것을 알 수 있다. 특히 산업별 투자비중 면에서 보아, 한국의 제조업부문 투자비중은 서독, 일본, 대만 수준의 절반 정도에 머무르고 있다. 반면에 기타 서비스 부문 투자비

---

11) 1인당 GNP 2천 달러 시기의 국민투자구조를 비교하는 데 있어서는 ①1950년대의 고성장·저물가·저금리와 1980년대의 저성장·고물가·고금리 등 경제환경 차이 ②서독과 일본은 당시의 국민경제 위치가 선진국이었다는 점 ③기타 각국의 부존자원, 지정학적 위치, 성장유형의 상이점 등이 고려되어야 할 것이다.

중이 다른 3국보다 대단히 높다는 것은 한국의 자본운동에 아직도 상업자
본적 성격이 잠재하고 있다는 것을 말해 준다.([표 3] 및 [표 4] 참조) 따라서
한국의 자본운동은 아직도 산업생산우위성이 확보되지 못했다고 말할 수
있으며, 앞으로의 자본운동 방향이 산업생산우위로 전환되어야 한다는 것
을 입증하는 것이다.

[표 3] 1인당 GNP 2천달러(경상가격 기준) 전후의 투자구성 비교

(단위 : 연평균 : %)

	한 국 (1980~1984)	서 독 (1963~1969)	일 본 (1967~1973)	대 만 (1976~1982)
[경제성장 및 투자율]				
경 제 성 장 률[1]	4.7	4.8	10.9	8.6
고정투자증가율[1]	3.8	4.3	14.5	7.5
설비투자증가율[1]	-0.5	5.5	14.4	6.7
한계고정자본계수[1]	5.9	5.7	4.2	4.3
고 정 투 자 율	30.8	25.6	36.1	27.8
국 민 저 축 률	23.6	29.1	41.5	32.1
[투 자 구 성][2]				
민 간 투 자	83.3	63.5	74.1	83.6
정 부 투 자	16.7	36.5	25.9	16.4
건 설 투 자	61.5	64.4	59.0	47.3
(비 주 거)	(43.3)	(38.4)	(37.8)	(33.1)
설 비 투 자	38.5	35.6	41.2	52.7
농 림 어 업	6.2	..	5.2	4.9
광 업	0.3	..	0.9	0.6
제 조 업	14.7	..	23.0	28.8
사 회 간 접 자 본	34.3	..	20.2	36.9
기 타 서 비 스	44.5	..	50.6	28.8
(도·소매, 음식, 숙박)[3]	(11.4)	..	(6.1)	(4.0)
총 고 정 투 자	100.0	100.0	100.0	100.0

주 : 1) 불변가격 기준.
　　2) 총고정투자에 대한 구성비(경상가격기준, %).
　　3) 일본의 경우 음식·숙박 제외.
자료 : U.N. Statistical Yearbook(1985) 및 한국은행, 「경제통계연보」(1985)에서 작성.

　　그동안의 투자동향과 구성으로 보아 다른 나라에 비해 투자증가율은 상
대적으로 낮고, 그 구성은 기타 서비스 부문 특히, 도·소매업과 숙박·오락
업 부문에 치중되었다는 점에서 자본축적성향이 아직도 전근대적임을 보

여주고 있다. 그런데도 경제력 집중성은 대단히 심화되어 가고 있다. 자본의 집적·집중 정도는 통계가 없어서 정확히 알 수는 없지만 계열기업수·종업원수 및 출하액으로 경제력 집중성향을 유추해 보면 광공업 부문 30대 재벌기업의 1977년 계열기업수의 누적점유비율은 0.86%, 종업원수의 누적점유율은 20.5%, 그리고 출하액의 누적점유율은 32.0%이었다. 그러나 1981년에는 계열기업수의 누적점유비율이 0.84%로, 종업원의 누적점유율이 19.8%로 각각 낮아졌으나, 출하액의 누적점유율은 39.7%로 급상승하여 경제력 집중이 심화되고 있음을 보여준다.([표 5] 참조) 한국의 자본운동은 가치창조 면에서는 전근대성을 보여주고 있는 데도 독과점성은 심화되고 있음을 알 수 있다.

[표 4] 1인당 GNP 2천달러(1984 불변가격 기준) 전후의 투자구성 비교

(단위 : 연평균, %)

	한 국 (1980~1984)	서 독 (1949~1961)	일 본 (1955~1961)	대 만 (1974~1980)
[경제성장 및 투자율]				
경제성장률[1]	4.7	7.1	9.7	8.4
고정투자증가율[1]	3.8	..	17.3	12.1
설비투자증가율[1]	−0.5	..	18.5	11.0
한계고정자본계수[1]	5.9	..	2.6	6.4
고정투자율	30.8	18.3	26.8	28.7
국민저축률	23.6	22.5	31.6	32.4
[투자구성][2]				
민간투자	83.3	..	73.2	84.6
정부투자	16.7	..	26.8	15.4
건설투자	61.5	43.9	58.2	45.5
(비주거)	(43.3)	..	(43.6)	(32.5)
설비투자	38.5	56.1	41.8	54.5
농림어업	6.2	9.7	7.7	5.6
광업	0.3	4.5	1.7	0.9
제조업	14.7	29.1	26.4	32.0
사회간접자본	34.3	21.0	24.8	36.1
기타서비스	44.5	35.6[3]	39.4	25.3
(도·소매음식, 숙박)[4]	(11.4)	..	(4.7)	(3.5)
총고정투자	100.0	100.0	100.0	100.0

주 : 1) 불변가격 기준. 2) 총고정투자에 대한 구성비(경상가격기준, %).
　　 3) 건설업 포함. 4) 일본의 경우 음식·숙박 제외.
자료 : U.N. Statistical Yearbook, 1985 및 한국은행, 「경제통계연보」, 1985에서 작성.

[표 5] 30대 재벌기업의 누적점유율(광공업부문)

규모변수 연 도	계열기업수		종 업 원 수		출 하 액	
	수	누적점유율 (%)	수	누적점유율 (%)	수	누적점유율 (%)
1977	239	0.86	410	20.5	49.6	32.0
1978	290	0.93	487	22.2	73.2	34.5
1979	348	1.06	536	24.4	91.7	35.5
1980	327	1.04	497	23.7	124.4	34.7
1981	289	0.84[1]	422	19.8	185.0	39.7

주 : 1) 1980. 9. 27조치로 계열기업이 정리됨에 따라 누적점유율이 다소 감소했음.
자료 : 경제기획원.

따라서 한국의 자본축적수준은 아직 선진수준에 이르지 못하고 있으나 자본의 유기적 구성은 대단히 고도화될 가능성이 높다. 이것은 자본의 이윤율 저하경향이 실현될 성향이 높다는 것을 의미하는 것이므로, 자본집적 및 집중성이 강한 부문은 계속 기술개발과 투자의 효율성을 추구하여 이윤율 저하경향을 상쇄하지 않으면 안 된다. 뿐만 아니라 중소자본(기업)의 육성을 통해서, 개별자본의 유기적 구성을 낮추고 부문간 기술적 연관도를 제고하는 것은 시급한 과제라고 하지 않을 수 없다.

이제 자본운동의 일반법칙 및 투자동향을 중심으로 한국자본운동에 대해 전망함으로써 이 논문을 마치고자 한다.

4. 한국자본운동의 전망

자본주의사회의 발전동력은 자본축적이다. 자본축적은 자본의 이윤추구과정에서 이루어진다. 이것을 우리는 자본운동이라고 부른다. 자본운동은 고도의 추상성을 가지면서도 일반적 자본주의의 발전원리를 설명해주는 정치경제학적 이론 틀(paradigm)의 중핵개념이다. 이와 같은 논리 틀은 자본주의사회의 발전과 변동을 설명하고 예측하기 위한 인식논리의 하나이다.

이런 성격의 자본운동 결과로 가치이윤율과 가격이윤율이 변동되고 이에 따라 자본축적 수준도 변하게 된다. 상품이 가치대로 판매된다고 하면 가치이윤율＝가격이윤율이 상승할 때 자본축적은 가속화되고 하락할 때

자본축적은 둔화된다. 자본축적수준의 상승과 둔화는 곧 경제변동의 상승과 둔화를 의미한다. 물론 주류경제학적 의미에서 성장률도 같은 방향으로 변한다. 그러나 가치이윤율보다 가격이윤율이 작을 때도 있는 데 이는 경제순환에서 생산영역보다 유통·교환영역이 우위에 서 있기 때문에 가치실현이 불가능한 경우이다. 이런 때의 자본축적과 경제변동은 가격이윤율에 의존한다. 그런데 자본운동과정에서 자본축적수준이 높아지면 자본의 유기적 구성도(자본장비율)는 높아지고, 이윤율은 저하하는 경향을 가진다.

만일 어떤 형태로든 잉여가치생산이 불가능하거나 이윤율이 저하하면 경제는 수축 내지 공황에 이른다. 그리고 공황은 자본의 감소 또는 교환가치의 감소 즉 구조조정을 유발하여 유기적 구성을 낮추고 이윤율 저하경향을 상승으로 반전시킨다. 이것이 경제순환의 회복과정이고 위기로부터의 탈출이다. 그러나 자본운동은 이윤율 저하경향에 의한 공황성 경제변동을 회피하고 내부적으로나 외부적으로 이윤율 저하경향을 상쇄시키고자 한다. 이것이야말로 모든 운동체의 자생논리이다.

그 가운데 내부적 이윤율 저하경향 상쇄운동은 ①필요노동시간의 단축 또는 초과노동시간의 연장 ②분업과 협업 ③기술진보와 자본장비율 제고—자본의 집적과 집중 ④통화신용기구에 의한 자본순환 밖에 유리된 자금의 유입 ⑤자본분파—상업자본·산업자본·금융자본—심화 등이다. 반대로 자본운동의 내부적 이윤율 저하경향 상쇄작용이 한계에 이르면 자본순환 밖에서 상쇄작용을 지원받는다. 국가에 의한 자본운동 보호, 즉 ①인·허가에 의한 경쟁제한 ②재정정책에 의한 가치이전 즉 재정 및 공적자금의 투입 ③통화신용정책에 의한 가치이전 즉 출자 또는 채권인수 ④외자조달 지원과 해외개별자본과의 경쟁완화 ⑤경제적 자유의 제한 등이 그것이다. 이 단계를 국가독점자본주의라고 한다.

그러나 식민지를 경험한 20세기 후진국의 자본운동은 운동의 모체인 자본의 생성이 극히 열악한 수준에서 자본축적과정을 겪어야 한다. 더구나 자본운동의 터전인 사회구성체는 선진국과 달리 전근대성과 근대성이 접합되고 해외자본과 해외시장에 종속된 형태의 주변부자본주의성을 가지고 있다. 따라서 자본운동의 모체 자체를 형성하여야 하는 일차적 과제 이외에, 사회구성체를 근대화하고 세계자본주의에의 종속과 불균등발전을 극복하여야 하는 과제를 안고 있다.

이런 조건에도 불구하고 자유방임적 발전을 시동시키면 선진자본주의의 발전역사로 보나 이론적으로 보나 개발도상국의 자본축적(발전)은 지극히 완만하거나 정체될지도 모른다. 왜냐하면 자유방임하의 자본운동은 자본의 실현이윤을 재투자하는 자본집적에 의해서만 자본축적이 가능하기 때문이다. 더구나 자본운동수준이 열악한 상태에서 선진 독점자본과 경쟁해야 하므로 불평등거래와 종속성은 높아지고 결과적으로 불균등발전이 심화될 수밖에 없다. 다시 말해서 개발도상국의 경제 틀과 질서 등의 규범으로는 선진국 특히 보편적 세계 경제규범에 따라갈 수 없기 때문에 거래관계의 불평등을 극복하기 힘들다. 선결과제는 개발도상국이 국제규범 아래에서도 대등하게 경쟁할 수 있도록 양적으로나 질적으로 발전하는 것이다.

따라서 20세기 개발도상국은 자본순환과정 밖에서 자본운동 모체인 자본을 생성시키고 지원하는 형의 발전과정을 걷는다. 그 단계는 마치 선진국의 경우처럼 국가독점자본주의 발전과정과 같다. 이 때문에 발전단계는 다르지만 개발도상국의 생산양식은 국가독점성을 갖는다. 그러나 사회구성체는 접합성과 주변부성을 동시에 갖는 것이 특징이다. 후진국의 자립적 발전모색을 위해서는 두 유형의 모순을 이해하되, 자본운동 면에 있어서의 기본모순이 생산양식에 있음을 인식하여 이를 극복하는 데 우선해야 할 것이다.

이와 같은 논리 틀 속에서 볼 때 자본축적수준을 현실적으로 인식할 수 있는 수단은 투자이다. 따라서 자본축적수준을 평가하기 위해서는 투자동향과 성격을 살펴보아야 한다. 자본의 기대가격이윤율이 높아지면 투자수준은 높아지고 경기는 상승한다. 반대로 기대가격이윤율이 떨어지면 투자수준은 낮아지고 경기는 하강한다.

우리나라 자본운동은 일제식민지, 반봉건사회구성체 속에서 진행되었다. 따라서 제3세계의 다른 여러 나라와 마찬가지로 자율적 자본운동은 크게 제약을 받아 왔다. 해방후에는 선진자본주의와의 관련 하에서 주변부성을 가지고 자본운동이 진행되었다. 그 결과 자본운동의 모체를 생성시키고, 자본축적을 가속화하되 주변부성의 극복 즉 국제규범 아래에서도 우리 자본이 경쟁력을 발휘하는 것이 선결 과제가 되었다.

사실 생산양식 또는 자본운동 면으로 볼 때 1930년대, 최소한 해방 후부터 한국은 자본주의적 사회였으므로 자유방임하의 자본운동을 기대할 수 있었다. 그러나 이로써는 어쩌면 영원한(?) 후진성을 면하기 어려운 것으로 인식되어 1962년부터 개발도상국형 국가독점하의 자본운동을 촉진했다. 그것도 외자 의존적이고 수출 주도적으로 추진되었기 때문에 산업구조를 고도화하고 성장률을 높이는 데는 기여하였으나 대외의존성이 심화되는 부작용도 발생하였다. 또한 한국자본운동은 해외경제의 변동에 매우 민감하게 반응하는 경제구조를 형성하게 되어, 성장과 자립성이 대단히 불안정하게 되었다.

그 결과 1980년대에 와서 세계경제가 불황에 접어들고 국내 산업의 자본장비율이 과도하게 높아지자, 자본운동과정이 생산영역에서 유통부문 위주로 전환된 채 후퇴성 경제흐름으로 전환했다. 그런데도 불구하고 국가지원적 자본운동을 유지한 결과 자본의 비효율이 제거되지 못한 채 성장력이 약화되었다. 이를 일반논리로 말하면 자본축적이 심화되었을 때, 비효율적 자본은 개별자본의 가치감소 또는 교환가치 감소에 의하여 자본장비율(유기적 구성)을 낮추고, 이윤율 저하경향을 상쇄시킴으로써 자본운동을 회복시키는 것이다. 이를 관용어로 쓰면 부실기업 정리 또는 구조조정을 하는 것이다.

더구나 낮은 수준의 자본운동과정에서 이를 육성·보호하기 위해서 채택했던 국가 독점적 경제운용은 일정수준으로 향상된 단계의 자본운동을 ① 경쟁제한 ②정부의존 심화 ③합리적 자본운용 결여 ④가격체계의 왜곡 등에 의해서 비효율성을 심화시킨다. 그 구체적인 결과가 투자동향과 투자구성이다.

원래 투자는 개별자본운동으로 볼 때 이윤율의 저하경향을 상쇄하기 위한 자본운동의 내부적 효율제고방법이다. 왜냐하면 투자는 기술향상도 수반하기 때문이다. 그럼에도 불구하고 1980년대에 와서는 세계경제의 불황에 의한 기대이윤율 저하가 원인이라고는 하지만 같은 조건의 다른 나라보다 투자수준이 낮고 그 구성은 물적 생산 부문대신 기타 서비스 부문 중심이었다. 따라서 한국의 자본운동은 아직도 유통부문 우위성이 강하게 남아 있고 성장력은 상대적으로 낮아지고 있다. 더구나 투자재원의 조달이 아직도 외자 의존적이어서 자립성 제고에 의한 투자재원 조달은 아무리 강조해도 부족하다 할 것이다.

뿐만 아니라 낮은 투자수준에도 불구하고 자본의 집중도는 경제력 집중현상으로 보아 더욱 심화되는 것 같다. 이것은 자본의 이윤율 저하 즉 부실요인이 될 수도 있고, 대·중·소기업간 연관성을 약화시키기도 하여 산업의 유기성을 단절시킨다. 그 결과 요소·소재·부품 등 중·소기업 부문의 생산품에 대한 대외의존성을 심화시키고, 국제수지 역조의 근원이 된다.

결론적으로 말하면 한국자본운동과정에서 나타난 현상으로 보아 국가주도의 경제운용과 외채의존 및 경제력집중은 경제적 재생산에의 역기능뿐만 아니라 사회적 재생산과정에도 역기능으로 크게 작용한다. 그것은 경제적 자유의 요구와 대외종속의 단절, 즉 자립도 제고 및 격차심화에 따른 평등화 요구로 나타난다.

따라서 이러한 문제들을 해결하고, 금년 들어 호전된 국제경제여건, 즉 3저현상을 효율적으로 활용하면 앞으로 한국경제, 즉 한국의 자본축적과정은 상당히 개선될 수 있을 것이다.

그러나 역사에는 언제나 기적이 없었다. 현실 이해의 정확성과 논리기조의 적절성이 없이 임기응변적으로 대응하는 자세로는 현실적 과제를 정확히 이해할 수도 없고, 대응책도 적절히 수행할 수 없다. 따라서 우리는 결코 들뜨지 말고 현실을 냉정히 직시하되, 서둘지 않는 자세가 필요하다 할 것이다.

(『현대사회』, 1986. 여름)

참고문헌

Fine, B.(1975), *Marx's Capital*, London : The MacMillan Press, 박희영 역,『정치경제학 기초 : 고전의 구조와 논리 30』, 한울, 1985.

Fine, B. and L. Harris(1979), *Rereading Capital,* London : The MacMillan Press.

Harvey, D.(1982), *The Limits to Capital*, Oxford : Basil Blackwell.

Hilferding, R.(1981), *Finance Capital,* trans., Watnik, M. & S. Gordon, London : Routlege & Kegan Paul.

Holesovsky, V.(1977), *Economic Systems*, McGraw-Hill Kogakusha Ltd., Tokyo.

Kalecki, M.(1939), *Essays in the Theory of Economic Fluctuations*, London : George Allen & Unwin.

Lakatos, I.(1970), "Falsifications and The Methodology of Scientific Research Programmes" in(1978), *The Methodology of Scientific Reasearch Programmes*, Cambridge : Cambridge University Press.

Marx, K.(1972), *Capital* vol. III, London : Lawrence & Wishart.

Myrdal, G.(1977), "What is development", 『경제논집』 제14권 제2호, 서울대학교 경제연구소.

Poulantzas, N.(1979), *Classes in Contemporary Capitalism*, London : Verso.

Robinson, J.(1966), *The Accumulation of Capital*, New York : St. Martin's Press.

Robinson, J. & J. Eatwell(1973), *An Introduction to Modern Economics*, Revised ed., McGraw-Hill, Maidenhead, England.

Rosdolsky, R.(1977), *The Making of Marx's Capital*, London : Pluto-Press.

Sraffa, P.(1957), *The Productions of Commodities by Means of Commodities*, Cambridge : Cambridge University Press.

Sweezy, P.(1956), "The Theory of Capitalist Development", *Monthly Review Press*, New York.

박현채(1985), 「현대한국사회의 성격과 발전단계에 관한 연구(Ⅰ)」, 『창작과 비평』 제57호.

이대근(1985), 『사회정의와 경제의 논리』, 한길사.

전철환(1983), 『사회정의와 경제의 논리』, 한길사.

─────(1983), 「성장·분배 및 외채의 상관분석」, 『강원대학교 신문』(1983. 5. 16).

梶村秀樹(1984), 「구식민지 사회구성체론」, 『식민지반봉건사회론』, 한울.

민족경제론의 역사적 전개과정
-민족경제론의 구조와 의의-

1. 민족경제론 틀 정립의 시대적 배경

『민족경제론』은 식민통치유산 때문에 정치적 독립은 했으나 경제적 자립실패로 실질적 예속성을 벗어나지 못한 후진국 발전모형(패러다임)의 하나로, 박현채 교수가 정립한 정치경제이론 틀이다. 그러나 1978년 한길사에서 펴낸 최초의『민족경제론』은 처음부터 독립적 논리 틀을 갖춘 경제이론서가 아니었다. 물론 그 해 12월에『민족경제론』(1978A)을 뒷받침하는 또 하나의 평론집『민중과 경제』(1978B)를 발행했으나 그 역시 크게 다르지는 않았고 저자 스스로가『민족경제론』서문에서 밝힌 것처럼『민족경제론』은 "한 경제학도의 입장에서 한국경제와 우리가 직면하고 있는 여러 문제에 참여하는 과정에서 써온 글들을 하나로 엮은 것"(박현채, 1978(A), 서문)에다가 붙인 이름이었을 뿐이다. 그럼에도 불구하고 그 반향은 대단한 것이어서, 사회과학의 필독서[1]로 각광을 받았다. 그것은 당시의 시대적 모순을 극복하는데 상당한 방향을 제시했기 때문이다.

박현채 교수가『민족경제론』을 펴낸 1978년은 우리나라 현대정치사에서 가장 암울했던 군사독재 시기였다. 5·16 군부쿠데타로 집권한 박정희 군사정부가 1973년 10월, 박정희 일인독재정권을 영구화하기 위하여 선포한 유

---

1) 박정희 정권은『민족경제론』이 민주화투쟁을 위한 학생들의 이론적 틀을 제공하는 지침서로 널리 읽히자 이를 불온문서로 분류하여 소지하거나 읽는 것을 금지시켰다.

신체제가 최고조에 달했던 시기였다. 남북화해의 출발점이었던 7·4 공동성명의 정신도 여지없이 짓밟아 버렸다. 1973년 10월유신 이후 박정희 일당은 일인독재체제를 구축한 시기로부터 5년이 경과하면서 인권을 더욱 무자비하게 억압하였다. 언론, 출판, 집회, 결사 등 국민의 기본권이 무참히 짓밟히고 학문의 자유마저 박탈하였다. 심지어는 통일 등 민족문제조차 국민의 반독재민주화운동에 대한 억압수단으로 악용하여, 분단고착과 남북관계의 악화를 가속시켰다.

경제(성장)는 국민후생수준의 향상을 위한 절박하고 구체적인 수단이었으나, 그마저도 정당성 없는 독재정권의 정당성과 정책성공의 명시적 기초로 악용되었다. 박정희 군사정부가 내세웠던 경제성장정책의 목표가 경제근대화였으며 이것에 의하여 자립경제가 달성될 수 있다고 생각했다. 그들은 5·16쿠데타의 혁명공약 제3장에서 '절망과 기아선상에서 허덕이는 민생고를 시급히 해결하고 국가자립경제 재건에 총력을 경주한다'고 선언했기 때문에 자립경제는 박정권의 경제정책에 있어 중심적인 슬로건이었고 성공여부야말로 쿠데타의 정당성을 입증하는 하나의 근거였다.

그러나 "박정희씨의 자립경제론은 실제로 극히 비자립적인 경제성장을 추구하는 주장이고, 이와 같은 정책을 추진하면 할수록 한국경제는 재생산적·금융적으로 비자립적·종속적 구조로 전락해갈 수밖에 없다.…… 박정희씨가 주장한 자립경제론은 일제시대의 예속경제, 이승만시대의 원조경제의 극복이 아니라 오히려 이들과 동일한 의미의 역사의식에 뒷받침되고 있었"(다끼자와 히데끼, 김용관 역, 1985, 75쪽)기 때문이다.

유신정권 하에서는 경제운용기조도 오직 성장일변도로 기울어지는 등 극심한 편향성을 지녔었다. 국민경제의 유기적 분업을 위한 성장과 기술혁신, 산업의 효율성 제고 그리고 성장성과의 공정한 분배를 통한 국민후생증대는 부차적이었을 뿐이다. 그래서 이에 대한 반론으로 국민의 복지(국내 시장)에 기반을 둔 참된 의미에서의 자립적 재생산구조를 갖춘 한국경제를 구축해야 한다고 주장하는 학자들이 출현하기 시작했다. 박정희 군사정권의 '자립경제'론에 대치되는 '민족경제'라는 용어의 시작이 바로 그것이다. 유인호 교수, 신용하 교수 그리고 박현채 교수의 소론이 대표적인 예이었다.

박현채 교수는 경제자립이란 국민경제의 자립 즉, 경제적 민족주의 실현의 기초라고 정의하면서 자립적 국민경제의 구조에 대해서는 다음과 같이 설명하고 있다. "국민경제의 자립에 대하여 일부 견해는 이들 국민 경제에 있어서 국제수지의 균형이나 재화의 생산과 소비 균형 등과 같은 경제 제량의 (단순한 양적) 균형에서 구하고 있으나, 그것은 경제적 자립이 한 민족의 자기 요구의 실현(민족자결)과 관련되는 한, 결코 정당한 견해라고는 볼 수 없다. 경제자립은 자기 민족에 의한 재생산 조건의 장악 바로 그것이기 때문이다."

결국 박현채 교수는 경제자립의 실현이야말로 민족자결의 기초이고 동시에 그것은 '경제적 자유=국민복지'와 불가분의 것이라고 주장하였다. 박현채 교수는 표현상 자립경제라는 용어를 사용하고 있을 뿐, 그의 주장이 실제로 내포하고 있는 것은 박정희씨의 자립경제론에 대한 정면비판이라고 할 수 있다. 그리고 바로 이 때문에 보다 폭넓은 역사의식을 근거로 한 개념으로서 민족경제론이 제기될 필요가 있었다.(다끼자와 히데끼, 김용관 역, 1985, 85~86쪽)

박현채 교수가 지향하고 연구해 온 민족경제론의 시발은 해방 후 독립정부 수립에도 불구하고 청산하지 못한 식민지 유제와 군사독재정권하의 자립경제론을 극복하는 과정으로부터라고 평가하여야 할 것이다. 이승만 정권 때 청산하지 못한 친일유제를 방치한 채 부르짖은 '재건론'과 박정희의 '자립경제론'은 박현채 교수가 지향하고 연구해 온 민족 스스로의 생활상을 기초로 한 민족의 자주, 자립을 지향한 경제운용과는 거리가 먼 것이었기 때문이다.

이와 같은 시대적 배경을 지니고 있는 민족경제론 연구와 집필 당시의 상황 때문에, 경제학도가 경제학을 공부함에 있어서도 순수경제현상만을 대상으로 해서 연구해서는 당시의 정치경제상황을 뛰어넘을 수 없었다. 다시 말해서 정치, 경제, 사회, 문화 그리고 민족문제까지도 한꺼번에 통합한 이론 틀을 전개하는 학제적 연구자세를 견지하지 않고는 당시의 경제운용 내용을 충분히 이해할 수 없고, 현실적합적 경제정책수단의 개발도 불가능했다.

더구나 연구성과물의 표현에 있어서 때로는 학문적 이론의 불가분성(不

可分性)때문에, 때로는 현실적 당위성 때문에, 때로는 시대적 상황이 절대적 자유권에 해당하는 학문과 양심의 자유조차 펼 수 없었기 때문에, 양심 있는 학자들의 민주화 운동은 물론 경제이론을 펴는 학자들의 글들이 수사학적 모호성을 내포할 수밖에 없었다. 따라서 당시는 정밀한 이론틀보다 지향성과 이념성이 강한 새 패러다임을 도입하고 이에 기초한 정치경제론을 정립할 필요성이 매우 큰 때였다.

이러한 시대적 상황에 비춰볼 때, 전 생애에 가까운 기간을 군사정부로부터 탄압을 받아온 박현채 교수로서는 경제학을 연구함에 있어서 정밀한 논리에 매달려야 하는 주류경제학에서 벗어나고 싶었을 뿐만 아니라, 벗어나야 할 현실적 절박성이 높았던 것이다. 그 결과 박현채 교수는 그의 탁월한 지향성을 표현하는 『민족경제론』을 펴내고 이론을 발전시키면서도 명백한 논리 틀을 제시하거나, 그 틀 범위 내에서 이론을 전개하지는 않았다.

그리하여 박현채 교수가 지향해 온 한국경제 발전이념인 "자립적 민족경제의 확립을 위한 길로 생활하는 민중의 소망에 좇아 국민경제의 내용을 정립"하기 위해서, 저자의 경제평론집에 저자의 지향성을 가장 잘 표현한 이념인 『민족경제론』을 책이름으로 붙인 것으로 보인다. 그런 의미에서 보면 저자 스스로가 밝힌 것처럼 1978년 『민족경제론』을 펴낸 이후 민족경제론적 입장에서 10여권의 책을 펴내는 과정에서 저자가 "민족경제론을 크게 제창하였기에 민족경제론이 하나의 경제학 영역"으로 정립될 수 있었는지도 모른다.

물론 그렇다고 해서 저자 스스로도 민족경제론 개념과 이론 틀 그리고 방법론을 갖추지 못했다는 뜻은 아니다. 다만 저자 스스로는 "역사에서의 겸허한 자세를 견지한다는 생각에서 종합적인 체계의 (민족경제론) 완성을 기피"(박현채, 1988, 서문)했을 뿐이다. 그러나 역사적 요청과 필요성 때문에 저자의 의도와는 달리 점차 민족경제론은 체계와 틀이 완성되어 가고 있었다.

직접적인 필요성은 1987년 6월 이후 급격히 전개되는 정치의 민주화와 함께 대학에 민족경제론 강좌가 개설되기 시작하면서, 민족경제론이 단순히 지향성을 나타내는 이념수준을 벗어나 하나의 완성된 이론틀(구조)을 갖출 필요가 있었던 것으로 보인다. 이와 같은 시대적 요청에 따라 저자 스스로가 민족경제론의 이념(지향성)과 개념구조를 구체적으로 밝히기 시작했다. 『한국경제구조론』(박현채, 1986) 및 『민족경제론의 기초이론』(1989)이 그것이다. 최초의 『민족경제론』을 펴낸 해가 1978년이었으니까, 11년만에 스스로 민족경제론 개념과 틀을 독자에게 밝힌 셈이다.

그러나 여기에서도 저자는 스스로 민족경제론이 완성된 체계와 틀을 갖추지 않기를 바랐고 또 그럴 의도도 없었던 것으로 보인다. 그 이유는 여러 가지 있겠으나 그 또한 시대상을 반영한 것이라고 생각한다. 이런 경과를 거쳐서 집필된 『민족경제론의 기초이론』에서는 비교적 이념 및 개념틀 그리고 구조와 범주가 거의 완성에 가깝도록 잘 정리되어 있다. 따라서 이 장에서는 박현채 교수가 1989년에 펴낸 『민족경제론의 기초이론』을 중심으로 해서 민족경제론의 개념과 틀을 소개하고 그 의의를 평가하고자 한다.

2. 민족경제론의 구성요소와 그 성격

1) 민족경제론의 구성요소

민족경제론은 민족, 경제, 그리고 이를 관통하는 이론체계와 틀로 구성되는 합성어이다. 이 합성어를 구성하는 세개의 개념은 이념적 지향성(objective ideology)을 지닌 민족 개념과 현실성을 지닌 경제 개념 그리고 이를 정밀하게 얽어매야 하는 논리체계 구축을 필요로 한다. 따라서 세 개념은 매우 정밀한 논리로 얽어매고 검증하지 않으면 하나의 과학 영역으로 독립하기가 어렵다.

예컨대 민족경제론의 주체인 민족개념은 식민통치를 받거나 종속적 위치에 처해 있는 나라가 독립운동의 정치적 강령으로 사용할 때는, 매우 강한 응집력을 발동시킬 수 있는 최적의 개념이 될 수 있을 것이다. 그러나 아직은 하나의 과학적 이론 틀을 구성하는 요소로 정의하기가 매우 힘든 개념이다. 민족개념이 "혈통, 언어, 정치체제, 관습, 전통 등과 매우 밀접하게 얽혀 있기 때문이다. 이 가운데 어느 하나만으로는 보편적 민족개념으로 무리 없이 정의되기가 힘들다. 다만 언어만이 한 민족의 현세대와 전세게 하는 요소"(헤이스, 차기벽 역, 『민족주의론』, 1981, 14쪽)이지만 그것도 완전한 것은 아니기 때문이다.

더구나 민족과 경제의 합성어인 '민족경제' 개념이 정통파 주류경제학에서는 전혀 사용되지 않고 있기 때문에, 민족경제론이 독립성을 지닌 학문영역으로 구축되기 위해서는 '민족경제'에 대한 개념을 새로이 정의하여야 한다. 그러나 아직은 그 개념[2]정의가 그렇게 명백하지 않다. 박현채 교수의 견해에 따라 '민족경제'의 '민족'과 '민족경제' 개념을 정의한 다끼자와 히데끼 교수의 견해에 따르면 다음과 같다.

'민족'을 '선험적으로 독자적 위치를 갖는 구성체'로 설정한다는 것은 옳지 않으며 이는 '근대적 소산'으로서 파악해야 한다고 말했는데(「조세문제의 본질과 현황」, 『창작과 비평』 1977년 봄호, 72쪽) 이 '근대적 소산'이라는 의미는 시민혁명을 지도했던 시민계급의 이념이었다. 그러므로 '민족'의 이념 하에 '국민적 통합'이 이루어지고 그것이 '민족주의의 기초로 되었던' 것이다.(『민중과 경제』, 78쪽) 이같이 본다면—본래 영어의 nation이 그러했던 것처럼—'민족'은 '국민'과 거의 중복되는 개념으로 이해되고 있다고 말할 수 있다.

그러나 박현채 교수의 '민족경제'의 특징은 그것이 굳이 '국민경제'와는 의식적으로 구별된 개념으로 제기되고 있다는 점이다. 박현채 교수는 "자국 내에서 활동하는 외국자본 즉 외국인 투자 법인기업의 소득이 GNP에 포괄되는" 것처럼 "GNP는 추상화된 개개 생산활동의 단순한 양적인 집계치에 불과하므로 구체적인 한 나라에 있어서의 민족경제의 지표로 될 수는 없다"고 주장한다. 그 이유는 "국민경제 내부에서 외국자본의 비중이 큰 경우 한 민족의 경제 능력이나 생활수준은 결코 추상화된 지역적 개념으로서의 국민경제의 양적 확대 = GNP의 성장으로서 제시될 수는 없기" 때문인데 바로 여기에 국민경제와는 별도로 '민족경제' 개념을 정립할 필요가 있는 것이다.

우리는 국민경제에 대해 민족경제의 개념이 정립되어야 한다고 생각하

---

2) 민족경제와의 유사개념으로 국민경제(national economy)개념이 사용되기는 하나 주류경제학에서는 그 개념을 학문상의 개념으로 쓰지는 않는다.

는데 그것은 한 민족의 경제적 민족주의에 기초한 민족의 정치적·경제적 통일체로서 민족을 위한 힘과 꿈의 창조과정, 민족의 자립·자주·자결을 보장하는 민족의 생활근거로서의 주체적 과정에서 본 민족생존의 기반으로 될 것이다.(「GNP 그 환상과 현실」, 78쪽)

결국 박현채 교수의 '민족경제'는 GNP로 추상화될 수 없는 실체로서 민족자립의 기반이 되는 경제를 의미한다. 그러므로 예를 들어 다국적기업의 활동을 어떻게 볼 것인가 하는 문제는 그것이 '민족의 생활기반인 민족경제를 자립·자주적인 것으로 유지할 수 있도록 하는가라는 문제'로부터 접근해야 하며 '다국적기업에 의한 직접투자는 거시적으로 자원의 국제적 배분이나 부분적인 복지의 증대라는 긍정성이 주장됨에도 불구하고 적어도 민족경제의 자주·자립을 지향하는 나라들에 있어서는 결코 긍정적인 것으로 볼 수 없다'고 결론짓고 있다.(「다국적기업의 논리와 행태」, 『신동아』 1974년 5월호, 32쪽 ; 다키자와 히데키, 김용관 역, 1985, 86~87쪽)

이상은 다키자와 히데키가 정리한 박현채 교수의 민족경제 개념이다. 한편 박현채 교수의 민족경제 개념을 필자가 다시 한번 정리하면 "민족경제는 민족사에서 민족적인 것을 유지하고 발전시키는 경제적 기초"이다. 따라서 민족경제는 범세계적인 자본운동의 과정에서 한 민족이 민족적 순수성과 전통을 유지하면서 그것에 의거, 생활하는 민족집단의 생활기반이다. 이것은 순수 경제적인 자본운동의 측면에서는 국민경제의 형식에 포함되는 하위개념이다. 민족주의적인 관점에서는 국민경제보다 높은 상위개념이다. 곧 민족경제는 경제적으로 민족주의의 근거이며 외세의 지배하에서도 면면히 계승되는 민족사의 정통의 장이라고 말할 수 있다. 이것에 대해 당위로서의 민족경제는 다음과 같은 것이 된다. 민족경제는 한 민족의 정치·경제적 통일체이어야 하며, 민족을 위한 힘과 부를 창조하는 과정임과 동시에 장으로서의 민족의 내면적인 생활통일체이어야 한다. 민족경제는 그 완성된 경제적 내용으로 국민경제의 자주·자립을 실현할 수 있는 (국민경제의 형식과 내용이 하나로 되는) 국내적으로 완결된 자율적 재생산구조를 가져야 한다.(박현채, 1989, 28쪽)

저자인 박현채 교수가 정의한 바와 같이 민족경제는 자본주의 경제가 자본축적과정을 범세계적으로 확장하는 과정에서 후진국의 열악한 경제력일

지라도 결코 종속 내지 예속되지 않는 상황으로 정의되는 개념임을 알 수 있다. 나아가 자본주의 선진국이 세계적으로 자본을 축적하는 과정에서 후진국의 정치·사회·문화적인 것조차 동질화시킴으로써 민족적인 것을 소멸시키는 상황을 극복하고자 하는 의도도 담겨져 있다. 따라서 민족경제의 개념은 단순히 인간의 순수한 물적 욕구충족을 위한 행동양식과 대상수준을 벗어나는 것이다. 다시 말해서 저자 스스로가 밝히고 있는 것처럼 민족경제는 정치경제학적 관점의 한 범주에 속하는 것이다.

정치경제학은 전통적 경제학의 범위를 넘어서서 어느 특정한 그룹의 경제적 및 정치적 엘리트들이 희소한 생산자원의 배분을 그들 자신의 이익을 위하여 하는가 혹은 대다수 국민의 광범위한 이익을 위하여 하는가의 문제, 그리고 현재 및 미래에 걸쳐 이러한 배분에 영향을 주는 사회적, 제도적 과정을 연구하는 것이다. 그러므로 정치경제학은 경제정책의 결정에 영향을 미치는 권력의 역할을 강조함과 아울러 정치학과 경제학의 (정치, 사회, 문화적) 관계에 관심을 갖게 되는 것이다.(토다로, 1985, 17쪽)

이런 관점에서 민족경제론이 의도하는 첫 번째 개념은 한 나라 경제의 자본주의화 과정에서 대외경제와 균등한 거래를 통하여 경제의 자립 즉 대외균형의 달성과 자주적 발전 즉 자본·기술의 자립을 보장할 수 있는가의 문제를 연구함으로써 불균등 거래를 단절하고자 하는 의도가 내포된 것이다.

나아가 대내적으로는 한 국가의 구성원 가운데 계층적으로 보아 절대 다수를 점하고 있는 직접생산자인 민중[3]의 삶을 위하여 얼마만큼의 자원을 분배할 것인가에 관한 국민경제의 기본과제를 해결하고자 하는 깊은 뜻이 담겨져 있는 것이다. 따라서 자원분배에 대한 경제외적 의사결정까지를 포괄하여 연구하고자 하는 의도가 내포된 것이다.

그리고 경제가 민족경제의 내용과 상황성을 갖추고 있는가의 여부를 판단하기 위해서 박현채 교수는 "민족경제를 지탱하는 사회적 생산력의 경제제도적 구성, 주된 사회적 생산력의 담당 주체 그리고 그 구성을 양적으로

---

3) 민중의 개념과 범위도 엄밀한 검증을 거쳐 정의된 것이 아니다. 따라서 박현채 교수가 『민족경제론』에서 규정한 민중 개념(박현채, 1978(A), 14~24쪽)에 대하여 서울대학교 한상진 교수는 이의를 제기하였다.(한상진, 1990, 81~84쪽)

대비한다." 이제 박현채 교수의 관점을 중심으로 민족경제의 지탱 기반인 경제제도의 성격과 민족경제 및 민족(분단) 극복문제 등의 관계를 살펴보기로 하자.

2) 민족경제의 기반인 사회적 생산력의 경제제도적 성격

박현채 교수는 『민족경제론의 기초이론』에서 첫째로, 민족경제를 지탱하는 사회적 생산력의 경제제도적 성격을 한 사회의 사회구성체적 성격과 경제제도적 구성을 중심으로 해서 구명한다. 민족경제의 존재를 현실적인 외자의 운동에서 확인할 수 있다고 한다면, 민족경제는 그 존재가 역사적으로 봉건제 말기에서 확인되면서 사회구성체가 자본주의적인 것으로 옮아감에 따라 자본주의적인 것을 그 안에 지니게 되기 때문이다. 그러나 식민지 초기에는 전자본제적인 구성이 큰 비중을 차지하지 않을 수 없다. 더욱이 식민지하 민족경제에 있어서 근대적인 민족자본의 부재는 민족경제의 기반을 전근대적인 것으로 한정짓게 한다.

그리고 자본주의의 전개와 중소기업으로서의 민족자본의 생성에 따라 근대적인 비중이 커지게 된다. 하지만 민족경제 안에서 거대자본으로서의 민족자본이 생성·발전되지는 않고 자본이 커짐에 따라 매판화하거나 예속자본화하여 민족경제는 중소자본의 매판적인 거대자본이나 외국자본과의 대립관계 위에서 자기를 존속시킬 뿐이다. 따라서 민족경제의 본래적인 영역에서는 자본주의적인 경제제도의 구성이 큰 것은 아니다. 본래적인 민족경제 안에서의 경제제도적 구성은 일부 민족적인 중소자본에 바탕을 둔 근대적인 범주 외에는 전근대적인 것이 될 수밖에 없다. 농업에 있어서 소농민경영과 지주경영, 상공업에 있어서 수공업적 생산과 소규모경영 등이 바로 그것이다.

그러나 민족경제의 부차적 영역은 식민지자본주의화와 외국자본의 지배영역이 확대됨에 따라 (민족경제의 본래적인 영역은 축소·쇠잔되기 때문에) 더욱 확대된다. 민족경제의 부차적 영역은 크게는 식민지자본주의하 민족노동자계급의 생활기반(따라서 그것은 근대자본주의적 경제제도의 범주이다)이면서 낡은 경제제도인 지주-소작관계 아래에서 민족소작농민의 소경영양식에 의해 이루어진다. 이것들은 식민지자본주의 그리고 식민지 지주-소작관계의 외연을 가지게 된다.

민족경제의 이와 같은 경제제도적 구성과 상황은 식민지하 초기의 민족주의를 전근대적인 지주적 민족주의나 소시민적 민족주의로 만든다.(농민적 민족주의도 같은 범주이다) 자본제화의 진전에 따른 새로운 계급의 생성과 부차적 영역의 확대 속에서 민족자본가는 한편으로 시민적 민족주의를 생성시키면서 다른 쪽으로 (민족경제의 두 개의 영역 모두에) 자기 기반을 갖는 민중적 민족주의를 대두하게 한다. 그리고 이 과정에서 민중적 민족주의는 증대하는 노동자계급과 반봉건적 지주-소작관계 속에서 고통받는 광범한 소작농민·근로농민의 요구에 바탕을 둔 민족적 요구와 계급적 이해의 합치 속에서 식민지하 민족주의를 대표하게 된다. 식민지하 민족주의를 민중적 민족주의가 대표하게 되는 것은 외국 자본주의의 운동과정에서 자기 재생산의 기반을 지킬 수 없는 민족자본의 약체성을 반영하는 것이기도 하다.

둘째로, 사회적 생산력의 주된 담당주체 또한 민족경제상황과 내용을 판단하는 중요한 기준이다. 민족경제에 있어서 경제제도적 구성의 생산력적 반영인 사회적 생산력의 담당주체의 문제는 식민지 억압이나 반식민지 상태의 민족경제가 일반적으로 국민경제 전반에 대해서 주어지는 사회구성체적 규정에서 크게 벗어날 수밖에 없기 때문이다. 식민지·반식민지 상태에서 민족경제는 그 경제적 기초에 상응하지 않고 그것에 부정적으로 작용하는 상부구조 때문에 취약성을 지닌다. 그리고 식민지·반식민지에서 상부구조는 상대적으로 그 경제적 기초와 동떨어져 있고, 경제외적으로 경제에 크게 개입한다.

식민지·반식민지 상태에서 민족경제의 사회적 생산력의 담당주체는 시간적 경과에 따라 달라진다. 그러나 한 사회의 사회구성체적 성격을 반영하여 추세적으로 근대적인 경제제도의 비중은 커질 수밖에 없다. 다만 모든 나라에서 그대로 관철되는 것은 아니다. 농업부문에서 반봉건적인 토지소유제가 끈질기게 잔존하거나 민족자본이 산업자본으로 성장하지 못하는 취약성은 민족경제 내부에서 싹튼 근대부문의 열세 때문에 생긴다. 민족경제 내의 사회적 생산력의 담당주체는 낡은 경제제도인 전근대부문의 종사

자이다. 그러나 민족경제 또한 식민지자본주의화 과정에서 파생되는 모순
들의 피전가자이면서, 동시에 강한 자본제화의 압력을 받는 만큼 경향적으
로 조만간 자본주의적 경제제도가 사회적 생산력의 주된 담당주체로 될 것
이다.

　민족경제가 자본제적 발전을 하기 위해서는 전근대적인 것이 분해되고
근대적인 자본(기업, 산업)이 성장하여야 한다. 그러나 자본 상호간의 관계
에서 정치권력이 경제적·경제외적으로 외국자본을 비호하여 외국자본 및
매판자본의 활동영역을 확대시키고 민족경제는 축소·쇠잔하게 한다. 그러
나 민족경제의 축소·쇠잔은 동시에 부차적 영역을 확대시키는 만큼, 민족
의 자주·자립을 위한 경제적 기초이면서 민족주의적 지향을 가지는 넓은
의미의 민족경제는 크게 축소·쇠잔되지 않는다. 근대적인 계급의 생성과
함께 민족주의적 지향이 고조되면서 민족의 자주·자립을 위한 지향성이
매우 강력해진다. 더욱이 이들 민족경제의 부차적 영역에서 민족주의적 지
향과 계급적 이해의 일치는 한 나라의 민족주의를 그 양에서나 질에서 크
게 고양시키게 될 것이다.

　셋째로, 민족경제의 두 개의 구성에 있어서 양적 대비는 추세적으로 부
차적 영역의 확대로 될 것이다. 그러나 이것은 반드시 그렇게 될 수밖에 없
다는 것을 의미하지는 않는다. 때로는 민족경제가 강력한 민족주의운동과
결합됨으로써 민족경제의 일방적인 축소·쇠잔이 아니라 본래적인 민족경
제 영역의 확대를 가져올 수도 있다는 의미이다. 민족경제의 두 개의 구성
간의 양적 대비는 식민지·반식민지하 민족주의운동의 성격 변화와 발전을
규정할 것이다. 그리고 이와 같은 양적 구성의 변화 속에서 민족주의운동
은 자기 표현을 달리하면서 발전한다.(박현채, 1989, 30~33쪽)

3) 민족경제와 민족(분단)문제 극복의 과제

　앞 항에서 살펴본 성격의 민족경제와 민족(분단)문제 극복을 위한 관계
설정에 있어서 박현채 교수는 이를 다음과 같이 설명하고 있다. 민족경제
는 모든 역사적 시대를 통해서 상정될 수 있고 또 현실적으로 존재한다. 따
라서 역사적으로 이런 의미의 민족경제가 사회적 실체로서 그 의미가 부각

되는 것은 민족문제가 발생할 때이다. 일반적으로 민족문제는 민족의 형성·통일·독립문제와 관련된다. 그리고 그 의미는 세 가지로 나뉜다. 첫째는 각 민족의 형성과 독립문제이다. 둘째는 이미 성립된 민족국가간의 대립·분열·억압을 극복하는 길을 모색하는 것이다. 셋째는 민족적 차별을 소멸시키는 것이다. 이를 다시 추가해서 설명하면 다음과 같다.

민족의 형성과 독립문제는 민족적으로 통일되어 있으면서도 아직 정치적 독립을 얻지 못한 나라의 독립쟁취에 관한 과제가 제기되어 있을 때 발현된다. 따라서 이와 같은 의미의 민족문제는 한 민족이 부르주아 민주주의의 혁명을 통하여 다른 민족으로부터 어떻게 자주권을 획득하는가의 문제를 해결하는 길이다. 이와 같은 부르주아 민주주의 혁명은 자본주의 발달 초기에는 주로 부르주아 계급에 의해서 제기되는 것이지만 제국주의 단계에서는 제국주의 자체가 식민지배를 받고 있는 종속국에 대한 억압원흉이 되는 만큼 한 민족 내의 노동자계급을 비롯한 연대 속에서 광범한 민중을 구성하고 범세계적인 반제국주의 운동의 성격을 띠게 되는 것이다.

다음 이미 성립된 민족국가간의 대립·분열·억압을 극복하고 통일된 민족국가를 발전시키고자 하는 것은 제국주의 모순의 격화를 극복하기 위하여 식민지배를 당하는 나라에 대해서는 물론이고 제국주의 국가 상호간에도 침략과 경제적 종속강화현상을 일으키기 때문에 이를 극복하는 것이 중요한 과제이다. 따라서 이미 성립된 민족국가간의 대립·분열·억압의 극복문제는 선진국과 후진국간의 지배 종속관계 극복과는 직접 관련이 없다.

또한 민족적 차별을 어떻게 극복할 것인가의 문제도 세계적 자본주의 운동과정상 마지막 단계의 표현이기 때문에 선진국간의 국가간·민족간 차별로부터 야기되는 갈등문제를 해소하는 과정에 불과하다. 따라서 민족적 차별문제도 후진국의 자본주의화 과정에서 선진국의 지배를 받는 후진국의 문제와는 직접 관련이 없다.(박현채, 1989, 33~34쪽)

3. 민족경제론의 구성범주와 구조

민족경제가 지금까지 설명한 의미를 담고 있기 때문에 이를 대상으로 하는 민족경제론도 이와 같은 의미의 정치·경제·사회·문화 등 광범위한 학제적 연구 틀을 기초로 형성될 수밖에 없다. 따라서 먼저 박현채 교수가 전개한 "민족경제론의 구성"(박현채, 1989, 44~49쪽)을 중심으로 민족경제론이 어떻게 구성되어 있는가를 소개한 후 이를 바탕으로 해서 그 의의와 한계를 설명하고자 한다.

민족경제를 구성하는 범주들은 ①역사발전의 또 하나의 부차적 발전동인으로서의 민족적 생활양식론, ②민족자본론, ③민족경제의 완성된 형태로서의 자립경제론, ④민족주의론, ⑤민중론, ⑥국가자본주의와 경제계획론, ⑦사회구성체와 발전단계론 등이다.(박현채, 1989, 44쪽) 그러나 민족경제론을 충실하게 이해하기 위해서는 먼저 구성범주에 대한 개괄적이고 총체적인 연구를 한 후에, 그 구체적 존재형태와 운동법칙에 대한 연구가 뒤따라야 한다. 그런 의미에서 박현채 교수가 민족경제론을 제기한 것은 식민지종속형에서 비롯된, 지난날의 우리나라 식민지 상황과 오늘날 당면하고 있는 반식민지적 상황을 한국민족주의의 역사적 과제로 인식하고 이를 해명하기 위해서라고 말하고 있다. "그것은 지역적인 개념인 국민경제(자본주의적 재생산권) 안에 민족적 생존권을 밑받침하는 경제영역(민족경제) 이외에 식민지·반식민지 상황 속에서 민족적 생존권을 제약하고 민족적 생존권을 축소·소멸시키는 경제영역(외국자본 그리고 그것에 동조하는 매판자본의 활동영역)이 존재한다는 인식 위에 서 있다."

민족경제론의 구조는 민족적 생존권의 확보와 발전이라는 민족주의적 요구 위에 서서 국민경제 안팎에서 이루어지는 민족경제의 주체적 발전과 그에 따른 외국자본 그리고 매판자본의 상호관계로 구성되어 있기 때문에 이를 이론적으로 해명하는 논리체계로 이루어진다. 따라서 민족경제론은 기존의 경제이론을 받아들이면서 거기에 민족 주체적 인식을 위한 보완적 수단을 덧붙이고자 한 것이다. 그러나 현상의 다양성과 실천상의 여러 요구는 단순한 보완적 도구의 소박한 상태에서의 정체나 고정화를 허용하지 않는다. 즉, 새로운 상황, 지금껏 다루지 않았던 분야에도 적용할 수 있어야 한다. 따라서 민족경제론은 보다 정밀화되고 이론적으로 자기 완결적일 필요가 있다. 그러므로 소박하게 제기된 민족경제론적 경제인식은 많은 분야에서 그 시야를 확대할 수 있다. 이와 같은 시야의 확대는 민족경제이론을 더욱 체계화하고 정치하게 발전시켜야 할 필요성을 제기하고 있다. 그러므로 민족경제론은 기성의 정치경제학적 인식을 우리의 구체적 현실에 적용하고 보완하기 위한 것이었다. 그러나 현실상황에 적용하기 위해서는 민족경제론의 내용과 포괄범위를 다양하게 확대하고 거기에 통일성을 부여하는 등 이론의 정밀화가 필요하다.

그러나 이론을 정밀화하고 이것을 하나의 체계로 발전시키는 것이 반드시 이론의 사회적 실천을 위한 역할과 긴밀히 관련되는 것은 아니다. 이론의 정밀화는 이론 그 자체의 자기발전 논리의 관철에 불과하다. 민족경제론은 정치경제학적인 경제이론을 식민지·반식민지 상태의 식민지종속형 자본주의 발전국가들에 적용하려는 것이고, 이들 나라에 있어서 '일반이론'의 발전을 모색하는 것이다. 따라서 그것은 다른 일반이론에 대체되는 새로운 일반이론의 정립을 의도하는 것이 아니다. 민족경제론은 완결된 체계를 시도하지는 않을 것이다. 그리고 형식에 있어서 그런 징후가 보인다고 할지라도 그것은 정치경제학에서 정립된 일반적 법칙을 우리 상황에 적용하는 데 있어서 보완이나 심화를 위한 것 이상이 아니다. 또한 현재의 민족경제론의 발전단계는 그와 같은 시도를 가능케 하는 것도 아니다. 민족경제론은 아직 완성된 이론이 아니며 우리 문제의 해결을 위한 노력에서 시도된 것 이상이 아니다. 따라서 그것은 모든 비판을 수용하면서 이미 정립된 이론 위에 서서 우리 문제의 해결을 위한 사회적 실천에 올바른 기준과 수단을 민족 주체적으로 가지려는 노력인 것이다.

따라서 민족경제론을 구성하는 범주들은 사회적 실천상의 요구에 답하는 과정에서 주어진 상황적인 축적의 소산 이상이 아니다. 또한 그것이 갖는 상호관계도 완결된 체계 속에서 위치지워지는 것이 아니고 민족경제론의 오늘의 발전단계를 반영하는 것 이상이 될 수는 없다고 할 수 있다.

다음에는 민족경제론을 구성하고 있는 각 범주의 개념내용과 상호간의 관계가 민족경제라는 하나의 구조 속에서 어떻게 관련되는가를 살펴보고자 한다. 먼저, 역사발전의 또 하나 부차적 동인으로서 '민족적 생활양식'의 문제는 민족적 삶이 무엇이냐 하는 것과 왜 민족적인 삶이 강조되어야 하는가 하는 문제와 얽혀 있다. 민족적 삶이란 민족적 감정, 민족적 정서에 충실한 보다 구체적인 삶이다. 한 민족에게는 자기들이 살아온 기후·풍토에 따라 형성된 전체적인 삶이 있다. 그리고 이것은 한 민족에게는 가장 알맞은 삶이기도 하다. 보다 나은 삶이란 이와 같은 구체적인 민족적 삶일 수밖에 없다는 것이다. 따라서 민족적 삶이 강조되는 것은 전래적으로 생활의 축적 속에 주어진 익숙해진 민족적 삶이 보다 나은 삶의 기준으로 된다는 의미에서이다. 민족적 삶이 역사발전의 부차적 동인이라는 것은 역사발전의 동인인 보다 나은 삶에의 요구가 구체적이고 그것은 민족적 생활양식으로 되지 않을 수 없다는 의미에서이다.

다음, '민족자본'의 문제는 자본주의와 그 과도적 단계에서 민족경제의 중요한 문제로 된다. 민족자본에 대하여는 그것을 자본의 정치적 성향에서 규정지으려는 일부 견해가 있으나 이것은 본원적으로 경제 쪽에서 규정되어야 한다고 생각한다. 그것은 공사(公私)를 가릴 것 없이 한 나라 민족경제에 자기 재생산의 기반을 갖는 자본이어야 한다. 민족자본의 기본속성은 그것이 민족경제에 자기 재생산의 기반을 갖는 자본이라는 점이고 부차적 속성은 민족계 자본이라는 점이다. 자본제하 민족자본은 민족경제의 주체적 담당자이어야 하고 그것은 사적 자본만이 아니라 국가자본까지를 포괄하는 것이어야 한다.

'자립경제'는 민족경제가 당위적으로 완성된 형태이다. 비자립적인 경제구조는 외국자본에 의한 식민지·반식민지적 억압과 수탈에 따른 민족경제 왜곡의 소산이다. 따라서 자립경제는 민족경제에 의한 전국민경제의 통합이다. 자립경제는 기초산업을 저변으로 하고 그 위에 농촌공업으로서의 중소기업 그리고 국민적 산업으로서의 소비재공업 및 생산재생산공업이라는 피라밋형의 산업구조를 기업·산업간의 긴밀한 분업관련 위에서 통합적으로 실현하는 것이어야 한다. 그리고 이것은 민족적 생활양식의 견지와 상대적 자급자족체계의 실현에 의한 민족적 자주·자립 실현의 기초이어야 한다.

민족경제론의 구성범주의 하나인 '민족주의론'은 다음과 같다. "민족주의는 단순히 시민적 민족주의에 한정되는 것이 아니라 한 사회를 구성하는 계급과 계층이 대외적 관계에서 당면하는 예·종속성을 극복하기 위해서 한 민족이 지니는 대항적 신념체계로 정의할 수 있다"(전철환, 1982, 28쪽) 그런 뜻에서 보면 민족주의는 계급적인 것이 민족적 프리즘을 통하여 표현된다. 식민지종속형 자본주의 발전의 경우 민족주의가 갖는 전근대사회에 있어서의 외연은 전근대사회에서의 민족주의가 그 민족의 계급적 프리즘을 통하여 나타난다. 반대로 자본주의 이후에는 계급성이 민족적 프리즘을 통하여 나타난다. 그것은 민족주의가 추상으로서의 민족주의로 존재하는 것이 아니라 한 사회를 구성하는 계급·계층이 민족적이라는 것에 의해 조정된 요구를 대외적으로 표현한 것 이상은 아니다. 그리고 이것은 다른 말로는 민족적 생활양식에서 비롯하여 민족적 이익을 둘러싼 다양한 계급적 대응의 표현이다.

'민중론' 또한 민족경제론을 구성하는 중요한 범주이다. 민중은 개념상으로 직접적 생산자이면서도 생산의 분배에서는 소외된 계급·계층이지만 민중이 개념으로서가 아니라 사회적 실체로 등장하는 것은 이들 민중범주와 그들과 대립하는 계급·계층간의 현실적인 모순이 주요모순으로 제기되었을 때이다. 민족경제와 국민경제간에 괴리가 있는 나라들에서는 민중의 생활상의 이해를 둘러싼 모순과 민족적 모순이 일치함으로써 민중을 민족주의운동의 주체로 등장시키고 이른바 민중적 민족주의가 민족주의운동의 큰 흐름이 된다. 민중구성은 한 나라에 있어서 자본주의의 발전단계와 이에 따른 사회구성에 따라 달라지나 기본적 구성에서 노동자, 농민, 도시빈민을 순환계열상의 주요구성으로 하면서도 이들의 계급적 성격에서 노동자계급이 주도계급이 된다. 민중구성은 기본적 구성의 밖에 부차적 구성으로 광범한 중산층을 가지며 자본주의의 국가독점자본주의단계에서는 일부 거대독점자본과 국가권력이 유착되는 상황에서 중소자본에까지 미치는 외연을 갖기에 이른다. 그런 의미에서 민중의 부차적 구성은 상황의 변화에 따라 가변적이다. 그뿐 아니라 민중의 경제적 기반은 민족경제의 본래적 영역과 부차적 영역(국민경제에서 외국자본 그리고 매판자본이 지배하는 영역)에서 다 같이 주어진다. 민족경제의 부차적 영역에 자기 생존의 기반을 갖는 민중구성은 자기들의 계급·계층적 이해와 민족적 이해의 합치 속에서 보다 민족적이 되고, 민족경제의 본래적인 영역에 광범한 동맹자를 갖는 데서 민족경제 통합(그것은 자립경제로서의 민족경제의 완성된 형태로 된다)의 주체이고 중요한 매개고리가 된다. 역사에 있어서 민중의 범주는 고정적인 것은 아니다.

‘국가자본주의와 경제계획론’ 또한 민족경제론의 주요 구성범주이다. 앞에서 우리는 공·사 자본 양쪽에서 민족자본을 말했거니와 정치권력의 민중성 위에 민중·민족적 요구가 관철될 수 있는 가능성이 주어지는 한 민족자본의 주요한 존재양태로서 국가자본 또는 국가자본주의적 영역의 중요성이 크게 두드러지게 된다. 국가자본주의는 자본주의 경제제도에서나 과도기의 경제에서 민족경제의 확립을 위한 중요한 수단이 된다. 그리고 이와 같은 국가자본(민족자본으로서의)을 축으로 한 민족경제의 완성, 즉 자립경제를 위한 전략 강령으로서 경제개발계획이 제기되는 것이다. 경제개발계획은 그 성격이 서로 다른 쪽에서 제시될 수 있다. 역사적으로 경제개발계획은 통상 국가독점자본주의단계의 소산이거나 국가독점자본주의 자체였다. 그러나 그것이 민주주의적 절차에 따른 민중·민족적 요구의 관철로 되는 경우 그것을 자본주의 전개의 일반적 경과에 좇아 국가독점자본주의 일반으로 규정하는 것은 정당한 일이 아니다. 그것은 민족국가의 민족경제 확립을 위한 전략 강령으로서도 평가되어야 한다.

민족경제론의 또 하나의 중요한 구성범주는 ‘사회구성체론과 발전단계론’이다. 이것은 민족경제론이 적용되는 한 사회의 지배적인 경제제도와 사회적 성격의 문제와 얽혀 있으며 그것이 어느 발전단계에 놓여 있느냐 하는 문제로 된다. 식민지반봉건사회론에 대한 비판적 입장의 제기, 자본주의적 발전단계의 규정 문제는 이것과 연관되어 있다. 이 가운데서 국가독점자본주의 문제는 정치권력의 성격 그리고 민중구성과 이의 외연 문제와 긴밀히 얽혀 있다. 그러나 국가독점자본주의론이 민족경제론의 구성범주로 된다고 하여 그것이 민족경제론의 하위범주라는 의미는 아니다. 그것은 민족경제론이 기존의 이론체계의 포섭 위에서는, 한 민족의 자주·자립의 실현이라는 쪽에서의 적용이나 보완적 체계 정립 이상의 큰 의미를 지니는 것은 아니기 때문이다.(박현채, 1989, 44~49쪽)

결국 민족경제론의 구조는 이들 여섯 가지 범주들의 운동법칙을 구명(究明)하고 그 상호관계를 밝혀서 민족경제가 추구하는 가치를 실현시키는 데 필요한 이론틀인 것이다. 그런 의미에서 민족경제론의 구조를 보면, 그 핵심적 가치는 민족경제의 추구이념상 역사에 있어서의 진보와 민족의 주체성 실현이다. 그것은 곧 민족주의적 요구이고, 민족주의적 요구는 민족적 생활양식의 주체적 향상을 지향하는 것이다. 그런데 민족적 생활양식은 민족자본운동이 규정하고, 민족자본의 주체적 형성과 발전은 자립경제로 완결된다. 따라서 민족경제론은 민족주의에 기초한 국가자본주의하에서 경제계획의 유효성과 세계적 자본운동간의 상호관계를 밝히며, 그것이 사회구성체와 발전단계별로 어떤 위상을 지니는가를 밝히는 것이 민족경제론의 핵심적인 구조를 이룬다.

4. 민족경제론 정립의 의의

박현채 교수가 정립한 민족경제론의 성립배경, 구성요소와 성격 그리고 구성범주와 구조에서 밝힌 것처럼, 민족경제론은 민중을 주체적 구성요소로 하는 민족과 그 물적 기초인 경제가 합성(민족경제)되어 역사발전 동력으로 작용하는 현실과 운동법칙을 확인하고 검증하는 논리 틀이다. 이와 같은 민족경제론은 민족의 생활양식 개선, 통일민족국가 지향, 민족사회구성체와 세계자본주의체제 내에서의 주체적 발전력을 발휘하는 조건을 발견하고 현실화하고자 하는 기초이론이다.

따라서 민족경제론에서는 세계자본주의체제 내에서 보편적으로 수용되는 개인, 자본, 생산, 교환, 분배, 처분, 수출입, 저축, 투자 등처럼 정통파 경제학에서 수용되는 개념과 이들 상호간의 관계를 밝히는 논리 틀을 벗어나 정치, 사회적 개념을 복합적으로 수용하는 것이다. 그러나 민족경제론의 논리 틀이 아직은 정통파 경제학처럼 보편적으로 수용되지는 않고 있다. 따라서 앞으로 더욱 이를 정치화한 후 엄밀한 검증을 거쳐 보편화할 필요가 있다.

그럼에도 불구하고 해방 후 우리나라 사회경제 발전과정을 이해하고 연구하며 발전성을 구명하고 실천방향을 모색하는 데는 상당히 유효한 하나의 분석 틀을 제공한 것으로 평가할 수 있다. 정통파 주류경제학이 보편성, 무국적성, 무지향성 때문에 제2차세계대전후의 후진국 발전과정에서 국민의 역동성 발휘를 위한 사회과학적 자각심을 이끌어내는 데 실패한 것과는 대조적이다. 그런 의미에서 박현채 교수가 정리해 온 『민족경제론』은 해방 후 분단과 저개발 극복이라는 과제를 안고 있는 우리 현실에 대하여 정치경제적 역동성 발휘를 위한 이론 틀을 제공하는 데 크게 기여한 것이다.

제2차세계대전후에는 정치적 식민주의 및 제국주의가 종식되었으므로 "개발도상국이 지향하는 민족주의는 과거 식민통치를 자행했던 선진국의 식민주의와 제국주의 부활에 대항하는 대항적 민족주의의 성격"을 띠고 있다. 그리고 대항적 민족주의의 물적 기초가 곧 민족경제인 것이다. 다시 말해서 제2차세계대전후의 경제적 민족주의형의 발전은 "경제개발계획에 의하여 경제성장을 가속화하기 위해서 후진국 개발욕구를 증대시키고자 하는 (민족)국가의 발전지향형 신념체계"(Johnson, H. G., 1968)이다. 『민족경제론』은 바로 이런 신념체계에 대한 물적 기초를 제공하는 이론 틀이다.

그러나 『민족경제론』은 정치적 식민주의 및 제국주의 시대의 정치적 민족주의와는 달리 경제적 민족주의의 이론적 기초이므로 민족경제를 구축하고자 하는 민족국가는 자기 중심적인 편협성을 지니지 않는다. 오히려 세계주의적 관점에서 세계적 생산력을 극대화하는 데 후진국이 균등한 발전을 모색하고 참여하는 주체적 역할을 제공하는 이론의 기초라고 말할 수 있다.

한편 제2차세계대전후의 민족주의 지향은 "민주정부의 수립과 민주화과정을 성숙시키며, 민족 = 민중집단의 발전력을 극대화시켜 통일, 민주, 정의 및 복지를 최대화하기 위한 신념체계의 확립"(Downs, A., 1957, 135~50쪽)을 내용으로 한다. 이러한 제2차세계대전후의 후진국 민족주의는 일반적으로는 선진국의 이해와 전혀 대립될 수 없다. 다만 후진국의 독재 내지 비민주적 정치권력이 그들의 정당성을 확보하기 위한 방편으로 국가보위 또는 경제적 자립을 주장하는 경우에도 그것이 (민족)국가의 역사 발전력에 고도의 신뢰와 긍지를 부여하는 것일지라도 민중=국민적 발전과 후생 증진에 기여하지 못한다. 따라서 『민족경제론』은 바로 이러한 정당성 없는 정치권력의 계급성을 극복하는 이론 틀을 제공하는데 크게 기여한다.

그런 의미에서 제2차세계대전후의 민족경제는 다극적 국제질서 속에서 통일, 민주, 발전, 복지를 추구해야 하기 때문에 처음부터 다극적 국제질서와 사회경제적 운동 법칙을 체계적으로 인식한 민중운동으로 전개하지 않으면 안 된다. 여기에 부응하는 논리가 경제적 자립이고 반독재·반민주를 극복하기 위한 정치적 민주화이며 반분할·반분단에 의한 민족적 통일이기 때문에 『민족경제론』은 여기에 조응하는 하나의 이론 틀을 제공해 온 것으로 평가할 수 있다.

이와 같은 관점에서 볼 때 『민족경제론』은 제2차세계대전후의 후진국이 "총체적인 사회경제체제의 지속적인 상향운동"으로 정의되는 넓은 의미의 발전을 필요로 하고 지향하고 있는 정치경제학 틀이라고 말할 수 있다. 넓은 의미의 발전 개념은 필요조건으로 노동과 자본 등의 생산요소가 충분히 공급되어야 하며 발전의 진전에 따라 생산기술 진보와 경영기법 등의 향상이 수반되지 않으면 안 된다. 보통은 이런 현상을 협의의 생산력이라고 부른다.

그러나 한 나라의 사회경제가 지속적인 발전 즉 상향운동을 하기 위해서는 충분조건으로 이런 생산요소가 효율적으로 동원되고 사용될 수 있도록 한 민족국가 국민 대부분이 과학하는 태도와 의식은 물론 전통·관습·사상 등에 기초한 민족의 지향성과 가치관 그리고 법령과 통치 행정기구 등 여러 사회제도와 의식을 정비 개선하지 않으면 안 된다. 더구나 이와 같은 성장을 통하여 이룩한 경제적 성과물(소득)을 모든 구성원에게 형평성에 맞도록 배분할 수 있는 체계를 구축하는 데 있어서, 『민족경제론』은 민중=민족이 주체적으로 의사를 결정하여 형평성을 보장하게 하는 힘의 형성과 이론 틀을 제공하는 것이다.

나아가 『민족경제론』은 방법론상 주류경제학과 다른 논리 틀을 제공하는 데 기여하고 있다. 주류경제학은 철저하게 실증적 경제 제량을 연구대상으로 하기 때문에 개념상 실물·화폐·노동 및 증권 등 시장의 움직임을 고찰하는 데 국한한다. 따라서 주류경제학은 민족·국민 및 사회경제적인 지배력의 원천으로서의 자본 등 이른바 사회경제체제 전반을 연구대상으로 하는 개념의 선택과 움직임은 고찰대상으로 하지 않는다.

주류경제학은 일반적으로 한 나라는 물론 세계경제의 움직임을 고찰함에 있어서도 국민총생산·산업·수출입·화폐·재정·외환·노동 등의 성장과 변동 등에 관한 실증개념만을 선택하는 경향이 짙다. 그리고 이들의 움직임이 전체 사회경제체계에 대하여 독립적으로 상향운동에 기여한 것으로 보거나 아니면 암묵적으로 그렇게 인정한다.

그러나 경제도 이른바 순수경제 요소만을 영역으로 독립적 상향운동을 할 수는 없다. 다시 말해서 국제 정치적 관계, 일국 내에서의 계층간의 관계, 과학적 태도 및 정치경제 사상과 지향성 등 총체적인 사회체제가 직접 영향을 미치기도 하고 거꾸로 경제가 이들 요소에 대하여 영향을 미치기도 하는 내생성을 지니고 있다. 따라서 분석상 어려움은 있으나 이들을 통일적으로 이해하는 이론과 분석 틀의 정립은 매우 시급한 과제로 남아 있다. 『민족경제론』은 비록 객관적으로 수용할 수 있는 일반적인 분석 틀을 갖추었다고 보기는 어려우나 여기에 상당한 단서를 제공하고 있다.

『민족경제론』은 제범주가 지니는 움직임을 과학적으로 검증하는 데까지 이르지는 못하고 있다. 더욱이『민족경제론』은 운동성향의 지침을 제공하는 데 매우 강한 힘을 발휘하는 신념체계의 성격을 지니기 때문에, 정밀한 논리 틀로 정착시키기는 매우 어렵다. 따라서 과학성을 요구하는 사회과학으로서 정착하기까지는 이런 과제들을 연구 축적해야하는 부담을 남겨놓고 있다. 그런 의미에서 보면『민족경제론』은 박현채 교수가 필생에 가까운 연구 업적을 남겨놓았는데도 불구하고 아직도 출발점에 서 있다고 볼 수 있다. 이 과제는 민족경제에 높은 관심을 가지고 있는 후학들의 몫이다.

(충남대 학술진흥재단, 1995. 5)

참고문헌

송건호, 강만길 외(1983),『한국민족주의론』, 창작과비평사.

박현채(1978(A)),『민족경제론』, 한길사.

—— (1978(B)),『민중과 경제』, 정우사.

—— (1979),『전후 30년의 세계경제사조』, 평민사.

—— (1981),『한국농업의 구상』, 한길사.

—— (1982),『한국경제의 구조와 논리』, 풀빛.

—— (1983),『한국경제의 구조와 농업』, 까치.

──── (1984), 『한국자본주의와 민족운동』, 한길사.

──── (1986), 『한국경제구조론』, 일월서각.

──── (1988), 『민족경제와 민족운동』, 창작과비평사.

──── (1989), 『민족경제론의 기초이론』, 돌베게.

전철환(1982), 「한국민족주의의 오해와 이해」, 『보운 제12집』, 충남대학교.

한상진(1990), 「4.19혁명과 학생운동」, 『현대사를 어떻게 볼 것인가(3)』, 동아일보사.

다끼자와 히데끼(1985), 김용관 역, 『현대한국민족주의론 ─ 민중경제론의 형성과 발전』, 미래사.

토다로, M. P.(1984), 이근식 외 역, 『경제발전론』, 비봉출판사.

해이스, J. H.(1981), 차기벽 역, 『민족주의론』, 한길사.

Downs, A.(1957), "An Economic Theory of Political Action in a Democracy", *Journal of Political Economy*, LXVI.

Johnson, H. G.(1968), "A Theoretical Model of Economic Nationalism in New Developing States", *Economic Nationalism in Old and New States*, ed., Johnson. H. G., London : Allen and Unwin.

경제발전에 대한 사회경제학적 접근
- 연구개관[1]

1. 정형성이 약한 경제발전론

아담 스미스가 국부론을 저술한 이후 근대경제학이 정립되어 고도의 정치한 이론으로 발전함에 따라, 유용성은 비록 시대에 따라 다르더라도 이론의 정형성(定型性)은 매우 높아졌다. 예컨대 가격이론을 중심으로 하는 미시경제학은 물론이고 소득이론을 중심으로 하는 거시경제학 등 이론경제학은 정치성 측면에서 자연과학에 뒤지지 않는다.

그러나 근대경제학의 역사가 220년에 이르렀음에도 불구하고 경제학의 한 분과인 경제발전론이 독립적인 이론체계를 갖추기 시작한 것은 겨우 제2차세계대전후부터이다. 물론 그 이전에도 물질적 부의 증대라는 의미의 발전개념이 없었던 것은 아니다. 아담 스미스가 "풍요 및 개선을 향한 영국의 진보", 존 스튜어트 밀이 "경제적 진보" 등의 개념을 사용한 것이 그 예이다. 그리고 경제적 진보는 거의 대부분 서구문명의 물질적 풍요를 누리기 위한 근대화, 공업화 또는 서구화 자체를 의미하고 있다. 제2차세계대전

---

1) 안병직 교수는 한국경제발전학회(95. 12. 1)에서 이 글(초고)에 대하여 매우 날카로운 비판과 함께 유익한 논평을 해 주었다. 안 교수와 그 외의 평자로부터 논평을 받은 후, 이 글을 검토하는 과정에서 제목과 내용의 일부를 수정하였으나, 아직 완성된 논문내용을 갖추기에는 거리가 멀다. 다만 사회경제학적 접근단초를 제공하는 것으로 그치고자 하며, 안 교수를 비롯한 여러 논평자에게 깊이 감사한다. 글 내용에 대한 책임은 물론 필자에게 있다.

이 종전될 때까지의 20세기 후진국 경제발전을 대상으로 하는 경제발전론은 사실 이론경제학으로부터 정착된 개념이 아니었다.

경제발전론이 독립영역으로 발전하기 시작한 것은 제2차세계대전후 서구 여러 나라의 식민지였던 아시아, 아프리카, 중남미 등 후진국들이 정치적 독립을 하면서 경제성장을 중요한 국가목표로 삼고 이를 추진하기 시작하면서부터이다. 그러나 경제발전론은 거의 모두가 경제성장론의 범주를 크게 벗어난 것이 아니었다. 왜냐하면 각 국은 경제 제량 특히 국민소득의 증대를 경제발전으로 인식했기 때문이다. 식민지배를 경험한 후진국들은 물질적 부의 증대 곧 경제성장을 발전으로 간주했고 성장과 발전을 구별할 학문적, 현실적 동기도 없었다. 나아가 후진국뿐만 아니라 식민지 모국이었던 미국, 영국 등 패권적 선진국, 소련 등 사회주의 종주국, UN 등 국제기구까지도 경제발전의 개념과 내용이 무엇이든 간에 국제질서의 유지와 체제대결에서의 승리를 위해 물적 풍요를 약속하는 경제발전이 절실한 과제였을 뿐이었다.

이러한 배경하에서 제2차세계대전, 특히 1949년 이후 1960년대까지 후진국의 경제발전에 관한 문헌들이 폭발적으로 증가했다. 국제기구 내지 후진국의 경제학자들이 경제발전론을 논의하지 않으면 경제이론을 모르는 것처럼 인식된 것도 이때였다. 우리나라에서도 1950년대말과 1960년대에 정부가 경제개발을 시도하면서 발전, 개발경제학 또는 후진국경제이론의 연구가 크게 각광을 받았다.

활발한 경제발전연구가 진행된 초기의 대표적인 발전경제학자들로는 로젠스타인-로단, 넉시, 루이스, 싱어, 로스토우, 헤로드와 도마, 볼드윈, 마이어, 프레비쉬, 쿠즈네츠, 체너리 등을 들 수 있다. 그 후 1960년대말까지만 해도 이들의 저서는 경제발전 분야에서 경제발전론 연구자와 정부의 경제관료들에게 상식서처럼 읽혔다. 우리나라에서도 많은 경제학자들이 동 분야의 연구에 정진하면서 서구 경제발전이론의 소개와 함께 독자적인 후진국 개발이론의 정립을 시도하였다. 그럼에도 불구하고 이들의 경제발전론은 경제성장론을 중심으로 하는 경우를 제외하고는 정형성이 높지 않았던 것으로 평가된다. 반면 경제성장이론은 매우 정치하고 높은 정형성을 지녔으나 후진국 개발정책 구현에는 크게 도움을 주지 못한 것으로 보인다.

우선 경제발전론에서 가장 기본적 개념인 경제발전을 정의하는 데 있어 서조차 논자마다 내용을 달리했다. 더구나 무엇이 경제발전의 동인(動因)이고 경제발전의 내용이 어떤 것이어야 하는가에 대하여 이론적으로 합의에 도달하지 못했다. 그 결과 경제발전모형도 보편성을 지닐 만큼 정형화되어 있지 않았다. 설사 정형화되어 있는 것[2]이라고 할지라도 새로운 발전도상국이 발전유형을 달리할 경우 그것을 새로운 모형으로 적용할 수 있는가에 대하여도 견해를 달리하는 경우가 많았다.

이처럼 경제발전이론의 무정형성에도 불구하고 아직도 대부분의 국가가 발전에 대한 열망은 아직도 변함 없이 높다. 예컨대 빈곤의 근절, 인간의 기본적 욕구충족, 높은 생활수준, 일인당 소득의 증가, 생산능력의 증가, 자연에 대한 지배, 기술·부·권력·지위 등에서 선진국과의 격차해소, 경제적 독립과 자립 등을 의미하는 광범한 의미에서의 발전은 후진국일수록 열망이 더 강하다.

이와 같은 경제발전론의 형성배경 때문에 경제발전에 관한 개념이 초기에는 경제성장과 혼동하여 쓰여진 경우가 많았다. 지금도 일반인이 사용하는 경제성장과 발전개념은 불분명한 경우가 많다. 또한 개념이 분명히 구별되지 않는다고 해서 이론적으로나 현실적으로 크게 어려움에 부딪치는 것은 아니다. 경제발전인과론 연구에서 각 국의 발전단계와 역사적 상황에 따라 국민의 심리, 욕구 등이 다양하고, 수준의 변화, 인적 자본, 연구개발, 기술진보 등에 대한 외생적 발전요인을 내생화하기 어렵기 때문이다.

반면 경제발전론 학자들 예컨대 길리스(Gillis et al., 1992, 8~9쪽) 등과 세계은행(World Bank, 1991, 31쪽) 등 국제기구는 경제성장 개념과 경제발

---

2) 물론 한계는 있으나 접근법을 달리하는 그동안의 경제발전이론틀 또는 모형으로로서는 다음의 네 가지가 있다. ①선형경제성장단계론 : 로스토우의 성장단계설, 해로드-도마의 성장모형 ②신고전파적 구조변화모형 : 루이스의 발전이론, 체너리의 구조변화이론 ③국제적 종속모형 : 신식민지 종속이론, 오류의 패러다임모형(토다로, 이근식외 역, 1991, 81쪽), 그리고 ④인적자본, 지력 및 연구개발을 중시하고 경제발전모형에서 이들 요인을 내생화하기 위한 최근의 신경제성장모형(Romer, P. M. 1986, p.90, 94 및 Lucas, R. E. 1988, p.90)이 있다. 그러나 ④번 경제발전모형을 하나의 독자적인 발전이론모형으로 규정하기에는 아직 이른 것 같다. ④번 경제발전모형 소개에 대해서는 장세진 교수의 「신성장이론 : 기여와 한계」, 1995. 12를 참조하라.

전 개념을 엄격히 구별하여 쓰는 경우가 많다. 대체로 경제성장은 1인당 소득 또는 생산이 지속적으로 증가하는 양적 개념이다. 따라서 재화와 용역의 총생산 또는 재화와 용역의 1인당 생산이 증가하는 것을 경제성장이라고 정의하는 데에는 이론이 없다. 반면 경제발전은 양적 성장에다 경제구조의 기본적 변화라고 하는 구조적 요인의 진보 또는 질적 요인의 향상을 포함하는 더 넓은 개념으로 정의된다.

그러나 경제발전의 가장 기본적인 요인은 누가 경제활동의 주체인가의 문제이다. 따라서 한 나라가 구조변화를 이끌어오는 과정에서 그 나라의 국민이 주된 역할을 하는가, 아니면 외국인이 주체적 역할을 하는가는 경제발전과 성장을 구별하는 매우 중요한 요인으로 이해된다. 외국인이 불가피하게 발전도상국의 경제성장에 기여할 수도 있으나 주된 역할을 해서는 지속적 발전이 약속되지 않기 때문이다. 나아가 경제구조의 변화과정에서 주된 역할을 하는 국민들이 경제발전의 결과를 주체적 입장에서 향유하여야 한다. 이처럼 경제발전 개념은 경제의 양적 성장에다 국민이 구조변화를 주체적으로 이끌어가야 한다고 하는 내용이 포함되어 있으므로 민족주의적 색채를 띠기도 한다.

하지만 민족주의적 내용에 대해 일치된 의견은 없는 듯하다. 또한 구조변동이 무엇에 의하여 이루어지고 구조변동의 내용이 어떤 것이어야 하는가에 대하여도 반드시 견해를 같이하지는 않는다.(Gillis et al., 1992, 8~9쪽) 구조변동이 단순히 산업구조 및 기술구조의 변동을 의미하는가, 통치구조의 변화를 의미하는가, 사회구조까지를 포함하는가 등에 있어서 발전의 범주가 크게 달라진다. 산업구조 및 기술구조만의 변화를 의미하는 경우 그것은 경제적 범주에 속하는 것으로 쉽게 이해될 수 있다. 그러나 통치구조 변화 예컨대 봉건제 사회에서 자본주의사회로, 독재체제에서 민주체제로, 정체된 사회에서 역동성이 높은 사회로의 변화까지를 의미한다면 발전의 개념은 단순히 경제성장 또는 발전에 그치는 것이 아니다. 이 경우 발전개념은 매우 넓어진다.

더구나 무엇이 경제성장을 가능하게 하고, 무엇이 구조변동을 일으키게 하는가에 관한 요인분석에 있어서, 저축증대를 통한 자본축적(기술의 체화 등 내생화 여부는 상황에 의함)의 가속 등만으로 이해하면 경제발전의 원인은 명백하다. 그러나 1960년대까지의 중남미 여러 나라, 1970년대의 리비아 등 중동 여러 나라에서 저축과 자본축적의 가속이 일어났는데도 이들 나라의 소득은 일시적으로 증가했을 뿐 이후에는 정체되거나 감소하여 지속적 성장성을 지녔다고 볼 수는 없다. 따라서 경제발전의 인과를 단순히 저축과 자본축적만으로 설명할 수도 없다.

설사 소득이 지속적으로 증가한다고 해도 국민의 교육, 보건, 의식구조, 사회구조, 통치구조 등이 반드시 형평과 조화를 이루게 되고 사회전체의 진취성과 확신을 자극함으로써 사회의 역동성이 보장되는 것도 아니다. 따라서 후진국 문제는 단순히 소득성장만이 목표일 수 없고 정치, 사회, 경제, 문화 등 종합적인 관점에서 고찰해야 한다. 그러나 후진국의 발전이 종합성을 띨 수밖에 없기 때문에 경제발전 개념을 정의할 수 없거나 인과관계를 설명할 수 없는 것은 아니다. 문제는 경제발전이 구조변화를 통한 소득의 증대를 의미하므로 후진국 발전 개념이 종합성을 띨 경우 정치, 사회, 문화 등 경제외적 요인의 변화가 경제발전 내지 성장과 독립적일 수 있는가에 관한 의문 즉 내생화 가능성 여부의 물음에 답하지 않으면 안 된다는 점이다.

만일 경제발전이 정치, 사회, 문화와 독립적으로 이루어질 수 있거나 다른 분야에 대하여 직·간접적으로 영향을 미치지 않는다면 경제발전의 개념 내지 내용 정립을 달리할 필요가 없을 것이다. 그러나 독립적이지 않고 서로 교호(交互)성을 띤다면 경제발전 개념과 내용을 정치, 사회, 문화 등의 분야까지를 포괄하여 폭넓게 규정하고 연구해야만 지속적 발전을 이끌어 갈 수 있는 이론의 정형화가 가능할 것이다.

때문에 그동안의 경제발전 이론과 사상체계도 맥락을 달리하면서 여러 갈래로 논의되어 왔다. 그것은 곧 어느 특정의 경제발전 모형이 시공을 초월해서 모든 경우에 적용할 수 있는 보편성을 가진 이론 틀이 되지 못하고 있다는 뜻도 포함하고 있다. 또 경제발전론이 무정형성을 지니고 있고 또 과학성을 결여했다는 평가를 받는 경우도 많다. 그러나 발전론을 공부하는 사람의 입장에서 보면 그 때문에 발전론이 더 흥미가 있고 누구나 논의의 대상으로 삼을 수 있으며 논의에 참가할 수 있다는 점이 장점으로 남아있는지도 모른다. 최근의 경제발전이론 동향이 그 하나일 것으로 이해된다.

2. 발전경제학의 계보

비록 경제발전론이 미시와 거시경제학 등 이론경제학처럼 정치한 이론 틀을 갖춘 정형성의 학문으로 정착된 것은 아니나, 근세사에 있어서 열망하여 왔던 물질적 부의 축적과 문명사의 발전을 설명함에 있어서 매우 중요한 분야인 것은 사실이다. 그 결과 발전경제학의 계보도 결코 단순하지는 않다. 어쩌면 정형성을 지니지 못했기 때문에, 패러다임을 달리하는 매우 다양한 이론체계를 구축하여 왔는지도 모른다.

비록 발전경제학이 독립분야로 분리되어 본격적으로 연구되기 시작한 것은 제2차세계대전후 식민지체제의 종식과 냉전체제 출현의 산물이기는 하나, 크게 보면 이론경제학 체계 내지 목적의 하나가 물질적 진보를 지향하는 것이기 때문에 발전경제학의 계보도 이와 병행하여 다양하게 이루어져 왔다. 다만 이론경제학의 성립사가 220년을 넘는데도 불구하고 경제발전론의 본격적인 성립사는 겨우 50년에 불과할 뿐이다.

그런 의미에서 안트(H.W. Arndt, 1987)가 연구 정리한 경제발전사상사(사실은 경제발전론 패러다임 변천사) 계보를 보면 크게 1945년 이전을 경제발전론 전사, 1945년 이후 1965년까지를 성장론으로서의 발전론 성립기, 1965년 이후 지금까지를 정치, 사회, 문화분야를 포괄하는 경제발전론의 확산기로 구분하고 있다.

1945년 이전의 경제발전론 전사의 내용은 대부분이 자본주의 이행사의 성격과 맥을 같이한다. 따라서 서구에 있어서는 무엇이 봉건제도를 타파하게 하고 자본주의체제로 이행하게 했는가가 경제발전론의 전사로 이해될 수 있다. 그 대표적인 예가 로스토우(W.W. Rostow, 1975)의 "이 모든 것(자본주의 이행발전-필자)이 어떻게 시작되었는가"에 관한 물음일 것이다. 다시 말해서 봉건경제체제가 붕괴되고 산업혁명이 일어난 원인에 관한 해명을 하고자 하는 것이 곧 경제발전론의 전사인 셈이다.

특히 서구 자본주의 이행논쟁에 참여한 학자 가운데 베버, 빌쁘란드 등은 자본주의 이행 발전요인으로 기독교정신, 법률, 제도 등 비경제적 접근을 시도한 예로 기록될 수 있을 것이다. 이 이외에 이행논쟁에 참가한 학자들 가운데는 백년전쟁, 런던의 대화재, 흑사병의 만연 등 비경제적 요인을 자본주의 이행요인으로 설명한 경우도 있다.

반대로 산업혁명기까지의 서양사에 비하여 중국의 황하 및 장강문명은 분명히 서구문명보다도 훨씬 앞서 있었음에도 불구하고, 어찌하여 산업혁명으로 이행되지 못하였는가에 관한 물음에 대한 연구도 경제발전론의 전사에 해당할 것이다. 그 대표적인 예는 토니(R. H. Tawney, 1932)의 중국근대화와 전통사회간의 비교일 것이다. 토니도 발전문제를 비경제적 틀에 비추어 연구한 사람이다. 물론 이들이 모두 서구 발전사를 연구대상으로 삼은 학자들이기 때문에 아시아적 생산양식과 정체론적 경제발전 연구도 서구문명사에 비춰 비교 연구하는 데 그쳤을 것이다.

제2차세계대전말까지 주류경제학자는 물론이고 마르크스와 그 후예들까지도 서구의 자본주의 경제원리와 사회주의 경제체제 등 서구 중심의 발전을 연구하는 데 그쳤다. 따라서 제2차세계대전말까지의 정치경제 연구가 모두 경제발전론 연구와 무관한 것은 아니나, 20세기 후진국 발전을 지향하기 위한 전세계사적 관심사로서의 진정한 발전론 연구의 보편화시기는 아니었다. 그럼에도 불구하고 안트는 경제발전론을 범세계적 보편화(제3세계 발전)가 가능한 것으로 인식함으로써, 제2차세계대전 종전 이전까지의 경제학 연구기를 경제발전론사로 보아서는 전사로 분류한 것 같다.

한편 제2차세계대전후에는 선진국은 물론 국제기구까지도 경제발전에 관한 관심이 매우 높았기 때문에 연구활동도 활발해지고, 업적도 매우 방대하였다. 앞서 예시한 싱어, 로젠스타인-로단, 루이스, 체너리, 쿠즈네츠 등의 업적이 여기에 속한다. 그러나 이때까지의 경제발전론은 경제발전의 궁극적 목적이 전체 국민의 국가적 복지향상을 지향하는 것이고, 이것을 달성하는 수단이 본질적으로 1인당 산출량(소득)을 증대시켜 각 개인이 더 많은 양을 소비할 수 있게 하는 것으로 정의되었다. 루이스(W. A. Lewis, 1954), 아델만(Irma Adelman, 1961) 등은 1인당 소득수준이 매우 낮은 저성장 국가가 자립할 수준의 국민소득 증가를 지속적으로 이룩할 수 있도록 전환하는 것을 경제발전으로 정의함으로써 경제발전과 성장을 동일시하였지만 어느 누구도 이를 이상하게 생각하지 않았다. 따라서 이 시기를 성장론으로서의 발전론 정립기라고 말할 수 있을 것이다.

그리고 경제발전을 지금의 개념으로 보면 경제성장의 원천은 자본축적이며 기껏 여기에 부가하여 자본의 생산성을 높이기 위한 또 다른 요소로 인적자본 및 기술혁신 등을 경제발전 요인이라고 설명하는 데 그쳤지만 당연한 것으로 수용되었다. 다만, 경제성장 전략으로 정부가 주도할 것인가 시장주도로 할 것인가, 시장을 내향적(국내시장)으로 한정할 것인가 아니면 범세계적 개방을 지향하는 외향성(수출주도)으로 할 것인가, 경제부문간의 성장지향을 균형적으로 할 것인가 불균형적으로 할 것인가 등 전략적 차이만을 중요한 이론과 정책의 쟁점으로 삼았을 뿐이다.

다시 말해서 경제발전론이 경제외적 요인 즉 국민 및 국가적 정체성, 선택능력의 제고 등을 포함하여 좁은 의미의 경제문제를 넘어서는 데까지는 이르지 못했던 것이다. 더구나 형평을 수반하는 소득의 증대, 정치 사회의 형평지향과 자아의 확립 등을 포함한 정치, 문화적 핵심가치까지를 추구하는 정치·경제·사회 등 학제적(學際的) 종합성을 띠는 데까지는 이르지 못한 것이다.

물론 경제발전론이 경제성장론 범주에 머무른다고 하더라도 한 나라의 경제사회가 지속적으로 발전할 수 있는 이론 틀을 갖추는 것이라면 굳이 학제적 종합성을 포괄할 필요는 없을 것이다. 그러나 만일 그렇지 않다면, 경제발전에 대한 국민의 욕구와 지속적 발전을 보장하기 위한 계기의 조성 그리고 이를 밑받침하는 좋은 이론으로 되기 위해서는 경제발전의 개념과 내용 그리고 이론 틀을 단순히 주류경제학 틀에 얽매이게 할 수도, 필요도 없을 것이다.

그 결과 1965년 이후에는 경제발전론을 단순히 경제 제량의 성장변화만을 연구하는 데 그치는 것이 아니고 이를 사회발전 전체로 확산시켰다. 그 대표적인 예로 싱어(H. W. Singer, 1965)가 『사회발전 : 주요 성장부문』(*Social Development : Key Growth Sector*)에서 밝힌 것처럼 경제발전을 사회적 측면까지 확대한 것이다. 싱어는 "후진국의 문제는 단순히 성장이 아니라 발전인 것이다. 발전은 성장과 변화이며 변화는 경제적인 것 이외에 사회문화적인 것이다. 양적일 뿐만 아니라 질적인 것이다. 발전의 가장 주된 개념은 인간생활의 질적 개선이어야 한다."(H. W. Singer, 1965, 5쪽)고 주장했다. 그 후 이와 같은 발전개념은 UN 등 국제기구까지도 수용하는 광범한 형태로 발전되어 갔다.

특히, 1980년대 중반 이후에는 주류경제학계에서도 선진국 스스로의 성장한계를 극복하기 위하여 신성장이론 연구에 눈을 돌리기 시작했다. 그 이유는 지식 또는 인적자본이 외부효과를 지니기 때문에 기술진보를 설명하는 데 지식 또는 인적자본의 축적이 매우 중요하다는 명제와 함께 그 축적이 내적 유인에 반응하는 자원의 투입량에 의하여 결정된다는 명제 때문이다.(Romer, P. M. 1986 및 1994, Lucas, R. E. 1988 및 1990)

경제발전모형에 이들 신고전파 경제학자들이 도입한 사회경제학적 요인 즉, 지식 또는 인적자본 등으로부터 발생하는 외부효과에 의하여 축적되는 기술진보의 내생화 시도는 매우 바람직한 것이다. 그러나 아직은 모형의 강건성(robustness)결여와 실증적 검증이 완료되지 않았다는 점에서 보편적인 이론으로 수용하기는 어렵다. 검증이 앞으로의 연구과제이다.

이처럼 경제발전론이 사회경제적 측면으로 확산됨에 따라 경제발전론에 포괄되는 개념도 단순히 성장의 대상이었던 소득, 수출입, 저축, 투자 등에 국한되는 것이 아니었다. 물론 경제성장과 무관한 것은 아니나 경제발전론은 고용, 형평을 수반하는 소득증대, 인간다운 삶의 기초조건을 제공하는 물적, 문화적, 정치적 조건의 제공 등으로 포괄범위가 확대되어 근대화의 이상(理想)성을 내포하는 데까지 이른 것이다.

그러나 경제발전론의 연구대상이 이와 같은 사회경제적 측면까지 확대됨에 따라 그 이론의 정형성과 인과관계의 명료성 등, 한 이론이 갖추어야 할 설명력·예측력·실천력을 고루 갖추도록 체계화하는 데 어려움이 따르게된 것이다. 여기에는 학제간 연구를 통한 정치한 모형을 정립하여야 한다고 하는 과제가 남아있는 것이다. 그러나 불행히도 아직은 경제발전론이 여기까지 이르렀다고 말하기가 어렵다.

한편 주류경제학에서 경제발전론이 이와 같은 맥락으로 발전되어 온 데 반하여, 비정통파 경제학계 즉 정치경제학계(좌파) 및 비사회주의국가 중 비기독교 국가(극우파)등은 경제발전론 틀을 달리하거나 거부하는 자세를 취했다.

예컨대 비정통파 경제학계중 마르크스 정치경제학에 있어서 발전은 단순히 국민총생산(소득)의 증대만으로 충족될 수 없고 자본주의-제국주의

체제 전복을 통한 사회주의 체제의 구축까지를 포함하는 유물변증법적 역사 발전개념으로 이해하였다. 마르크스, 레닌, 스탈린 등의 역사발전관이 모두 이것이었고 그것은 곧 "위대한 동학(magnificient dynamics)"을 약속하는 것이었다. 나아가 마르크스주의 관점에서 체제변화까지를 포함하지는 않으나, 마르크스주의 발전론자로 바란, 스위지 등의 후진국경제론은 또다른 발전론 맥락으로 분류할 수 있을 것이다. 프랑크, 산토스 등에 의한 1960년대에서 1970년대까지의 국제적 논쟁 대상이었던 종속론도 이 범주에 속한다.

그리고 극단적인 경우로 비사회주의 극우파의 관점에서 전통사회의 가치체계를 보전하고 서구적 발전을 거부하는 이슬람 근본주의자 등도 또 하나의 발전론 맥락으로 볼 수 있다. 간디와 호메이니 등이 자본주의적 발전을 거부하며 물질중심의 발전은 종교적 전통을 기초로 한 발전을 저해하는 것으로 인식했다. 따라서 서구적 발전을 거부하는 것이기는 하나, 이들도 역시 발전론의 한 맥락으로 분류할 수 있을 것이다. 하지만 엄격히 말하여 발전을 거부하는 것이 발전론의 범주에 속하는 것인지에 대해서는 의문이 있다.

1990년대 들어와서는 제2차세계대전후의 경제발전론 맥락에 포함된 사회경제학적 접근 이외에 광범한 접근법이 동원되고 있다. 그 배경은 1980년대말 현실 사회주의체제가 붕괴되면서 전세계가 자본주의체제로 수렴·단일화됨에 따라 몇 가지 새로운 현상이 발생한 데 있다.

3. 체제수렴기의 발전론 접근법 변화

1980년대말, 현실 사회주의체제가 붕괴되고 세계는 거의 자본주의 시장경제체제에 수렴되었다. 이념 및 체제대결적 냉전체제가 붕괴된 지금, 앞으로 새로운 경쟁적 질서가 생기거나 부상하지 않으면 아마 헤겔과 마르크스형의 형이상학적 역사발전 동인은 상실되고, 후쿠야마(F. Fukuyama, 1992)가 주장하듯이 역사가 끝날지도 모른다. 아니면 헌팅턴(S. P. Huntington, 1993)형의 문명간의 충돌이[3] 경쟁을 유발하고 발전이 지속될지도 모른다.

그러나 형이상학적 의미의 역사의 종언이나 문명의 충돌 등에 따른 발전은 경제발전론 개념을 넘어서는 것이다. 다만 경제외적 연구분야에서 도출된 이러한 견해가 경제발전 개념과 내용을 구분 짓는 중요한 계기가 되는 것에 주목할 필요는 있다.

그러나 경제적으로도 현실 사회주의체제의 붕괴에 따른 자본주의 시장경제의 범세계화가 반드시 발전을 정지시킬 만큼 정태적 균형에 이르게 한 것은 아니다. 이와 같은 견해의 대표적인 예는 냉전시대의 종말이 자본주의 국가 또는 블록간의 전쟁시작을 의미하는 것으로 인식한 버스타인(D. Burstein, 1991)이다. 버스타인은 사회주의 체제가 붕괴되고 자본주의가 승리했다고는 하지만 한 가지 형태의 자본주의가 승리한 것은 아니라고 보았다.

버스타인에 따르면 세계에는 최소한 세 가지 형태의 자본주의체제가 번성하고 있다. 미국형, 일본형, 독일형이 바로 그것이다. 이들 사이에는 문화적·종교적 배경, 개인자유의 보장 정도, 사적 영역의 자유화 정도, 시장의 구조, 개인과 기업의 모험 동기 정도와 지적호기심 수준, 정부의 효율성, 사회경제체제의 역동성 등의 측면에서 다른 점이 많다.

첫째, 앵글로-아메리칸형은 아담 스미스와 산업혁명에 그 문화적 배경을 가지고 있다. 개인자유의 극대화, 사적 영역에 대한 정부간섭의 극소화, 자유무역, 자유시장 그리고 개인기업에 따르는 모험과 보상을 강조한다. 따라서 국가적인 경제계획이나 정부 주도의 광범위한 산업전략에 대해서는 반대한다.

둘째, 일본·동아시아형은 유교와 봉건주의, 메이지유신 등 위로부터의 정치사회 혁신, 제2차세계대전 이후 일본에 적용된 미국의 뉴딜(New Deal) 산업주의 등에 문화적 배경을 두고 있다. 경제개발을 위한 장기적인 국가

---

3) 헌팅턴이 정의한 문명은 하나의 문화적 총체이다. 그리고 그 문화가 인간을 가장 높은 차원에서 집단화하고 가장 포괄적으로 정체성(正體性)을 가져오게 한다. 이와 같은 성격의 문명은 지역, 인종, 국적, 종교, 관습, 언어 등의 차이에서 비롯되고, 이데올로기와 정권의 응집성보다 훨씬 강한 데다가 배타성도 크며 근원적이다. 그리고 세계의 주요 문명권은 7-8개이며, 이들 문명간에는 배타성과 경쟁성이 매우 강하여 발전의 동인이 되기도 하지만 충돌의 동인이 되기도 한다.(Huntington, 1993)

전략, 수출주도형의 중상주의적 무역, 개인의 자유와 소비자의 이익 또는 시장의 자유화를 희생시키면서까지 기업이나 국가의 집단이익을 촉진시키려는 선의의 정치·경제적 독재를 강조한다.

셋째, 독일·유럽형은 독일사회민주주의와 전후 중앙집중형 경제재건의 문화적 배경을 가지고 있고, 일본형과 미국형의 중간 형태이다. 높은 수준의 개인자유와 많은 부문에서의 시장자유화를 허용하는 반면, 국가가 주도하는 장기적 개발전략에 따른 거시경제적 경영과 국가간섭을 강조한다. 또한 광범위한 사회보장을 제공하고 개인과 기업 상호간에 따르는 위험을 구제·협력한다. 이것을 신경제주의 내지 질서자유(본)주의라고 일컫는다.(D. Burstein, 1991, 16~17쪽)

이들 세 자본주의형 간에는 경제적 개념 차이에 의해서만 경쟁력이 달라지는 것이 아니다. 종교, 개인적 자유, 개인과 기업의 윤리수준, 지적호기심 및 모험심 정도, 충돌된 집단 특히 노사간의 협력방식, 시장의 구조, 기업집단의 형성, 정부와 민간간의 관계 등 포괄적인 사회제도에서 경쟁력 차이가 발생한다. 따라서 사회주의 체제와의 체제대결이 종식되었다고 하더라도, 이질적인 자본주의체제간의 경쟁은 지속될 것으로 보인다.

경쟁력이 경제적 요인에 의해서만 결정되지 않는 것처럼 경제발전도 비경제적 요인을 포함하지 않을 수 없다. 앞에서 열거한 세 가지 자본주의형의 차이점을 구별하는 요인들 가운데 비경제적 요인이 많이 포함된 것을 발견할 수 있다. 최근의 경제발전론에 사회경제적 접근법이 활용되는 것은 이와 같은 시대적 조류를 반영한 것이라고 평가할 수 있을 것이다. 특히 선진국 대열에 진입하는 등 대전환기에 처한 우리나라가 정치, 경제운용 틀의 변혁을 통해 제3의 경제발전 및 도약을 도모하는 단계에서 사회경제적 접근법은 매우 절실하다고 판단된다.

순수 경제적 측면에서도 경제발전론 개념에 큰 변화가 있음을 발견할 수 있다. 예컨대 소득향상, 기술발전, 경제의 범세계화 등에 따라 시장구조는 생산자 즉 판매자 시장에서 수요자 즉 소비자 시장으로 바뀌었다. 이에 따라 경쟁수준은 종전보다 월등히 높아질 수밖에 없고, 생산판매자는 경쟁에서 이기기 위하여 수요자의 기호, 소득수준, 성별구성, 기후 등을 반영하고 기술발전을 가속화하여 상품의 질을 높이고 제품을 다양화해야 한다. 그것은 곧 과거의 경제발전 목표가 양적 성장에 있었으나, 이제는 질적 변화 즉 고부가가치 생산체제로의 이행이라는 당위성에 따라갈 수밖에 없다는 것을 의미한다. 이 때문에 경제발전에 관한 개념과 내용 및 접근법이 순수 경제개념에만 머물러 있을 수는 없는 것이다.(강철규, 1992, 61~64쪽)

한편 체제수렴과 함께 20세기에 들어와서 선진대열에 들어서고 있는 동북아 경제권이 서구 선진국과의 경쟁수준에 이르자, 학문적으로도 동북아 경제성장 모형을 서구형과 다른 것으로 평가할 것인가에 대한 논쟁이 일어나고 있다.

반세기만에 재개된 아시아 경제성장 모형에 관한 서구학자들의 평가절하와 이에 대결하고 있는 동북아 학자들간의 논쟁이 그 예이다. 사실 아시아 발전모델에 관한 논쟁은 1927년부터 1930년대 초까지도 경험한 바 있었다. "아시아적 생산양식 논쟁"[4]이 그것이다. 그러나 지금의 "아시아 경제성장모형" 논쟁의 초점은 동북아시아의 경제발전 모델이 서구형과 다른 것으로 인식될 수 있는가(實在性), 다른 국가 경제개발에도 적용될 수 있는가(유형의 범세계성), 동북아 경제발전은 과연 자율적 진보성 즉 지속성을 갖는가 등이다.

이를 분석 평가한 학자들 가운데 세계은행(IBRD, 1993)과 크루그만(P. Krugman, Nov.-Dec., 1994) 및 『이코노미스트』(*The Economist*, October 2, 1993) 등은 동아시아 경제발전은 자본과 노동의 양적 투입증대에 기인한 것일 뿐, 질적 변화를 통한 생산성 향상에 의한 것이 아니므로 서구형과 다른 모형이거나 발전의 지속성을 보장하기 어렵다고 주장한다. 따라서 동아시아 발전모델의 존재를 부인한다. 반면에 미국의 암스텐(MIT), 일본의 아카마츠 가나메(赤松要) 및 싱가포르 학자들은 동아시아 발전모델의 존재를 인정한다고 주장한다.(구종서, 1995. 6, 2~11쪽)

동아시아 경제모델의 존재를 부인하는 크루그만 등은 순수경제분석[5]을

---

4) 1927년 중국공산주의 농민혁명을 계기로 하여 사회주의자와 경제사학자들간에 아시아적 생산양식 논쟁이 시작되었고 1939년에 끝났다. 1930년대의 아시아적 생산양식 논쟁은 아시아 특히 중국의 사회구성체적 성격에 관한 것이었다.

5) 크루그만이 독자적 "동북아 경제성장모형" 존립을 거부한 이유는 본문에서도 인용한 바와 같이, 우리나라 등 동북아의 경제성장(부가가치 증가) 중 78%가 자본 및 노

통하여 아시아 경제발전 모델의 독자성을 부인하는 반면, 동아시아 경제모델의 존재를 주장하는 아카마츠 가나메 등은 여기에 정치, 경제, 사회, 문화 등을 포괄하는 유교문화권의 독자성을 인정한다. 따라서 동아시아 경제발전 모형을 주장하는 학자들은 비경제적 요소를 포함하는 경제발전론의 사회경제적 접근법을 원용하고 있다. 이것이 최근의 경제발전이론에 대한 사회경제적 접근의 주요 내용 변화이다.

4. 잠정적 결론

지금까지 경제학에서 차지하는 경제발전론의 위치, 경제발전론의 정형성 유무 그리고 경제발전 사상 및 패러다임의 변화를 요약 설명하였다. 이제 경제발전론 연구방법 서베이를 통한 성과를 중심으로 최근의 경제발전론 개념, 내용 그리고 포괄범위와 성향을 밝히고자 한다.

평범한 결론이기는 하지만 경제성장 및 발전 개념과 내용 등이 달라지는 것은, 결국 경제를 영위하는 주체가 인간이기 때문이라는 사실을 다시 한 번 절감한다. 인간이 경제활동의 행태를 달리하는 것은 그것으로부터 얻는 편익과 그것을 얻기 위하여 지불하는 비용, 또는 효용과 비효용을 비교 평가하여 순편익이 달라지는 데 따른 것이다. 그러나 이와 같은 순수 경제결정론적 접근이 과연 인간의 동기 자체에 대해 설명할 수 있는지는 의문이고, 왜 시대, 종족 또는 민족에 따라 경제활동 행태와 역동성이 다른가를 설명하기가 어렵다.

이를 설명하기 위하여 사회심리 등 비경제적 개념과 원리를 도입하지 않을 수 없다. 특히 다른 분야의 개념과 원리를 도입하여 경제발전 동인과 경제발전 지속성 여부를 밝히는 등의 정형화를 위해서는 학제간 연구가 필요

동 등의 요소투입에 의해 설명되고, 나머지 22%만 총요소생산성 증가에 의해 설명된다고 주장함으로서 기술혁신에 의한 생산증가 역할을 낮게 평가한 데 근거한다. 그러나 이와 같은 연구는 이미 우리나라에서도 박승록 박사 등 여러 학자들에 의하여 규명된 바 있어서 크루그만의 독자성을 인정할 수 없고 표절자로 질타한 예도 있다.(박승록, 1995. 10, 33쪽)

하다. 즉 발전론 연구를 위해서는 사회경제적 접근이 필요한 것이다.

경제성장과 발전이 지속되어 수준이 높아지면, 인간이 추구하는 경제재의 향유 또는 경제외적 가치추구의 양과 질 또한 크게 달라지고 다양해진다. 경제발전 수준에 따라 경제의 목표가 달라지며 경제발전 개념, 내용 및 연구방법 등 접근법도 달라질 수밖에[6] 신고전파 경제학자들 가운데 선진국 성장의 한계극복과 이론발전을 위해서 지식 및 인적자본 등 기술진보를 내생화하여 이론을 확장한 로머, 루카스 그리고 강철규 교수의 이론은 돋보인다고 할 수 있다. 순수 경제발전과 내용 측면에서도 소득향상, 기술발전, 경제의 범세계화 등에 따라 경제발전 개념 및 내용 그리고 이를 추구하는 전략 즉, 고부가가치화 정책이 달라진다. 그래서 경제발전론에 사회경제적 요인을 추가할 수밖에 없는 것이다.

더구나 실용적인 목적으로 사회경제 운용 틀을 바꾸어 경쟁력을 높이고자 한다면 우리나라의 정치, 경제, 사회, 문화, 역사 등에 비추어 적합성이 가장 높은 모델을 선택할 수밖에 없다. 경제운용 틀 또는 산업의 조정 등을 포함하는 경제발전 개념 내지 내용은 순수경제개념에 머물 수가 없는 것이다. 최근의 논의 가운데 독일형의 질서 자유주의 경제운용 틀 도입가능성 (이진순 교수 외) 연구가 그 예이다.

한편 지금까지 서구형의 경제발전과정을 거쳐서 이미 높은 수준의 성장발전을 이룩한 나라 또는 1980년대말 이후 수렴된 자본주의 시장경제체제로 전환된 나라 등에서는, 변증법적 역사발전이 끝났다는 형이상학적 의미의 비경제적 발전접근법이 동원되고 있음을 발견한다. 그러나 이런 발전론은 너무 확대 해석한 것으로 이해되어 경제발전론에 포괄하기는 어려울 것으로 보인다. 따라서 이는 경제발전론의 사회경제적 연구범주에서 제외될 수밖에 없다.

그러나 수렴된 자본주의체제도 단일체제가 구 사회주의체제와의 경쟁에서 이긴 것이 아니라는 점에 유의하고, 이들을 재분류하고 그들간의 경쟁관계가 무엇에 의하여 발생하였는가를 분석하면서 비경제적 요인을 도입

---

6) 유사한 결론이 후쿠야마의 "역사의 종언"이다. 그러나 후쿠야마가 체제수렴 후 고도의 소비생활 향유 지향성을 발전정지라는 의미에서 "역사의 끝"으로 본 것과, 발전론에서 추구하는 새로운 발전 계기로 인식한 것은 매우 중요한 차이이다.

하고 사회경제학적 접근을 한 경우도 있다. 이들이 사용한 주요 경쟁요인은 최근 IMD(The International Institute for Management Development / World Economic Forum)가 시행하고 있는 세계경쟁력 평가지표에 ①근로의식, ②연구개발인력, ③경영자에 대한 대우, ④기업가 정신, ⑤삶의 질, ⑥교육제도, ⑦정책의 투명성, ⑧정책의 효율성 등 경제 및 비경제 경계선상에 있는 요소들이 많이 포함되어 있는 것과 같다.

결론지어 말하면 경제발전론 연구에 있어서 개념과 접근법이 달라지는 것은 한편에서는 후진국의 경제발전 불시동 또는 상당히 발전된 나라의 지속적 발전 실패 등을 극복하는 데 있어서 순수경제개념만으로는 그 인과관계의 설명이 불가능하기 때문이다. 다른 한편에서는 경제의 고도성장과 발전에 따라 인간이 누리고자 하는 사회경제적 목표수준과 세계체제 등도 크게 달라지기 때문에 이를 충족하기 위해서는 순수 경제 제량의 양적 성장 연구만으로는 불가능하기 때문이다.

끝으로 경제발전을 일단 성공적으로 이룩하였더라도 그 지속성을 유지하기 위해서는 끊임없는 경쟁을 통하여 생존할 수밖에 없음에도 불구하고 이를 담당하는 주체가 지니는 경제적 동기, 진취성, 사회사상 등의 조응성을 설명함에 있어서 순수경제적 개념 및 이론만으로는 설명이 불가능하거나 제약되기 때문이다. 이 세 가지가 경제발전론 연구의 지적 호기심을 끊임없이 불러일으키는 자극의 원천이라고 생각된다. 또 그 때문에 비록 정형성은 약하지만 경제발전론 연구에 아직도 흥미를 느낀다고 할 수 있을 것이다.

(한국경제학회, 1996. 1)

참고문헌

강철규(1994), 『지력사회 & 지력기업』, 웅진출판.
구종서(1995), 「동아시아의 경제개발 모델논쟁」, 『세계경제』, 삼성경제연구소, 1995. 6.

박승록(1995), 「규모의 경제효과 거의 소진, 기술혁신에 제조업성장 돌파구」, 『삼성경제』, 1995. 10.

안트, H. W.(1989), 김종길 역, 『경제발전사상사』, 비봉출판사.

장세진(1995), 「신성장 이론 : 기여와 한계」, 『경제발전의 회고와 전망』 한국경제발전학회 발표논문, 1995. 12.

토다로, M. P.(1991), 이근식 외 역, 『제3세계의 경제발전론(제3판)』, 비봉출판사.

Adelman, I.(1961), *Theories of Economic Growth and Development*, Stanford : Stanford University Press.

Burstein, D.(1991), *Euroquake*, New York : Simon & Schuster.

The Economist, October 2. 1993.

Fukuyama, F.(1992), *The End of History and The Last Man*, New York : The Free Press.

Gillis et al.(1992), *Economics of Development*, New York : Norton & Company.

Huntington, S. P.(1993), "The Clash of Civilization", *Foreign Affairs,* Summer, 1993.

IBRD(1993), *The East Asian Miracle : Economic Growth and Public Policy.*

Krugman, P.(1994), "The Myth of Asia's Miracle", *Foreign Affairs.* Nov.-Dec. 1994.

Lewis. A. R.(1954), "Economic Development with Unlimited Supplies of Labours", *Manchester School.*

Lucas, R. E.(1988), "On the Mechanics of Economic Development," *Journal of Monetary Economics,* 22, pp.3~22.

───(1990), "Why does not Capital Flow from Rich to Poor Countries?" *American Economic Review,* 80(2), May 1990, pp.92~96.

Rostow, W. W.(1975), *How It All Began : Origins of Modern Economy,* London : Metheun.

Romer, P. M., "Are Non-convexities Important for Understanding Growth?" *American Economic Review,* 80(2), 1990, pp.97~103.

───(1990), "Endogenous Technological Change," *Journal of Political Economy,* 98(5), Oct. 1990, pp.71~102.

───(1994), "The Origins of Endogenous Growth," *Journal of Economic Per-*

    spective, 8(1), pp.3~22.

Singer, H. W.(1965), "Social Development : Key Growth Sector", *International Development Review,* March, 1965.

Tawney, R. H.(1932), *Land and Labor in China,* London : Allen & Unwin.

World Bank(1991), World Development Report 1991, *The Challenge of Development,* Oxford : Oxford University Press.